Na wschód od zachodu

WOJCIECH
JAGIELSKI

Na wschód od zachodu

Wydawnictwo Znak
Kraków 2018

Projekt okładki
Katarzyna Ewa Legendź

Na okładce wykorzystano fotografię
The United States of India autorstwa Marcina Ryczka

Opieka redakcyjna
Przemysław Skrzyński

Adiustacja
Bogumiła Ziembla

Korekta
Katarzyna Onderka

Opracowanie map
Anna Styrska-Mróz

Łamanie
Ryszard Baster

Rozdziały *Za murami Dżajsalmeru* i *Święty Nikt* – Wojciech Jagielski
Rozdział *Kamal* – Grażyna Jagielska

ISBN 978-83-240-5333-9

Książki z dobrej strony: www.znak.com.pl
Więcej o naszych autorach i książkach: www.wydawnictwoznak.pl
Społeczny Instytut Wydawniczy Znak, 30-105 Kraków, ul. Kościuszki 37
Dział sprzedaży: tel. (12) 61 99 569, e-mail: czytelnicy@znak.com.pl
Wydanie I, Kraków 2018. Printed in EU

Mimo wielu rozmów z Kamal, wciąż pozostaje ona
dla mnie tajemnicą.
Powierzyłem ją więc Grażynie, ponieważ przynależy
do tego samego co Kamal plemienia.
Jest więc, trochę wbrew sobie, współautorką tej książki.

Wojciech Jagielski

M. PÓŁNOCNE
M. BAŁTYCKIE
Amsterdam
Warszawa
Wiedeń
BUŁGARIA
M. CZARNE
Stambuł
M. ŚRÓDZIEMNE
Trasy podróży „Świętego" i Kamal
Szlak „Świętego"
Szlak Kamal

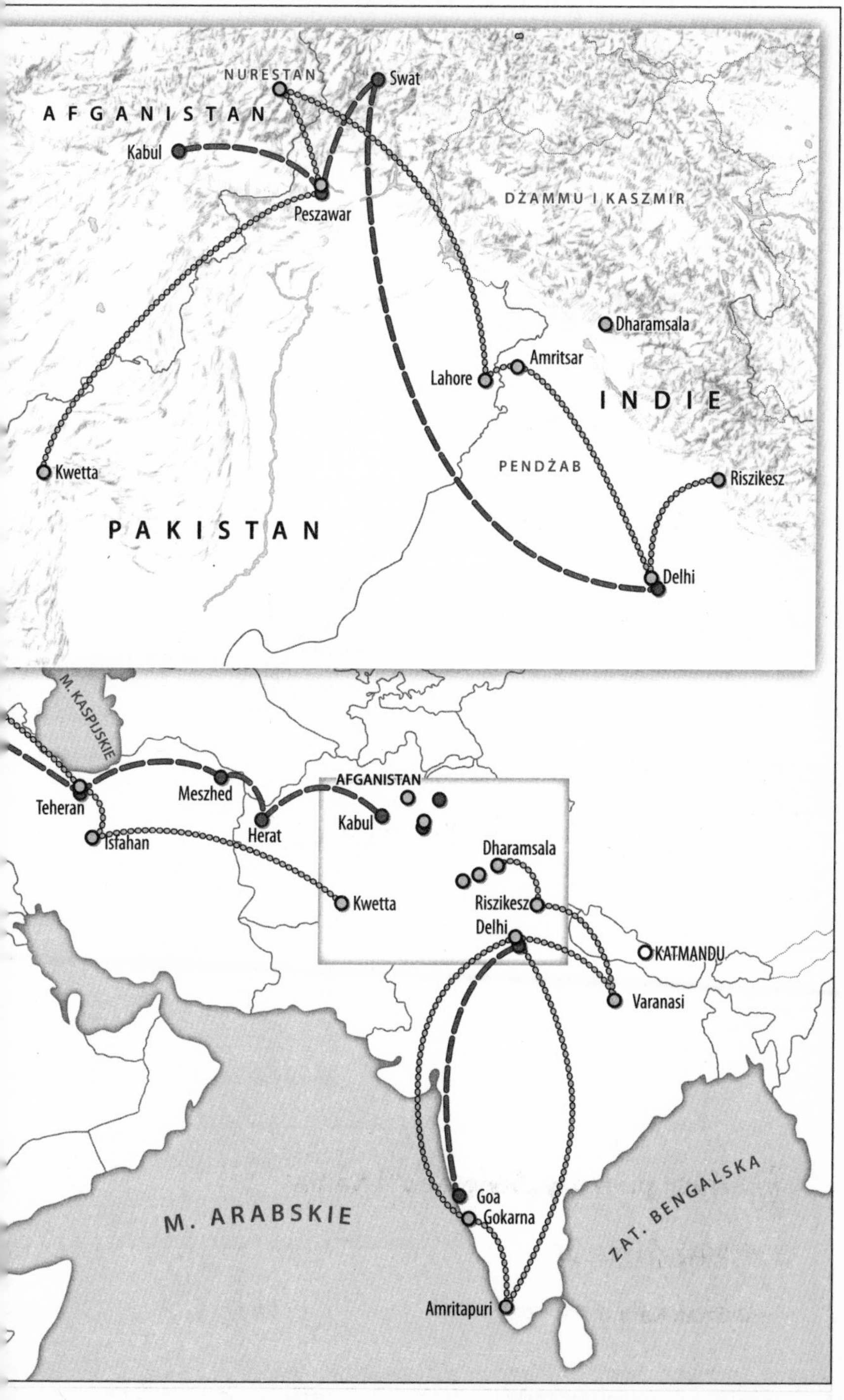

NURESTAN
Swat
AFGANISTAN
Kabul
Peszawar
DŻAMMU I KASZMIR
Dharamsala
Amritsar
Lahore
INDIE
Kwetta
PENDŻAB
Riszikesz
PAKISTAN
Delhi
M. KASPIJSKIE
AFGANISTAN
Teheran
Meszhed
Herat
Kabul
Isfahan
Dharamsala
Kwetta
Riszikesz
Delhi
KATMANDU
Varanasi
Goa
Gokarna
M. ARABSKIE
ZAT. BENGALSKA
Amritapuri

ZA MURAMI DŻAJSALMERU

Poganiacze wielbłądów Radżesz i Kumar przez całą noc palili ognisko na pustyni. Gdy jeden udawał się na spoczynek, drugi pilnował ognia, juków i pojękujących w mroku wielbłądów. Tak było co noc, tego dnia jednak, mimo późnej pory, obaj nie spali, trwali w bezruchu nad dogasającym ogniem lub ożywieni jakąś dziwną siłą zaczynali się spierać, bezwiednie grzebiąc patykami w rozżarzonych węglach.

Księżyc wyjrzał w końcu zza chmur i pustynia zrobiła się całkiem biała.

Leżąc nieruchomo na ziemi, widziałem całe obozowisko, posłania ze śpiworów i grubych, szorstkich derek, które rozłożone na piasku zastępowały materace.

Księżyc był ogromny, okrągły na gębie i bijący jasnym światłem. Wyciągnąłem rękę i wsunąłem otwartą dłoń między gwiazdy.

– Co tam? – spytała.

– Masz pojęcie, jak daleko mogę sięgnąć ręką? Aż do samego nieba.

Wiedziałem, że powinna być tuż obok, możliwe że czarnowłosa i spalona słońcem, nie pamiętałem dobrze, a jednak jej głos dobiegał z daleka. Podniosłem głowę, ale jej nie zobaczyłem. Ognisko również się oddaliło, a przecież rozkładaliśmy się ciasno wokół niego, w przekonaniu że tylko ono zapewni nam bezpieczeństwo. Poganiacze mówili, że przewracając się we śnie z boku na bok, wturlamy się do ognia. Teraz to oni byli tuż obok, spierali się wsparci o siodła, które o świcie nakładali na wielbłądzie garby. Choć nie znałem ich języka, w tej chwili rozumiałem, co mówią.

– Ach, więc to tak – zaśmiałem się, dopiero teraz zrozumiawszy opowieść Eliksira o tym, jak ogląda indyjskie filmy w kinie Imperial na delhijskim Pahargandżu.

Nie przepuszczał żadnego nowego filmu. Cierpliwie stał w kolejce po bilet, a gdy ta po otwarciu kasy w mgnieniu oka przemieniała się w bezładną bitewną ciżbę, walczył jak inni, sam przeciw wszystkim, by wcisnąć kasjerowi zwitek banknotów, a w zamian wyrwać mu z rąk kolorowy świstek papieru, przepustkę do świata czarów.

W kinie Imperial wyświetlano filmy dla tubylczej widowni, w języku hindi, bez napisów i lektora. Eliksirowi to nie przeszkadzało. Siadał wśród miejscowych w wypełnionej po brzegi, gorącej i zatęchłej salce i z niemym zachwytem przeżywał losy filmowych bohaterów. Po skończonym seansie, a nawet jeszcze w trakcie trwania filmu, zaciekawieni i mile zaskoczeni jego obecnością Hindusi szturchali go palcami, zaczepiali, by zapytać, czy zna ich język. „Nie – odpowiadał. – Ale potrafię czytać z ust".

Teraz na pustyni, wsłuchując się w wysokie, chropawe głosy Radżesza i Kumara, zrozumiałem, że wcale się nie kłócą, po prostu naradzają się gorączkowo, usiłując rozwiązać jakiś dręczący ich problem. Nie zgadzali się z sobą. Przerywali sobie w pół zdania, przekrzykiwali się, obwiniali o błędne wybory. „Co im się powie?" – pytał Kumar Radżesza.

Pustynia robiła się coraz bielsza.

– No co tam? – usłyszałem znowu.

Wyciągnąłem rękę, ale między palcami przesypywał mi się tylko zimny piasek.

– Gdzie jesteś? – zapytałem.

– A gdzie niby mam być? Tutaj jestem.

– Nigdy nie było mi lepiej – wymamrotałem.

I wtedy usłyszałem orkiestrę. Dźwięki trąb, jakich używają także zaklinacze węży, piszczałki, głuche dudnienie bębnów, metaliczne dzyń, dzyń blaszanych talerzyków karatali, tęskne zawodzenie pieśniarzy. Poderwałem się z ziemi, żeby wypatrzyć, skąd dobiegała muzyka.

– Słyszycie?! – zawołałem. – Tu gdzieś odprawia się wesele!

Po chwili między siwymi wydmami dojrzałem weselny orszak. Przodem szli muzykanci, za nimi weselnicy – kobiety obwieszone kolczykami, naszyjnikami i bransoletami, w odświętnych, obszytych cekinami sari w krzykliwych barwach błękitu, czerwieni i szafranu, oraz kroczący sztywno mężczyźni w surdutach szerwani, ulubionych przez potomków radżpuckich rycerzy. Za nimi na białych koniach jechali państwo młodzi ustrojeni w girlandy kwiatów, przejęci, uroczyści i nierzeczywiści jak święty obraz. Pan młody w złotym turbanie rzucał spojrzenia na jadącą obok oblubienicę. Dziewczyna, z twarzą zakrytą muślinową zasłoną, zerkała na wymalowane rudawą henną dłonie i ramiona. Gdyby imię narzeczonego, które kazała sobie wyrysować, a także inne malunki zbladły zbyt wcześnie, uznano by to za złą wróżbę dla jej małżeństwa.

Ślubny pochód zamykał pomalowany na różne kolory słoń i jadący na jego grzbiecie kornak. Był to ten sam słoń, którego widywałem na Pahargandżu w Delhi. Trzymano go w świątyni Ramakriszny. Kapłani wyprowadzali go, by uświetnić najważniejsze święta, i wiedli ulicami ku uciesze tubylców i cudzoziemców. Odkąd jednak tuż koło świątyni poprowadzono szeroką obwodnicę oraz wybudowano stację metra, przestano tam widywać świątynnego słonia. Ucieszyłem się, że żyje i ma się dobrze.

Weselna procesja zmierzała między wydmami w kierunku widocznego w oddali, skrzącego się w świetle księżyca świętego stawu, gdzie pod wielkimi namiotami, wśród lampionów i kwietnych girland miała się pewnie dopełnić uroczystość i gdzie zaplanowano biesiadę, zabawę i tańce.

– Chodźmy tam! – zawołałem, wygrzebując się ze śpiwora. – Nie macie ochoty pobawić się na weselu?

– Nie ma żadnego wesela. Jesteśmy sami na środku pustyni. Nikogo więcej tu nie ma.

Ale zaraz odezwał się Koleżka.

– Wesele! Świetnie! O to właśnie w tym chodzi! A nie mówiłem, że to towar pierwsza klasa!

Pierwszorzędny towar był specjalnością i dumą Koleżki. Mówił, że w każdym większym mieście ma sprawdzonych dostawców, którzy nigdy go nie zawiedli. Lubił powtarzać, że nigdy nie kupuje od nieznajomych, nigdy byle czego: „Nie tknę żadnej chemii, żadnej trucizny!". Nie ufał też nowinkom, których skutków działania nie znał albo nie był ich pewny. Brał tylko to, co już znał, a od wielkiego święta to, co zachwalali ludzie, którym bezgranicznie ufał. „U mnie wszystko musi być pewne, czyste i naturalne, pierwszej jakości. Płacę, więc wymagam".

Trzymał swoje skarby w przepastnych kieszeniach luźnych szarawarów i długiej do kolan koszuli, podobnej do tych, które noszą mężczyźni w Afganistanie i Pakistanie. Wieczorami, najpierw na hotelowym dachu w Dżajsalmerze, a potem przy palonych na pustyni ogniskach, z tajemniczym uśmiechem, jak magik podczas występu na cyrkowej arenie, wyciągał torebki z suszonymi liśćmi tytoniu i kwiatami indyjskich konopi, miękkawe grudki haszyszu czy opium, jakieś proszki, pigułki mniejsze i większe. Do zażywania tych ostatnich nigdy nikogo nie namawiał, ale i nie odmawiał, jeśli ktoś o nie poprosił.

„W co się dziś bawimy?" – pytał, potem powoli, z namaszczeniem usypywał stosiki suszu, sporządzał z niego odpowiednie mieszaniny i zawijał w papierosowe bibułki. Robił to ze znawstwem, a także z powagą. Potem regulował tempo, w jakim skręty wędrowały po kręgu, a także dbał, żeby mieć pod ręką naczynia z napojami do ugaszenia pragnienia, które zawsze się pojawiało. Rozlewał wodę, lemoniadę czy herbatę do kubków albo glinianych czarek, czasami dosypując do nich białego proszku. „Żeby lepiej smakowało" – mówił. Na koniec zbierał zamówienia i pieniądze na następny dzień. „Co komu potrzeba? – pytał. – Kto na co ma ochotę?"

Spojrzałem na pustynię, próbując odnaleźć wśród szarych wydm weselny orszak, ale już go nie było. Ucichła też towarzysząca mu orkiestra.

– Koleżko! Widziałem słonia…

– Słonia? Czemu nie? No pewnie! A gdybyś wziął ode mnie to różowe maleństwo, tego cukiereczka, to nie tylko byś go widział, ale na nim na oklep jechał. I zawiózłby cię choćby do samego Kabulu!

Koleżka zazdrościł mi Afganistanu, bo nigdy tam nie był, a ja tam jeździłem jako korespondent gazety. Ja zazdrościłem Koleżce, że był hipisem, pierwszym, jakiego poznałem. Uważałem go za hipisa, chociaż się upierał, że wcale nim nie jest. Owszem, zadawał się z hipisami w Londynie, do którego jako nastolatek uciekł z rodzinnej doliny Rhonddy w Walii. Uciekł z domu, bo nie uśmiechało mu się spędzić życia jako górnik w kopalni, jak ojciec i dziadek. I wszyscy mężczyźni z jego rodziny, których potrafił sobie przypomnieć. Oczekiwał od życia czegoś więcej. Wtedy też uciekł od imienia Cedric, jakie nadali mu rodzice. Odkąd wyjechał z Walii, kazał na siebie mówić po prostu Buddy, Koleżka.

Hipisów poznał już na dworcu kolejowym Paddington. Wyróżniali się w tłumie i nic dziwnego, że właśnie oni przyciągnęli jego uwagę. Zapytał, czy nie wiedzą, gdzie mógłby znaleźć dach nad głową, możliwie tanio, a oni zaproponowali, żeby zamieszkał razem z nimi. Nie miał grosza przy duszy, więc chętnie się zgodził. Przesiedział z nimi do późnego wieczora pod dworcem, a potem zabrali go do dzielnicy Notting Hill, gdzie w kilkanaście osób zajmowali dwa pokoje w starej kamienicy. Sprawiała wrażenie porzuconej, niczyjej. „Kilka przecznic stąd, w hotelu Samarkanda, Jimmy Hendrix dokonał swojego żywota" – powiedział mu jeden z chłopaków, a Buddy-Koleżka zastanawiał się, czy miała to być zachęta czy może przestroga. Przystał do nich, żył jak oni, zapuścił włosy, zaczął inaczej się nosić. Razem jeździli po kraju na muzyczne festiwale. „Ale to już nie było to samo, co festiwal na wyspie Man w siedemdziesiątym. kiedy to pół miliona ludzi zjechało ni z tego, ni z owego, żeby zobaczyć Hendrixa, Doorsów i The Who – wspominał tamte czasy. – Wszystko się powoli kończyło. Urodziłem się za późno, żeby zdążyć na najlepsze".

Z tamtych czasów została mu niechęć do wszelkiej zwierzchności, nakazów, reguł, obawy, co ludzie powiedzą. A także do pogoni za karierą i pieniędzmi, do wszelkiej rywalizacji. Zawsze cenił sobie swobodę, ale odtąd zaczął ją także doceniać. Pracował dorywczo, to tu, to tam, najchętniej w kwiaciarniach. Zarabiał tyle, że stać go było na długie podróże. Bo poza przejętą od hipisów umiejętnością ograniczania potrzeb do tych naprawdę najważniejszych, zostało mu także umiłowanie włóczęgi.

Zdążył się jeszcze zabrać z nimi na wyprawę do Indii. Starym piętrowym autobusem. Za bilet przez pół świata zapłacił trzydzieści funtów. Zbiórkę wyznaczono w Dover. Stamtąd przeprawili się na francuski brzeg i dalej jechali już lądem, aż do Indii.

O Afganistanie dowiedział się gdzieś w okolicach Bejrutu, kiedy przygarnęli do autobusu chłopaka z gitarą, wyglądającego na poboczu okazji do podwózki. Kierowca wyznaczył mu miejsce w autobusie obok Koleżki. „Człowieku! To prawdziwy koniec świata! Jakby się czas w miejscu zatrzymał! Wszystko jest tam inne niż tutaj", mówił z zachwytem autostopowicz, kiedy wieczorem na postoju zapalili skręta. Opowiadał o czerwonych, ciągnących się po horyzont polach maku, z którego miejscowi wyrabiali najlepsze na świecie opium, o wysokich na człowieka konopiach rosnących dziko przy drogach, tylko sięgać i brać. O wykutych w skałach i ogromnych jak kamienice posągach Buddy, o bezkresnych skalistych pustyniach, górskich przełęczach i zagubionych pośród gór dolinach zamieszkanych przez ludzi surowych, pobożnych i zupełnie nieciekawych świata, ale słynnych z gościnności. Koleżce najbardziej do wyobraźni przemówiło jednak to, co chłopak mówił o drogach na skróty i że w Afganistanie ich nie ma. „Tam wszystko jest prawdziwe, słowa i gesty. Mają swoje znaczenie, nie są puste jak u nas, nie wytarły się i nie straciły terminu ważności". Koleżka nie szukał we włóczęgach po świecie ucieczki ani oświecenia. W drogę ciągnęła go ciekawość, a przede wszystkim chęć przeżycia czegoś niezwykłego, czegoś, co określi jego życie i nada mu sens.

Podczas tamtej pierwszej wyprawy na Wschód nie zboczyli jednak do Afganistanu, choć chętnych na to nie brakowało. Kierowca zaprotestował, twierdził, że autobus nie wytrzyma wędrówki przez góry. Pojechali więc prosto, przez Iran, pustynne bezdroża Beludżystanu i Pendżab, rozpołowiony między Pakistan i Indie. Koleżka obiecał sobie, że następnym razem odwiedzi Afganistan, choćby miał nadłożyć drogi.

Nigdy jednak tam nie dotarł, mimo że jeździł do Indii jeszcze wiele, wiele razy. Prawdę powiedziawszy, jeździł wyłącznie do Indii. Zbierał się w drogę, ilekroć dopiekło mu albo znudziło go londyńskie życie i ilekroć uzbierał wystarczająco dużo pieniędzy na podróż. Nie odkładał na nic innego. Mało brakowało, a wybrałby się do San Francisco. Chciał się przekonać, jacy są ci pierwsi, oryginalni hipisi z Kalifornii i czym się różnią od londyńskich, z którymi się zadawał w Notting Hill. Myślał o Meksyku, o indonezyjskiej wyspie Bali, o której słyszał cuda, i o Maroku, gdzie wyrabiano ponoć najlepszy na świecie haszysz. Ale bez względu na to, ile myślał i planował, zawsze kończyło się na tym, że wędrował na wschód, do Indii. A kiedy już wybierał się w drogę, myślał też o Afganistanie. Najwyraźniej nie był mu jednak pisany.

Aż w końcu drogę lądową do Indii przegrodziły rewolucja ajatollahów w Iranie i wojna w Afganistanie. Gwarny jeszcze niedawno wędrowny trakt z każdym rokiem pustoszał. Mało kto już wybierał się w długą i niepewną podróż lądem. Wszyscy zaczęli latać. Tanio, wygodnie i szybko, w linii prostej, bez przesiadek, przystanków, etapów pośrednich. Wyposażając się w lepsze, większe i szybsze samoloty, linie lotnicze żądały coraz niższych opłat za przewóz z Zachodu na Wschód. Niegdyś dostępne tylko dla wybrańców, stały się osiągalne dla wszystkich.

Położony na uboczu Afganistan przestał być po drodze. Nie dawało się już więcej o niego zahaczyć przy okazji ani nawet do niego zabłądzić. Koleżkę też stać już było na bilety lotnicze i choć nadal wracał do Indii, nigdy nie zobaczył Afganistanu ani nawet nie był tego bliski. Nie zobaczył więc minaretów Heratu ani skalnych posągów Buddy, nie widział Przełęczy Chajberskiej ani nawet Kabulu. Dlatego zżymał się, kiedy mówiłem, że zazdroszczę mu wędrówki szlakiem dzieci kwiatów. „Nie byłem w Afganistanie, a bez Afganistanu cała reszta się nie liczy. To tak, jakbyś przebiegł jakiś wyścig, ale ominął któryś z etapów. Nie wiadomo, czy się go ukończyło czy tylko brało w nim udział. Żeby nie wojna, tobym się pewnie jeszcze do tego Afganistanu wybrał". I znów powtarzał, że zazdrości mi Afganistanu, z którego akurat wracałem i do którego jako korespondent gazety jeździłem właśnie dlatego, że toczyła się w nim wojna. Gdyby nie ona, pewnie nigdy bym się tam nie wybrał. „No to jak tam jest? – pytał Koleżka. – W tym Afganistanie".

Poznaliśmy się w restauracji na dachu hoteliku Z Widokiem na Fort w Dżajsalmerze, dawnej stolicy radżputów wzniesionej pośrodku pustyni Thar. Położona na końcu świata wydawała się doskonałym miejscem, żeby odpocząć i odetchnąć po afgańskich sprawach. W drodze powrotnej zamierzałem też zatrzymać się na parę dni w Puszkarze, żeby odwiedzić święte miasto i obejrzeć coroczny wielbłądzi targ, który z kupieckiego zgromadzenia przeradzał się w karnawał pustelników, pielgrzymów, fakirów, tancerzy i wróżbitów.

Koleżka musiał słyszeć, jak w restauracji opowiadam o afgańskiej podróży. Siedział przy sąsiednim stoliku. Na dźwięk brzmiących jak zaklęcia afgańskich nazw – Kandahar, Herat, Czarikar – podszedł i zapytał, czy aby przypadkiem nie byłem w Afganistanie.

Koleżka i jego dziewczyna Maggie mieszkali w pensjonacie tuż obok, a na dach hoteliku Z Widokiem na Fort przychodzili, żeby popatrzeć na zamczysko oraz spokojnie, w milczeniu wypalić skręta. Albo i dwa. W ich pensjonacie właściciel krzywo na to patrzył. Niby niczego nie zabraniał, ale zwietrzywszy słodki dym, rzucał gniewne spojrzenia.

Koleżka nie przypominał długowłosych, dziwacznie poubieranych włóczęgów, którzy błąkali się po pustyni. Wyglądał raczej na urzędnika, który z jakiegoś niezrozumiałego powodu postanowił nie wydawać ciężko zarobionych pieniędzy na wakacje nad morzem, lecz na daleką podróż na pustynne bezludzie, pełną znoju i niegwarantującą ani przygody, ani dobrych wspomnień.

Nie nosił długich włosów, lecz strzygł je krótko, prawie przy skórze, żeby ukryć, że łysieje. Nie miał też brody, jedynie kilkudniowy, szpakowaty zarost. Niedawno stuknęła mu czterdziestka, ale patrząc na niego, nie sposób było określić, ile ma lat. Spodobało mu się, kiedy powiedziałem, że wygląda jak dziennikarz, bo o ludziach pracujących w tym zawodzie mówi się, że szybko się starzeją, ale na zawsze pozostają młodzi.

Eliksira na dach hoteliku Z Widokiem na Fort przyprowadził Koleżka. Mieszkali w tym samym tanim pensjonacie naprzeciwko. Wpadli na siebie przypadkiem przy recepcji. Eliksir przyjechał właśnie do Dżajsalmeru i szukał dachu nad głową, najlepiej za pół darmo. Wkroczył do pensjonatu akurat w chwili, gdy jego właściciel prawił Koleżce kazanie na temat haszyszu. Groził, że jeśli jeszcze raz przyłapie go na paleniu, wyrzuci go na ulicę.

Eliksir dzielił upodobanie Koleżki do odurzających ziół i choć dzieliło ich kilkanaście lat, natychmiast przypadli sobie do gustu. „Swój zawsze wyczuje swego" – mówiła Maggie, która nie przepadała za narkotykowymi nawykami swojego chłopaka. „Same Indie ci już nie wystarczą?" – pytała czasami z przekąsem, gdy sięgał do kieszeni po woreczek z bibułkami i suszem. Koleżka może się i przejmował tymi przytykami, ale odkąd się zeszli z Eliksirem, złośliwości Maggie puszczał mimo uszu i tylko uśmiechał się figlarnie pod nosem.

Eliksir był Duńczykiem i naprawdę nazywał się Erikssen. Eliksirem ochrzciła go w Indiach jego dziewczyna Karen. Mówiła do niego po nazwisku: „Podaj mi, proszę, wodę, Erikssen, uśmiechnij się, Erikssen. Erikssen! Jakie tu wszystko niezwykłe!". Zmyliło to tubylców, którzy nazwisko Duńczyka wzięli za brzmiącą im znajomo angielską formę grzecznościową. „Erik sir!" – zwracali się do Duńczyka, wymawiając to jak „Elik sir". Tak oto Erikssen został Eliksirem.

Przed dwoma laty skończył studia filozoficzne na uniwersytecie, potem wyjechał i błąkał się po świecie, to tu, to tam, w poszukiwaniu przygody, zabawy, beztroski. Było coś niepokojącego w gorliwości, z jaką nawiązywał nowe znajomości, ufnie, bezbronnie. Próbował zobaczyć, poznać i przeżyć jak najwięcej, ile się da, zanim będzie za późno. Jakby przeczuwał, że dorosłość i pierwsze poczynione w niej, nawet pozornie niewinne zobowiązania nieodwracalnie przekreślą marzenia, tęsknoty i plany. Bez względu na to, czy będzie tego chciał, czy będzie na to gotów. Podróżował więc, szukając wszelkich nowości, doznań i doświadczeń, a także mając cichą nadzieję, że podczas wędrówki coś go olśni, oświeci, podpowie, co zrobić z życiem, jak nim pokierować. To on wpadł na pomysł, żeby do świętego miasta Puszkaru pojechać na wielbłądach, przez pustynię.

Jasny i złoty w słonecznych promieniach za dnia, także po zmierzchu Dżajsalmer zachowywał miodową barwę, wyglądał jak zatopiony w cieple bursztynu. Na pustyni nazywano go zresztą Złotym Miastem, od barwy piaskowca, z którego został wzniesiony.

Zachwalając przed przybyszami miasto, właściciel hotelu Z Widokiem na Fort zapewniał, że choć najstarsze zakątki Dżajsalmeru liczą sobie tysiąc lat, to wciąż mieszkają w nich ludzie. Jeśli chce się je zobaczyć, trzeba iść na zamek i zanurzyć się w labiryncie wąskich, ocienionych uliczek. Kiedyś, dawno temu, w złotych czasach, domy należały do miejscowych bogaczy, kupców, którzy dorobili się fortuny na pustynnym karawanowym szlaku. Pałace, jeden większy i wspanialszy od drugiego, a wszystkie ozdobione wymyślnymi wieżyczkami, balkonami, łukami, kopułami, kolumnami, ażurowymi misternymi płaskorzeźbami, każdy z własnym podwórzem, każdy z ogrodem, rywalizowały o miano najpiękniejszego.

Z czasem podupadły, jak zresztą całe miasto, i zostały opuszczone przez właścicieli, podzielone i przemienione na mieszkania, hotele, sklepiki. Ale życie, choć już inne, wciąż w nich kipiało. I to ono dawało przybyszom ułudę, że zatapiają się w czasie równie odległym jak ten, z którego pochodzą rozbrzmiewające gwarem kamienne budowle.

Złudzenie to powracało podczas każdej wędrówki po mieście, zwłaszcza po zmroku, pośród rozświetlonych sklepików i straganów pachnących wyprawioną skórą, przyprawami, skwierczącym olejem i kadzidełkami. Drogę przez zgiełk wskazywały ciche, ale wyraźne dzwoneczki dobiegające ze świątyń dżinistów, wyznawców jednej z najstarszych żywych religii świata, nauczającej, że drogą do wyzwolenia z kołowrotu wcieleń i cierpienia jest czystość, uczciwość, wstrzemięźliwość i pielgrzymowanie, a przede wszystkim uszanowanie życia w każdej jego postaci i troska, by nie wyrządzić krzywdy żadnemu z żywych stworzeń.

Poczucie niecodzienności pojawiło się także tego wieczoru, gdy siedząc na dachu hotelu Z Widokiem na Fort, przyglądaliśmy się, jak z mroku otaczającej miasto pustyni wyłania się niewielka karawana wielbłądów. Zajechała na okrągły placyk, na którym stał hotel. Patrzyliśmy z góry, jak poganiacze wielbłądów pomagają podróżnym zsiąść z siodeł, jak rozkulbaczają zwierzęta, poją je wodą ze studni pod drzewem sandałowym.

– A może i my byśmy tak spróbowali? – rzucił Eliksir.

– Na wielbłądach? – W głosie Karen zdumienie zmieszało się z zachwytem.

Przez cały wieczór, popalając skręty, przeglądała kolorowe pisma zostawione w restauracji przez hotelowych gości. Nie czytała artykułów, przerzucała jedynie kartki, z rzadka zatrzymując się na którejś dłużej niż na mgnienie oka.

Zwolniła przy zdjęciach pałaców maharadżów, nizamów i nababów, którzy zubożeli w nowoczesnych czasach i wyprzedawali rodowe majątki. Na pustyniach w Radżasthanie czy Gudżaracie przerabiano je na hotele dla bogatych cudzoziemskich gości albo na rezydencje nuworyszów z wielkich miast, szukających na odludziu szlachectwa, klasy i wszelkich dowodów, które potwierdzałyby ich znaczenie. Artykuł w ilustrowanym piśmie opowiadał, że pewna sławna modelka wynajęła właśnie na cały tydzień jeden z takich przerobionych na hotele pałaców pod Dżodhpurem, żeby w komnatach maharadżów wyprawić urodzinowe przyjęcie swojemu narzeczonemu, rosyjskiemu bogaczowi, który dorobił się na handlu diamentami. Zaprosiła znanych z telewizji aktorów i muzyków, a żeby dowieźć ich wszystkich na pustynię, wynajęła dwanaście odrzutowców i karawanę limuzyn w starym, kolonialnym stylu.

– Naprawdę tam pojedziemy? – spytała Karen, podnosząc głowę znad gazety. – Piszą tu, że drugiego takiego hotelu nie ma na całym świecie! Mój Boże! Wszyscy tam będą!

– Może innym razem, nie teraz – odparł Eliksir. – Zgoda, Kocurku? Teraz mówimy o tym, żeby pojechać przez pustynię do pewnego miasta, o którym mówi się, że jest święte. Do świętego miasta dobrze jest wybrać się przez pustynię. To powinno uczynić przeżycia duchowe jeszcze głębszymi.

– O tak... Święte miasto... Przez pustynię... Duchowa głębia... – westchnął rozmarzony Koleżka.

Tego dnia prawie się nie odzywał. Rano, po śniadaniu złożonym z kawy i naleśników z bananami, zapalił skręta, a potem gdzieś zniknął. Wrócił w porze obiadu z trzema papierowymi kubkami wypełnionymi mlecznym napojem. „Bhang! – powiedział, stawiając je ostrożnie na stole. – Tutejsi tak to nazywają. Bhang! Miałem pięć, ale dwa mi się na schodach rozlały. Musicie się podzielić trzema. Spróbujcie, choćby po łyku, a sami się przekonacie, że warto. Sprzedają to w aptece, zaraz za rogiem. Paliłem to kiedyś w fajce, ale nie wiedziałem, że przyrządzają to też jako napój". Kupując bhang z rozstawionego na ulicy straganu, sądził, że to lassi, orzeźwiający i wzmacniający koktajl przyrządzany z jogurtu, owoców i przypraw. Poprosił od razu o dwa. „Trzeci za darmo" – uśmiechnął się porozumiewawczo sprzedawca, który okazał się farmaceutą. Koleżka wypił duszkiem. Były tam jogurt, sól, mielone pistacje, szafran. I jeszcze coś, w czym nie od razu rozpoznał wywar z liści i kwiatów konopi. Poczuł go dopiero po dłuższej chwili, a jego siłę i działanie odczuwał jeszcze wieczorem. Niewykluczone, że to jego przemożny wpływ sprawił, że pomysł jazdy wielbłądami do odległego o pół tysiąca kilometrów Puszkaru zrobił na nim takie wielkie wrażenie. „Duchowość... i te rzeczy... to mi się podoba... święte miasto... jadę z wami, ma się rozumieć".

Maggie zgodziłaby się na wszystko, byle tylko wyjechać z Dżajsalmeru. Zamierzała wybrać się z Koleżką w góry Arawali i pobyć jakiś czas w Udajpurze, Wenecji Wschodu. Machnęła jednak ręką na Udajpur i była gotowa jechać dokądkolwiek, byle tylko oderwać go od narkotyków. Choćby na pustynię.

Ja nie miałem nic lepszego do roboty. I tak musiałem czekać. Dwa, trzy tygodnie. W najlepszym wypadku. Tak powiedział znajomy Kaszmirczyk, gdy zapytałem, jak długo przyjdzie mi czekać, aż jego zaufany człowiek wróci ze Śrinagaru do Delhi z wiadomościami. „Dwa, trzy tygodnie. Minimum. A może dłużej. W górach drogi są jeszcze przejezdne, ale zima za pasem. W każdej chwili może spaść śnieg i zamknąć na kilka dni przełęcze. Trzeba cierpliwie czekać". I dodał jeszcze: „Takich spraw inaczej załatwić się nie da. A już na pewno nie przez telefon".

O niczym poważnym Szafi przez telefon nie rozmawiał. Połączenie ze Śrinagarem nie było pewne, wciąż się zrywało. Poza tym obawiał się podsłuchu. Był Kaszmirczykiem, prowadził w Delhi interesy, znał wielu ludzi, wielu zaglądało do jego kantoru na przydworcowym Pahargandżu, dzielnicy targowisk i tanich zajazdów. Tajna policja musiała założyć mu podsłuch, tak na wszelki wypadek, żeby wiedzieć, z kim rozmawia, kto u niego bywa, z kim się spotyka. Dlatego żeby umówić mnie z Jasinem Malikiem, młodym przywódcą zbrojnego powstania od kilku lat trwającego w Kaszmirze, Szafi posłał do Śrinagaru kuzyna, do którego miał zaufanie. W kaszmirskiej stolicy, uruchamiając wszystkie znajomości, miał przekazać Jasinowi Malikowi moją prośbę o spotkanie i przywieźć mi do Delhi jego odpowiedź.

Uznałem, że na pustkowiach Radżasthanu, z dala od zgiełku Pahargandżu, czas oczekiwania upłynie szybciej i że na pustyni łatwiej mi będzie się otrząsnąć z afgańskich spraw – stolicy szturmowanej przez wrogie armie, ulicznych walk, nocnych ostrzałów artyleryjskich ze wzgórz otaczających zewsząd Kabul, które służyły oblegającym za stanowiska strzeleckie, rozmów z mieszkańcami na wpół zburzonego, na wpół martwego miasta, szykujących się do chłodnej i głodnej zimy, niemogących liczyć na żadną pomoc, żadną ucieczkę. Na niosącą wytchnienie oazę doskonale nadawał się słoneczny, złoty Dżajsalmer, położony z dala od wszystkiego, a jeszcze bardziej – maleńki, cichy Puszkar, święte miasteczko o łagodnym klimacie, leżące nad jeziorem, na skraju pustyni, pełne kapłanów i pielgrzymów, pogrążone w zadumie i modlitwie. Przy okazji najważniejszego z miejscowych świąt, odprawianego ku czci boga Brahmy, urządzano tam dodatkowo wielbłądzi targ, uchodzący za największy na całym świecie.

Święto to, zgodnie z przykazaniem Pana Stworzenia, przypadało w ostatnich dniach lunarnego miesiąca kartika, tuż przed pełnią Księżyca. Kończył się październik i pora ta właśnie się zbliżała.

Dowiedziawszy się o naszej wyprawie do Puszkaru, właściciel hotelu Z Widokiem na Fort złapał się za głowę. Jak większość hotelarzy w mieście zajmował się też urządzaniem wycieczek po pustyni i utrzymywał znajomości z wieloma właścicielami wielbłądzich stad.

– Nikt wam nie da zwierząt ani przewodników na taką podróż – powiedział. – I w ogóle po co się tłuc po pustyni na wielbłądzim garbie, jeśli można wygodnie przejechać całą drogę samochodem?!

Potem jednak zmienił front, ale uprzedził, że będzie to kosztowało dużo więcej niż zwyczajna wycieczka po pustyni.

– Droga do Puszkaru jest daleka i trudna...

– Trzy, najwyżej cztery dni – wtrącił Eliksir.

– ... daleka i trudna, powiadam... Ale warta zachodu. – Zaświeciły mu się oczy. – Na pustyni człowiek widzi rzeczy, których na co dzień nie dostrzega. Nawet te, których istnienia nie podejrzewał. U nas wielu wędruje na pustynię, żeby naprawić swoje życie i dojrzeć to, co w nim jest naprawdę ważne. Jednym się to udaje, innym nie, jedni wracają mądrzejsi i spokojni, a czasami nawet święci. Inni w ogóle się nie zmieniają, a zdarza się, że do reszty tracą rozum. Jak to w życiu. Ale jak ktoś chce, to spróbować zawsze warto. A odwodzić: grzech!

Długo obliczał koszty najmu karawany, kaligrafował na kartce rzędy liczb, dodawał, odejmował, przekreślał. W końcu ciężko wzdychając, podał kartkę Eliksirowi. Wyliczona suma była dziesięciokrotnie wyższa od opłaty za czterodniowe safari po pustyni.

– Z powrotem karawana jedzie na pusto. Żadnych podróżnych, żadnego ładunku, zarobku nie ma, a zwierzęta i tak jeść potrzebują – powiedział. – Czy wy aby wiecie, co za święto jest w tych dniach obchodzone w Puszkarze?

Według miejscowych wierzeń tej nocy, przy pełni Księżyca, wody świętego jeziora w Puszkarze nabierają cudownej, oczyszczającej mocy i każdy, kto się w nich zanurzy, będzie miał odpuszczone wszystkie niecne uczynki i grzechy, nawet te najcięższe. Ludzie pobożni, którzy tego dnia w tym miejscu umrą, zostaną na zawsze wyzwoleni i już nigdy więcej nie odrodzą się na ziemi. Kąpiele w pomniejszych jeziorach, stawach, źródłach i strumieniach zapewniają wszelkie błogosławieństwa Brahmy i innych bogów, którzy w tym świętym czasie zstępują do Puszkaru i spełniają życzenia, prośby i tęsknoty ludzi.

– Na każdego, kto w tym czasie znajdzie się w świętym mieście, spłynie największa łaska. Czy wobec tych wszystkich dobrodziejstw, jakie was tam czekają, naprawdę warto się wykłócać o parę rupii? – zapytał hotelarz.

Wybór zwierząt pod wierzch i jucznych pozostawiliśmy Eliksirowi. Przed kilku laty w Marrakeszu, a może w Fezie, wszedł w komitywę z miejscowymi Berberami i włóczył się z nimi na wielbłądach po wsiach położonych na skraju Sahary. Któregoś wieczoru na popasie w jednym z zasypanych pustynnym piaskiem miasteczek zasiadł z nimi do sziszy i kart. Grali na pieniądze, a fajkę wodną nabili haszyszem. Szczęście musiało sprzyjać Duńczykowi, a haszysz był mocniejszy niż zwykle, bo gdy nazajutrz rano obudził go szynkarz, pytając uprzejmie, co zamierza zrobić z karcianą wygraną, Eliksir niczego nie mógł sobie przypomnieć. Towarzysze wędrówki przez pustynię i góry, a także od kart zniknęli, a przed zajazdem stał uwiązany do płotu wielbłąd. „To zwierzę wyścigowe. – Szynkarz z uznaniem pokiwał głową. – Pańscy przyjaciele zapewniali, że zdobędzie dla pana wiele, wiele nagród i obsypie złotem. Ma pan szczęście!" Eliksir nie był tego pewien. Wielbłąd wyglądał na starego i zabiedzonego, a gdy odwiązał go od płotu, okazało się, że kuleje. Skończyło się na tym, że uprosił szynkarza, by zgodził się przyjąć zwierzę jako zapłatę za nocleg. My jednak uznaliśmy, że Eliksir zna się na wielbłądach.

W pierwszej chwili jego pomysł podróży przez pustynię wydał mi się niedorzeczny. Owszem, zamierzałem pojechać z Dżajsalmeru do Puszkaru, ale koleją albo samochodem. Święte miasto leżało koło Adżmeru, z którego w razie potrzeby mogłem w kilka godzin porządną drogą dotrzeć do Delhi. Nie mogłem utknąć na pustyni.

Wyruszyliśmy z miasta po południu. Tak zarządził Radżesz, syn hotelarza wyznaczony przez niego na przewodnika karawany, znający pustynię jak własną kieszeń. Do pomocy i dla towarzystwa dobrał sobie kuzyna, Kumara. Wyznaczył zbiórkę po obiedzie, przed wschodnią bramą, gdzie miał czekać z wielbłądami, już gotowymi do drogi. „Z pustynią nie ma żartów – przestrzegał. – Trzeba z nią postępować ostrożnie, krok po kroku, oswajać powoli. Lepiej zacząć podróż później, niż za wcześnie ją skończyć".

Zaplanował, że pierwszego dnia nie ujedziemy daleko. Przywykniemy do pustyni i słońca, wysiłku i niewygód jazdy na wielbłądzich garbach. „Nazajutrz to nadrobimy" – zapewniał.

Od początku zachwycał się pomysłem podróży przez pustynię do Puszkaru. „To rozumiem! Prawdziwa wyprawa, a nie jakaś tam wycieczka dla emerytów!" – pokrzykiwał, rozkładając wieczorem pierwsze obozowisko. Wybrał na nie wydmę przy starej, porzuconej świątyni.

Potem w drogę wyruszaliśmy o świcie. Kumar rozpalał ognisko i szykował śniadanie. Rozstawiał nad ogniem żeliwne palenisko, parzył kawę w blaszanym dzbanku, w jednym garnku gotował wodnistą owsiankę, w drugim dal, zawiesisty sos z soczewicy, który jedliśmy z ryżem z blaszanych misek. Podgrzewał nawet gotowe podpłomyki, które zabrał na drogę. W tym czasie Radżesz oporządzał wielbłądy, poił je i karmił, sprawdzał siodła i juki, a my zwijaliśmy obozowisko i zbieraliśmy się do drogi.

Jechaliśmy długim rzędem, jedno za drugim, w karawanie składającej się z tuzina wielbłądów. Przewodził jej Radżesz, który pilnował kierunku wędrówki, dyktował jej tempo, decydował o postojach. Karawanę zamykał Kumar. Jadąc za jucznymi zwierzętami, dbał o porządek i kolejność jazdy obowiązującą wszystkich poza Koleżką.

Rozdzielając między nas zwierzęta pod wierzch, Radżesz przydzielił mu najmniejsze ze stada – wielbłądziego podrostka, który towarzysząc matce, po raz pierwszy brał udział w podróży przez pustynię. Wielbłąd Koleżki wyróżniał się nie tylko wielkością i czarniawą barwą sierści, ale przede wszystkim temperamentem. Wiedziony dziecięcą ciekawością popędliwie i nieufnie zarazem gonił za wszystkim, co zwracało jego uwagę. Z Koleżką na grzbiecie, głuchy na jego komendy i pokrzykiwania, błąkał się wedle własnego uznania po pustyni, to odbiegając od karawany, w której nie miał wyznaczonego miejsca, to znów do niej wracając. Porywając z sobą Koleżkę, odłączał się, by badać wszystkie napotykane zagajniki i drzewa, pagórki i ruiny, po czym, zaspokoiwszy ciekawość, wracał.

Koleżka na wielbłądziku przedstawiał widok dość paradny. Długimi nogami niemal dotykał ziemi, a wydawał się jeszcze wyższy, gdyż Maggie, obawiając się, że słońce poparzy jego jasną skórę, kazała mu włożyć jej własny, wielki czarny kapelusz z opuszczonym rondem.

Maggie, wycofana i cicha, o manierach damy, wyraźnie podobała się Radżeszowi i podejrzewałem, że specjalnie posadził Koleżkę na wielbłądziku, żeby go ośmieszyć. „Hej! Mister! Gdzie się pan znowu podziewał?! – wołał głośno na widok Koleżki podskakującego na grzbiecie zwierzęcia. – Wygląda pan jak prawdziwy Ali Baba, ale gdy się nam pan zgubi na pustyni, to kto się zajmie pańską narzeczoną?"

Poza tym jechaliśmy przez pustynię w całkowitym milczeniu, zatopieni we własnych myślach, marzeniach i zmęczeniu. Jeden dzień podobny do drugiego, drugi niczym nieróżniący się od trzeciego, czwarty zapowiadający się jak trzeci. Z ciszy i samotności otrząsaliśmy się dopiero na wieczornych popasach, gdy Radżesz wypatrzył już na wydmach miejsce na nocleg i dawał znak, że utrudzona wędrówką karawana ma się zatrzymać.

– Wspaniale! – Maggie, która najsceptyczniej odnosiła się do pomysłu podróży przez pustynię, była nią najbardziej zachwycona. – Już nie pamiętam, kiedy ostatnio tak się czułam! To takie niezwykłe przeżycie! Głębokie doznanie... naprawdę głębokie... prawda, Cedryku?

Tylko Maggie nazywała go dawnym imieniem.

– Głębokie... naprawdę... – przytakiwał Koleżka.

Samotność i milczenie podczas pustynnej jazdy przypominały jej aśram w Himalajach, w którym się zamykała, żeby się sobie lepiej przyjrzeć. Odosobnienie, całkowite milczenie, a nawet unikanie kontaktu wzrokowego z innymi były poza ćwiczeniami jogi i medytacją warunkiem powodzenia pobytu w pustelni. O tym, czy był udany, a zwykle był, Maggie przekonywała się, gdy zaczynała odczuwać wstępującą w nią moc, tak wielką, że każda przeszkoda wydawała się jej do pokonania. Wraz z siłą pojawiała się nagła krystaliczna jasność oglądu własnego życia i samej siebie. W takich chwilach dobrze wiedziała, jak żyć, co jest ważne, a co nie, dokąd zmierzać – nie miała żadnych wątpliwości.

Potem to wszystko znów zaczynało się rozmywać, zatracać, gubić. W natłoku codziennych spraw i obowiązków coraz trudniej było zdobyć się na samotność i ciszę, żeby znów stanąć z sobą oko w oko. Aby odzyskać pewność i spokój, wracała więc do Indii i himalajskiego pustkowia. Mówiła, że wystarczy jej parę tygodni, aby znów odzyskać siłę i jasność spojrzenia. Dlaczego nie mogła ich utrzymać?

W Indiach znalazła też Koleżkę. Wpadli na siebie w Delhi, na Pahargandżu, gdzie przesiadali się z pociągu na pociąg. Ona wybierała się do Dharamsali, on nieco dalej, do Manali. Jakiś czas potem, w drodze powrotnej do Delhi, spotkali się znowu. Dalej pojechali już razem, na plaże Goa.

Starszy od niej o ładnych parę lat, urzekł ją pogodą ducha, spokojną pewnością i luzem, a także dystansem do siebie i do życia, po które ona musiała się wyprawiać aż pod Himalaje. Wrażenie zrobiło też na niej to, że wydawał się niemal zadomowiony w Indiach.

Tak było przed pięcioma laty. Po powrocie do Londynu Koleżka wprowadził się do jej mieszkania. Potem wybrali się jeszcze razem do Kerali. Wyprawa do pustynnego Radżasthanu była ich trzecią wspólną podróżą do Indii, a Maggie oczekiwała od niej czegoś więcej niż beztroskiej włóczęgi i zabawy. Chciała namówić Koleżkę, żeby spędzili kilka dni w Udajpurze i ufnie poddali się romantyzmowi unoszącemu się nad jego zaułkami i pałacami nad jeziorem. Chciała, żeby i im ziemia poruszyła się pod stopami.

Myślała też, żeby wyciągnąć Koleżkę w Himalaje, do Dharamsali albo do Riszikeszu, przekonać, że medytacja, szlachetna kontemplacja czy ćwiczenia jogi są lepszym sposobem poszerzania świadomości i odnajdywania drogi życia niż zioła, pigułki i proszki. Podczas jednego z wieczorów na dachu w Dżajsalmerze powiedziała, że podziwia w Koleżce to, że nie miał wątpliwości, i że uważała to za przejaw jego siły i wiary w słuszność życiowych wyborów. Potem jednak zaczęła podejrzewać, że Koleżka żadnych wyborów nie dokonywał, nie miał żadnego życiowego planu i w ogóle nie zawracał sobie tym głowy. Podążał z prądem.

– W Indiach wszystko jest jednym wielkim duchowym przeżyciem – wymruczał Koleżka, wyciągnięty wygodnie na plecach na wydmie. Nie palił przez cały dzień. Nawet papierosów. Wieczorem, zmęczony jazdą, upojony postem i podziwem dla własnej wytrwałości, ledwie zsunąwszy się z wielbłąda, sięgał do kieszeni po fajkę i wygrzebywał z juków tytoń i konopie. – Niczego mi więcej nie trzeba.

Radżesz przysiadał z boku i przypatrywał się, jak rozbijamy obozowisko.

– Muszę znaleźć sobie porządną żonę. Nie taką, jaką wybrał dla mnie ojciec. Najlepsze są te z Europy. Wiedzą, co robić, żeby się nie znudzić mężczyźnie. Kiedyś pojadę do Europy. Ile trzeba mieć pieniędzy, żeby się dobrze w Europie bawić? A może byście mnie z sobą zabrali do Londynu?

Ojciec Radżesza wybrał dla niego na żonę córkę jednego z hodowców wielbłądów z Dżajsalmeru. Dziewczyna pochodziła z dobrego domu, była zamożna, posłuszna i niebrzydka, tyle że Radżesz jej nie chciał. A po powrocie z Puszkaru rodziny młodych miały ustalić termin ślubu i wesela.

– Co ja będę wiedział o życiu, jeśli mam je spędzić u boku jej jednej? Na środku pustyni. Czego użyję? Czapati i dalu? Pewnie, że chcę dobrej żony, która zadba o dom i urodzi mi syna. Ale chcę też, żeby miała wielkie piersi i żebym drżał na samą myśl o niej, i nie mógł się doczekać chwili, kiedy jej dotknę. Chciałbym, żeby była dobra w łóżku. Słyszałem, że europejskie kobiety są dobre w łóżku.

Karen, podczas jazdy przez pustynię słuchała muzyki. Pod baseballową czapeczką z daszkiem, wciśniętą głęboko na oczy, miała na uszach słuchawki, z którymi się nie rozstawała.

– Czego słuchasz? – zapytałem na pierwszym postoju.

– Doorsów. – Błysnęła zębami w uśmiechu. – Jim Morrison najlepiej nadaje się na pustynię. „*We want the world and we want it now!*"

Z Radżasthanu wybierała się w Himalaje, do Riszikeszu, i na tę podróż miała już przygotowaną muzykę Beatlesów.

– Wiem, wiem, wszyscy tego słuchają – powiedziała. – Ale ta muzyka dobrze mi robi, więc czemu mam się tym przejmować?

Nie wiedziała, czy do Riszikeszu pojadą razem z Eliksirem. „Zobaczy się" – mówiła. Wolałaby z Eliksirem, ale był już w Riszikeszu i wcale mu się nie podobało. Karen ani myślała zmuszać go do czegokolwiek, tym bardziej odmawiać sobie czegoś, na co miała ochotę. Nie wykluczała więc, że wybierze się do Riszikeszu sama, a może z kimś, kogo spotka po drodze. „Skąd mam to wiedzieć? – mówiła z uśmiechem. – Zobaczy się". „Zobaczy się" – przytakiwał Eliksir. On też nie zamierzał się do niczego zmuszać ani robić czegokolwiek wbrew sobie.

Już drugiego wieczoru na pustyni, kiedy na wybranej przez Radżesza wydmie zatrzymaliśmy się na nocleg, Karen powiedziała, że ma wrażenie, iż kręcimy się w kółko.

– Ja już tutaj byłam – zauważyła, przekazując Koleżce fajkę. – Chyba wczoraj. Nie wiem jak wy, ale ja już tu byłam.

Koleżka pokiwał głową z uznaniem, zaciągając się dymem. Roześmialiśmy się. Karen też parsknęła śmiechem.

Pierwszego dnia podróży przez bezdroża poza stadkiem pustynnych gazeli napotkaliśmy tylko brodatego pustelnika w szafranowych szatach. Podpierając się kosturem, zmierzał niespiesznie na wschód. Radżesz pozdrowił świętego męża i zamienił z nim parę słów.

– Mówi, że idzie w pielgrzymce do Puszkaru – powiedział. – Na święto, ma się rozumieć.

Uznaliśmy to za oczywiste wyjaśnienie spotkania na pustkowiu.

Drugiego dnia na pustyni ujrzeliśmy sześć kobiet w czerwonych i żółtych sari, które jedna za drugą, z mosiężnymi dzbanami na głowach szły nam naprzeciw.

– *Namaste*, pokłon wam – powiedziały na powitanie.

– Idą po wodę. – Radżesz rozejrzał się po pustynnej okolicy. – To znaczy, że gdzieś tutaj musi być studnia. Ludzie z pustyni wiedzą takie rzeczy.

Tego samego dnia w południe na naszej drodze nagle wyrosła wioska. Prawie nie odróżniała się od pustyni. Zakurzone, kryte słomą dachy i spłowiałe w słońcu mury chałup ulepione z gliny i krowieńców zlewały się z przybrudzoną żółcią wydm. Wieś była też jak pustynia nieruchoma. Dopiero za ostatnimi obejściami, pośród krzaczastych zarośli, gromadka dzieci pilnowała stadka wielbłądów i kóz, skubiących wyszukiwane między kamieniami rośliny. Nazajutrz przejechaliśmy przez inną, też wyglądającą jak wymarła wioskę, przypominającą do złudzenia tę napotkaną poprzedniego dnia. Radżesz uspokajał, że nie pomylił drogi.

– Tamta wioska była hinduska, a w tej, przez którą przejechaliśmy dzisiaj, mieszkali muzułmanie – powiedział.

Noc, podczas której zobaczyłem na pustyni weselny orszak, była trzecią spędzoną w podróży, a okrągły na gębie księżyc wskazywał pełnię. Dotarliśmy do kresu podróży. Puszkar musiał być już blisko, a następną noc powinniśmy spędzić w którymś z tamtejszych hoteli.

Świt dopiero wstawał, kiedy obudziło mnie szarpanie za ramię.

– Mister! Niech się pan obudzi! Mister! – usłyszałem świszczący szept Radżesza.

Usiadłem w śpiworze na piachu.

– Mamy problem, mister! Wielki problem! Wielkie zmartwienie!

Kiedy wieczorem rozbijaliśmy na pustyni obóz, Kumar wypatrzył w pobliżu stado szakali, które czatowały pod drzewem akacji na pawie siedzące na jej gałęziach. Czy mogły wyrządzić krzywdę naszym wielbłądom? Słońce dopiero wstawało i niebo nad pustynią było pomarańczowe. Miałem wrażenie, że w oddali widzę latawce, takie jak te, którym przyglądałem się z murów Dżajsalmeru.

– Nie da się dalej jechać, mister. Musimy zawracać.

Powodem nagłej zmiany planów była burza piaskowa, która miała nadciągać z Gudżaratu.

– Musimy wracać, mister! Burza idzie! I jest już blisko, czuję to przez skórę. W takich sprawach ludzie pustyni się nie mylą, bo inaczej wszyscy by już dawno wyginęli – przekonywał gorączkowo Radżesz – Musimy wracać, bo jeśli nie uda się nam uciec przed burzą, zgubimy drogę i nigdy już nie odnajdziemy tej właściwej. Wracajmy do Dżajsalmeru!

Spojrzałem na niebo. Było jasne, czyste i pogodne, bezchmurne. Jak poprzedniej nocy zapowiadającej pełnię Księżyca.

– Puszkar musi być już niedaleko, jesteśmy w drodze trzy dni. Nie lepiej jechać dalej? – zapytałem.

– Nie! Nie! – zaprotestował. – W burzy pobłądzimy i nikt już nas nie znajdzie.

– Droga do Dżajsalmeru zajmie nam trzy dni.

– Wrócimy dużo szybciej. Drogą na skróty. Nie zgubię się na niej. Wiem, co mówię, pustynia to mój dom. Znam ją jak własną kieszeń. Tak dla wszystkich będzie lepiej!

– A mnie się i tak zdaje, że cały czas kręciliśmy się w kółko – powiedziała Karen, pakując bagaże.

Eliksir, najbardziej rozczarowany niepowodzeniem wyprawy, próbował się targować z Radżeszem o zwrot pieniędzy. Czuł się trochę winny. W końcu to on wybierał wielbłądy i wielbłądników.

– Umawialiśmy się na podróż do Puszkaru – upierał się.

– Byliśmy całkiem blisko. – Radżesz ani myślał oddawać pieniądze.

Mówił, że to nie jego wina, że nie dotarliśmy do Puszkaru. Nie mógł przewidzieć nadejścia burzy piaskowej. Co mógł poradzić? Siła wyższa. Jeśli raz wziąłby na siebie odpowiedzialność za pogodę, to jutro ktoś zażąda od niego zwrotu pieniędzy, bo mu na pustyni będzie za gorąco, a w nocy za ciemno.

– I gdzie ta twoja burza? – nie ustępował Eliksir.

– Uciekliśmy jej. Udało się nam – odparł Radżesz. – Mieliśmy dużo szczęścia.

– Może naprawdę mieliśmy szczęście? – wtrąciła się Karen. – A zresztą o co ten krzyk? Chcieliśmy jechać przez pustynię i nas przewiózł. Miały być cztery dni podróży i były. Co to za różnica jechać cztery dni przed siebie czy kręcić się w kółko?

– Żadna – poparła ją Maggie. – No, chyba że się wie, dokąd chce się dojechać.

– Droga powinna dokądś prowadzić – powiedział pojednawczo Radżesz. – Ale mało to razy człowiekowi wydaje się, że zmierza naprzód, a potem okazuje się, że wcale nie i że choćby nie wiadomo jak daleko odszedł, i tak wraca tam, gdzie zaczął.

– Tak czy inaczej, warto było – powiedziała Maggie.

– Było świetnie – dodał Koleżka.

Jechaliśmy dalej niespiesznie, w milczeniu, jak przez pustynię. Słońce powoli zachodziło, kiedy wyprzedziła nas zaprzężona w wielbłąda dwukółka, wyładowana workami z bawełną. Zaraz potem ukazały się mury Dżajsalmeru.

ŚWIĘTY NIKT

W te marcowe dni, siedząc przed telewizorem w oblężonym mieście, Kulwant Singh miał coraz większe wątpliwości, kim właściwie jest.

Podobne myśli miewał oczywiście i wcześniej, zanim wybuchły rozruchy w Harianie i Dżatowie odcięli Delhi od reszty świata. Nigdy jednak nie były tak wyraźne jak teraz, w pozbawionym wody mieście. Nigdy też nie były zabarwione taką niechęcią, graniczącą niemal z odrazą, i nie przywoływały takiej nadziei czy pożądania, które się staremu sikhowi w ogóle nie podobały.

– Przeklęte darmozjady! A żeby ich piekło pochłonęło! – Kulwant Singh przeklinał na czym świat stoi. Jak co rano kręcił kurkami kranu, z którego znów nie pociekła ani kropla wody. – Ludzi mają za nic, wszystko mają za nic! No przecież tak się nie da żyć!

Wody nie było już piąty dzień. W całym liczącym grubo ponad dwadzieścia milionów mieszkańców stołecznym mieście. Mówiono, że w niektórych dzielnicach, zwłaszcza tych nowszych, zamożniejszych, w zachodniej, zielonej i przestronniejszej części stolicy, woda się pojawiała. Na kilka godzin dziennie, ale jednak. W śródmieściu, zatłoczonym i gorącym, wodociągi wyschły do cna, a wodę przywożono ciężarówkami w wielkich beczkach, przed którymi przez cały dzień stały kolejki z wiadrami i kanistrami. Pozamykano szkoły, wstrzymano pracę w fabrykach. Nawet szpitale otrzymały polecenie, żeby oszczędzać wodę.

Delhi, jedno z największych miast w całej Azji, zostało odcięte od wody z powodu rozruchów, które wybuchły w otaczającym je od północy, zachodu i południa stanie Hariana. Od ponad tygodnia trwały tam zamieszki między miejscowymi Dżatami a policją i wojskiem. Co wieczór Kulwant Singh oglądał w wiadomościach telewizyjnych barykady z płonących opon, a także spalonych autobusów i wielkich ciężarówek, które wbrew ostrzeżeniom i groźbom próbowały przebijać się przez zasieki i przeszkody na drogach. Tłum wzburzonych, wściekłych demonstrantów z czerwonymi przepaskami na głowach wygrażał pięściami, złorzeczył. Gazety pisały o zabitych i setkach rannych, a rząd, który zwykle bez zbędnych ceregieli i skrupułów rozkazywał policji rozpędzać protestujących bambusowymi pałkami i granatami z gazem łzawiącym, tym razem zalecił żołnierzom, by unikali frontalnego starcia. Zamiast tego przerzucał ich śmigłowcami w głąb Hariany, żeby chronili urzędy i sklepy przed grabieżami. I właśnie widok wybebeszonych, splądrowanych i spalonych sklepów wzbudzał największe wzburzenie w przykutym do telewizora sikhu.

– Niegodziwcy! Człowiek haruje, trudzi się przez całe życie, wszystkiego sobie odmawia, a potem taki jeden z drugim, co to nawet zebrać dwóch myśli nie umie, wyciąga rękę jak po swoje. Tfu! A żeby mu ta ręka uschła! A na koniec rzuci zapałkę i wszystko, co człowiek przez lata składał, w jednej chwili diabli biorą.

Wiedziałem, że mówi do mnie, chociaż udawał, że mnie nie poznaje. A może naprawdę nie poznawał? Nigdy nie byłem tego pewien. Nie oczekiwałem, że mnie będzie pamiętał, kiedy po raz drugi pojawiłem się w jego hotelu. Ale gdy przyjechałem po raz szósty, a potem dziesiąty, spodziewałem się, że mnie rozpozna.

Z drugiej strony dlaczego akurat ja miałbym zapaść mu w pamięć? Tak wielu ludzi od tak wielu lat przewalało się przez jego hotel. Niejednemu życia by nie starczyło, żeby tylu spotkać. Spodobało mu się, gdy to powiedziałem.

„No ale chyba nie panu! – zaprotestował. – Pan to dopiero musiał gromadę ludzi spotkać!" „Taką mam pracę. Pan daje ludziom dach nad głową, a ja z nimi rozmawiam". „I jeszcze panu za to płacą! Niczego sobie sposób na życie. Mucha nie siada!" – Zaśmiał się pod nosem.

Teraz już wiedziałem, że mnie poznał, choć jeszcze przez chwilę będzie udawał, że moja kolejna wizyta nie robi na nim żadnego wrażenia, że się jej spodziewał. Tyle razy wracałem, więc cóż to za nowina?

– Nieroby! Pracować im się nie chce! Do żniw jeszcze dobry miesiąc. Nie mają nic do roboty, to się za oblężenie miasta wzięli. A po co to wszystko? O co im chodzi? Nie żeby zostać wywyższonym, ale pomniejszonym. Do czego to podobne?

Dżatowie, niegdyś zamożni chłopi, dumni ze swojej dość wysokiej przynależności kastowej, mający własnych królów i ambicje, by wybić się na wojowników, teraz domagali się od władz, żeby uznać ich oficjalnie za stan niższy i stosowne obniżenie w hierarchii zapisać w urzędowych dokumentach. Kiedyś głowy nosili wysoko, mieli się za równych radżputom i jak oni podnosili bunty przeciwko cesarzom z Delhi. Teraz żądali, by uważać ich za gorszych, za pariasów, stojących najniżej w hierarchii, wykluczonych i pogardzanych.

Podobnej kastowej degradacji coraz częściej i głośniej domagali się zresztą przedstawiciele i innych, niegdyś wyższych, a teraz zubożałych i podupadłych warstw. Liczyli, że w zamian za utratę statusu zyskają tytuł pokrzywdzonych, którym należy się zadośćuczynienie i pomoc, gwarantowane posady w urzędach, zarezerwowane miejsca dla dzieci na uniwersytetach, łatwiejsze i szybsze awanse. Założyciele indyjskiego państwa, uczniowie Mahatmy Gandhiego, pragnęli w ten sposób wynagrodzić krzywdy, jakich przez wieki doznawali najniżsi z najniższych, niedotykalni, ludzie wyrzuceni poza nawias tradycyjnego, podzielonego na kasty społeczeństwa. Członkowie innych kast unikali wszelkiego kontaktu z niedotykalnymi. Ale teraz zazdrościli im tych skromnych przywilejów i sami pragnęli ich dla siebie. Nawet za cenę społecznej degradacji. Wcale nie wydawała im się wygórowana, gdy w grę wchodziły pieniądze, awanse i przywileje.

– Świat na głowie staje. A miasto wszystkiemu winne! Nie ludzie, tylko miasto. – Kulwant Singh kręcił z niedowierzaniem głową.

Zdecydował się w końcu spojrzeć wprost na mnie.

– To ono wyzwala w ludziach tę zachłanność, tę chciwość niepohamowaną, z którą sobie potem nijak radzić nie umieją i nic tylko chcą więcej i więcej. Ile by nie mieli, ciągle im mało, wciąż czegoś brak. Nie mówię, że z miasta się całe zło bierze. Mówię tylko, że w mieście wyłazi ono prędzej z człowieka niż na wsi. Ale kto dzisiaj chce żyć na wsi? Nikt. Mówią, że nie da się tam żyć i każdy wyrywa się do miasta, jak tylko może. Niedawno podawali, że we wsiach pod Agrą chłopi wszczęli rozruchy. Z początku żeśmy myśleli, że się buntują, bo rząd próbuje odebrać im ziemię pod budowę autostrady do Lucknow. Co rusz do podobnych rzeczy dochodzi. Tyle się u nas ostatnio dróg buduje. Ale w tych wsiach pod Agrą ludzie podnieśli bunt nie dlatego, że rząd im pola odbierał, tylko dlatego że miał odebrać, a nie odebrał. Widział kto coś podobnego? Woleli raz dostać pieniądze jako odszkodowanie za utraconą ziemię, niż na niej pracować jak ich ojcowie... Słyszał pan może...

Dżatowie, chłopi, też uciekali do miasta. Zwłaszcza młodzi. Pola, zapewniające im kiedyś całkiem dobre życie, już dawno podzielili na spłachetki między dzieci, których zawsze starali się dochować możliwie jak najwięcej. W końcu przyszedł czas, gdy ziemi do podziału zwyczajnie zabrakło. Coraz mniejsze zagony dawały coraz mizerniejszy dochód, a jakby i tego było mało, w ostatnich latach ich ziemie nawiedzały jedna po drugiej klęski suszy, odbierając resztki nadziei i resztki złudzeń. Podupadli i zubożali zaczęli z coraz większą zazdrością spoglądać na przedstawicieli niższych kast, którym pomagał rząd.

W całych Indiach Dżatów jest ze sto milionów, a w podstołecznej Harianie stanowią co najmniej czwartą część ludności. Mają jedną trzecią posłów w tamtejszym parlamencie i trzy czwarte ministrów w stanowym rządzie. Dobrze wiedzą, że właśnie w liczbie jest ich największa siła, że żaden polityk prący do władzy nie zlekceważy ich głosów. Przeciwnie, zrobi wszystko, by je zdobyć, a nawet dziecko wie, że w polityce nie trzeba być fakirem, żeby uchwalić prawo, które najbogatszego nababa ogłosi oficjalnie nędzarzem, zasługującym na rządową pomoc.

I faktycznie, w Delhi, Radżasthanie, Uttar Pradeś, Madhja Pradeś i kilku stanach na przedgórzu Himalajów Dżatowie zostali uznani za biedaków, choć tylko w Radżasthanie przyznano im prawo do rządowej pomocy. Pomoc obiecał im nawet rząd krajowy, ale sprzeciwiły się temu sądy, orzekając, że Dżatowie nie spełniają kryteriów, by obniżyć ich w społecznej hierarchii, wcale nie są zacofani i wciąż zbyt zamożni, by uznać ich za biedaków. Rozjuszeni przegraną Dżatowie wszczęli więc bunt i rozruchy. Przegrodzili barykadami przecinające Harianę drogi, a przede wszystkim zamknęli główny kanał zaopatrujący stolicę w wodę. Zapowiedzieli, że prędzej puszczą z dymem cały stan i dadzą się jeden po drugim pozabijać, niż ustąpią, wyrzekną się przywilejów pariasów.

Kulwant Singh przeklinał Dżatów, ale sam nie był do końca pewny, czy aby i on nie jest jednym z nich. Dżatowie przed wiekami porzucili swoje rodowe gniazda nad dolnym Indusem i ruszyli na północ, gdzie rzeki nie rozlewały tak szeroko i niebezpiecznie, a żyznej ziemi było w bród. Osiedli między innymi w dzisiejszym Pendżabie, z którego wywodziła się rodzina Kulwanta Singha. W nowych siedliskach przyjmowali wiarę tych, którzy tymi ziemiami władali. Tam gdzie rządzili mahometanie, przechodzili więc na islam, tam gdzie górą byli hindusi, stawali się hindusami. W Pendżabie, ojczyźnie sikhów, wielu Dżatów zostało sikhami.

– A nawet jeśli! – Kulwant Singh podnosił głos. – A nawet jeśli jakimś cudem pochodzimy od Dżatów, to z tymi tam, co wszczynają rozruchy, ja nie chcę mieć nic wspólnego. Nic! Nawet gdyby mi rząd nie wiem co obiecywał!

Tu jednak głos mu słabł i zaczynał snuć rozważania, czy naprawdę istnieje możliwość, że jego rodzina wywodzi się z Dżatów.

– Pochodzimy z tej części Pendżabu, która się dostała Pakistanowi, tam Dżatów zawsze było wielu. Dziadek ze strony matki mógł być jednym z nich, tyle o nim wiadomo co nic... – Znów słychać było w jego głosie nadzieję, kalkulację, do której najwyraźniej nie chciał się przyznać nawet przed samym sobą, bo zaraz wpadał w złość. – Człowiek nigdy nie może wiedzieć, co mu się należy.

Prawdę powiedziawszy, powinien być Dżatom wdzięczny. Niepokoje w Harianie powodowały, że interes lepiej się kręcił, i przysparzały zysków. Zbuntowani Dżatowie nie tylko pozbawili stolicę wody, ale i odcięli ją od reszty kraju, unieruchomili. Ogłosili w podstołecznych stanach powszechny strajk i grożąc pobiciem, pilnowali, żeby nikt się z niego nie wyłamywał. Przegrodzili drogi, a samochody, ciężarówki i autobusy, usiłujące mimo wszystko przebijać się przez barykady, zatrzymywali i podpalali. Zatarasowali także tory kolejowe, zatrzymali kilkaset pociągów, podpalili kilka dworców. W rezultacie kto się już w mieście znalazł, nie mógł się z niego wydostać, a kto chciał tu dotrzeć, nie mógł znaleźć przejezdnej drogi.

Na śródmiejskim Pahargandżu, położonym tuż przy jednym z głównych dworców kolejowych stolicy, brakowało miejsc w hotelach. Pękał w szwach również należący do Kulwanta Singha hotelik Viraat, choć położony był nieco na uboczu, w uliczce odchodzącej od głównego bazaru. Nigdy nie należał do najpopularniejszych w okolicy i zwykle miał kilka wolnych pokojów. Kulwant Singh nie zabiegał też o zagranicznych gości, długowłosych, dziwacznie poubieranych i dziwacznie się zachowujących. Na Pahargandżu zawsze było ich pełno, ale stary sikh wolał nie wpuszczać ich pod swój dach. Choć byli cudzoziemcami, nie śmierdzieli groszem – ci bogatsi nigdy na Pahargandż nie zaglądali i zatrzymywali się w drogich hotelach w Nowym Mieście – za to targowali się o każdą rupię jak dworcowi rikszarze. Nigdy też nie zabawiali dłużej. Pahargandż był dla nich tylko przystankiem w dalszej wędrówce. Kiedy przychodzili pytać o wolne pokoje, odpowiadał zwykle, że wszystkie ma już zajęte. Zresztą, rzadko zaglądali do Viraatu. Gnieździli się wszyscy na kupie w leżących przy głównej bazarowej alei Viveku czy Hare Rama, a jeśli już z jakiegoś powodu zabłąkali się w okolicę Viraatu, zatrzymywali się raczej w hoteliku Bless In. Tam takich przyjmowali chętnie.

Kulwant Singh wolał gościć u siebie tubylców, którzy przyjeżdżali do stolicy w interesach, a najlepiej takich, którzy dostali w Delhi pracę, lecz nie mieli czasu albo pieniędzy, żeby znaleźć własny kąt. Ci zatrzymywali się w Viraacie często na długie tygodnie, a nawet miesiące. Zdarzali się i tacy, co woleli mieszkać u niego na stałe i nie zawracać sobie głowy sprzątaniem, praniem, zakupami czy gotowaniem. Takich lubił najbardziej.

Wiedzieli, jak życie wygląda tu naprawdę, co się liczy i ile co kosztuje. Wiedzieli, czego się mogą spodziewać, nie wydziwiali, nie wykłócali się o wszystko, jakby płacili za nocleg w dolarach, a nie w rupiach. Nie raz, nie dwa gryzł się w język, żeby słysząc kolejne żale cudzoziemskich gości, nie posłać ich w diabły, odburknąć, że jeśli potrzebne im wygody, to nie na Pahargandżu powinni ich szukać, ale na bogatej ulicy Dżanpath w śródmieściu albo w eleganckich okolicach parku Nehru. „Tu nie Imperial ani nie Aśoka – powarkiwał. – Imperial to się tutaj kino na rogu nazywa".

Sam gderliwy, nie mógł ścierpieć, gdy narzekali inni. Zwłaszcza teraz, kiedy miasto zostało zamknięte i odcięte od wody, nie znosił odpowiadać na pytania gości, kiedy wszystko wróci do normy. „A niby skąd ja mam to wiedzieć? – burczał pod nosem, poprawiając na głowie szafirowy turban. – Niech się cieszą, że to koniec zimy, a nie środek lata. Wszyscy by wtedy powariowali, pozdychali jak muchy. Albo by się pozabijali".

Zima dopiero co się skończyła, ale pory roku szybko przechodzą tu jedna w drugą i należało się spodziewać, że słońce, palące teraz na południu kraju, wkrótce sprawi, że życie w Delhi stanie się nie do zniesienia. Podczas utrzymujących się przez wiele dni czterdziestostopniowych upałów z pragnienia padały nawet wielbłądy. Ulgę przynosiły dopiero monsunowe deszcze, które zbierały się niespiesznie w ciężkie chmury nad przylądkiem Komoryn i południowymi wybrzeżami.

– Niech się lepiej cieszą, że to nie lato – mówił jakby do siebie Kulwant Singh, zbierając się do wyjścia. – Już teraz nie ma czym oddychać.

Indyjska metropolia, jeszcze niedawno znana z szerokich, przestronnych i przewiewnych, a przede wszystkim zielonych alei w nowej części miasta, ostatnimi czasy zyskała złowrogą sławę miejsca najbardziej zatrutego na całym świecie. Po latach prowincjonalnego ubóstwa Delhi bogaciło się i rozrastało, wchłaniając okoliczne wioski. Mieszkańców i tak już przeludnionego miasta wciąż przybywało, a który się dorobił, natychmiast kupował samochód, motocykl albo przynajmniej skuter. Zawisłe nad miastem sine chmury spalin, wszechobecny kurz, dymy z fabryk i z domowych pieców, popiół ze spalanych hałd śmieci, a także pył niesiony wiatrem z pustyni Thar dusiły miasto, czyniąc życie w nim nieznośnym i niebezpiecznym. „Nie ma czym oddychać" – sapał z wysiłkiem Kulwant Singh, poprawiając okulary na wydatnym nosie i upięty na głowie turban.

Dwa razy dziennie zasiadał za ladą hotelowej recepcji. Rano przeglądał księgę meldunkową i rachunki z poprzedniego dnia, sprawdzał, czy wszystko jest na swoim miejscu, zanim wyjdzie z hotelu, zostawiając go na cały dzień pod opieką synów i służby. Miał w mieście rozliczne obowiązki i interesy, których też musiał osobiście dopilnować, a tylko Viraat mógł oddać w zaufane ręce. Przed zmierzchem, wróciwszy do domu, dokonywał kolejnego przeglądu ksiąg i rachunków. Potem wychodził jeszcze pomodlić się do sikhijskiej świątyni, gurudwary, i dopiero po powrocie pozwalał sobie na odpoczynek w gronie rodziny, przy kolacji przygotowanej przez żonę i którąś z synowych.

„Samo nic nie przychodzi, wiadomo – mawiał. – Ale nawet jak się człowiek urobi po łokcie, to się potem porządnie umyć nie może, bo mu wodę w domu wyłączą przez jakichś darmozjadów, którym się umyśliło mieć wszystko za darmo. A jakże! Każdy by tak chciał! W mieście gadają, że jak to potrwa jeszcze parę dni, to jakaś zaraza wybuchnie. W slumsach nad Jamuną ludzie i tak już wchodzą sobie na głowy. Ciasno, że szpilki nie wciśniesz, a bieda aż piszczy. Jakby się tam miała zacząć jakaś zaraza, to nieszczęście gotowe. Ale i z tymi, co mają czym płacić, wcale nie lepiej. Jak ich karmić, poić, jak gościć bez wody, żeby się nie pochorowali i złego świadectwa potem nie dali? Na dobre imię przychodzi nieraz całe życie pracować, a stracić je można tak szybko, że ani się człowiek obejrzy. I bez znaczenia winny czy nie. Tego by jeszcze brakowało, żeby trzeba było hotel zamykać…"

Z końcem zimy w całym kraju czuło się wielkie poruszenie. Z nadejściem chłodów i słoty ci, których było na to stać, wyruszali na wiecznie ciepłe południe. Teraz wracali z kolei na północ, żeby uciec od tropikalnych upałów, które na południu stawały się nie do zniesienia. Z lagun Kerali, plaż Tamilnadu i bengalskich rozlewisk Gangesu i Brahmaputry, przenosili się na północ, na himalajskie przedgórze, by zaszyć się w tamtejszych dolinach dających przyjemne, orzeźwiające schronienie przed słońcem i żarem, sprawiającymi, że najprostsze codzienne czynności stawały się niekończącym się znojem.

W himalajskich wąwozach spędzali letnie miesiące sułtani i cesarze z Delhi, maharadżowie i nizamowie, a po nich ich pogromcy, Brytyjczycy, którzy z rozpalonej gorączką Kalkuty wyjeżdżali latem w góry, do Dardżylingu, Siliguri, kaszmirskiego Śrinagaru, Manali, Dehradun, Kangry czy Szimli. Tę ostatnią, niewielką mieścinę brytyjscy wicekrólowie uczynili nawet swoją oficjalną letnią stolicą i przenosili się do niej z całym dworem, wojskiem, generałami i służbą. Najpierw wędrowali w karawanach, na słoniach, wielbłądach, powozami i konno. Potem, aby ułatwić i przyspieszyć przeprowadzkę, pobudowali nawet do niej linię kolejową.

Kiedy Brytyjczycy wynieśli się z Indii, ich śladami ruszyli długowłosi włóczędzy, którzy przywędrowali tu jako następni przybysze z Zachodu. Nazywali się hipisami, dziećmi kwiatami, i na Wschodzie spodziewali się odzyskać sens istnienia, którego na Zachodzie odnaleźć już ich zdaniem się nie dawało. Po nich wytchnienia i zabawy w himalajskich ustroniach szukali zapatrzeni w Zachód indyjscy dorobkiewicze, krzykliwi, obnoszący się z bogactwem i pychą, zaślepieni pogonią za zarobkiem oraz rywalizacją. Z czasem najzamożniejsi z nich zarzucili zwyczaj letnich wypraw do himalajskich kurortów i odpoczynku oraz rozrywki zaczęli szukać w Europie i Ameryce – w Paryżu, Rzymie, Londynie, na greckich wyspach, w Nowym Jorku, Las Vegas i Kalifornii.

Przemieszczanie się, nieustanna zmiana miejsc zawsze wydawały mi się tutaj naturalną koleją rzeczy, zachowaniem oczywistym i jedynym możliwym, podstawowym nakazem i najważniejszym przykazaniem. Samą istotą tutejszej codzienności i celem przebywania.

Odnosiłem wrażenie, że większość ludzi, których tu spotykałem, była w drodze. Dokądś się właśnie wybierali, skądś wracali. Pasterze z himalajskiego przedgórza wędrują za swoimi stadami, kupcy przemierzają kraj, by sprzedać lub sprowadzić towary, przedsiębiorcy – w interesach, biedacy – a nigdzie na świecie nie ma ich tak wielu, jak w Indiach – ciągną do wielkich miast za zarobkiem, bogacze uciekają z duszących się w ścisku metropolii, by choć na chwilę uwolnić się od wyniszczającej gonitwy, w której liczą się tylko zwycięzcy.

Wędrówka jest także, a może nade wszystko, drogą do świętości, wyzwolenia. Nigdzie indziej na świecie nie spotyka się tylu pątników, pielgrzymujących od jednego świętego miejsca do drugiego, by na brzegach i u źródeł świętych rzek, u podnóża świętych gór, w świętych pieczarach i lasach zyskać łaskę, oczyszczenie, odpuszczenie grzechów, spełnienie próśb.

Włóczęga i dola pustelnika, ostateczne porzucenie osiadłego, codziennego życia i wszystkiego, co się nań składa, uznawane jest tu za najpewniejszy, choć nie jedyny i z pewnością najtrudniejszy sposób uwolnienia się z wędrówki dusz i wybawienia od dalszego ciężaru doczesności. Jest ostatnim etapem pobożnego i prawego życia, jego dopełnieniem. Ci, którzy czują powołanie, a są ich miliony, porzucają dotychczasowe życie, interesy, rodziny i domy, spłacają wszystkie długi, rozdają cały dobytek, wyrzekają się swego imienia, a często odprawiają nawet własny pogrzeb. Pożegnawszy się ze światem i umierając dla niego, ruszają w drogę i resztę swoich dni, żyjąc z jałmużny jako święci mężowie lub niewiasty, spędzają na pielgrzymkach, włóczędze, medytacjach i modłach.

Tułaczka jest tu niekoniecznie poniewierką, raczej drogą do osiągnięcia świętości i doskonałości, najwyższej prawdy i wyzwolenia. Wyruszyć w drogę wydaje się więc pierwszym i koniecznym warunkiem wszelkiej odmiany i naprawy życia.

Nagle zatrzymani w ruchu, zamknięci w mieście przez zamieszki wywołane wokół stolicy przez zagniewanych Dżatów, wyrwani z podróży ludzie sprawiali wrażenie zagubionych. Jakby chodziło nie o pospolity bałagan spowodowany odwołaniem lub wielogodzinnym opóźnieniem iluś tam pociągów, ale nagłe zawalenie się porządku rzeczy odbierające im poczucie bezpieczeństwa, celu i sensu spraw. Na dworcu kolejowym, zawsze niemiłosiernie zatłoczonym i gwarnym, koczujący tłum wciąż słał swoich umyślnych, by przynieśli najnowsze wieści, wywiedzieli się co i jak. Ale nie było w tym wszystkim zwykłych przed podróżą rozdygotania i podniecenia, lecz stężała niepewność, niepokój.

Podobny nastrój bezcelowości i narastającego rozdrażnienia panował na całym Pahargandżu, w przepełnionych hotelach i hotelikach, restauracjach i kafejkach, biurach podróży i w bazarowych zaułkach, a plotki o na przemian rychłym lub nierychłym przywróceniu zwykłego porządku wywoływały próżne i odbierające resztki sił poruszenie.

W niespokojnym, rozedrganym tłumie ludzi zatrzymanych nagle w podróży „Święty" wyróżniał się w zasadzie wszystkim. Choć nie robił nic, co zwracałoby na niego uwagę, nie sposób było go nie zauważyć. Niewzruszony, jakby nieobecny, pogodny i jasny, sprawiał wrażenie jedynego spokojnego punktu pośrodku rozgorączkowanego bazaru, jakim w gruncie rzeczy był Pahargandż. Wydawało się, że nie pasuje do tego miejsca, a jednocześnie w oczywisty sposób do niego przynależy, a nawet jest jego nieodłączną częścią.

Rankiem widywałem go przy wystawionym na ulicę stole w knajpce Madan przy głównej bazarowej alei. Był wysoki i w przeciwieństwie do podobnych włóczęgów, dziwaków i pielgrzymów mocno zbudowany, wyglądał wręcz na siłacza. Brodaty, z siwymi, długimi włosami związanymi z tyłu głowy, w białej koszuli, szerokich spodniach z jasnej bawełny i sandałach na bosych stopach, promieniował onieśmielającym dostojeństwem. Może dlatego zwykle siedział sam.

Knajpa Madan, a zwłaszcza dwie drewniane ławy wystawione na ulicę i służące za stoły były zastrzeżone dla takich jak on, stałych i starych bywalców, weteranów, pionierów, odkrywców. To było ich miejsce, ich stoły.

Przesiadywali tam, odkąd pamiętam. Przyglądałem się im z położonego naprzeciwko baru, zerkałem nieśmiało, z podziwem, z zazdrością. Bar Kośla w zasadzie niczym się nie różnił od Madanu. Wąska, niska i ciemna nora, bez okien i wentylacji, zastawiona starymi, odrapanymi stolikami i chwiejnymi plastikowymi krzesłami, z otwartą kuchnią, duszna i gorąca do niemożliwości w środku, dławiąca kurzem i spalinami przy ławach wystawionych na ulicę. W jednym i drugim barze, płacąc dolara, można było się najeść miską dalu z ryżem albo podpłomykami. W Kośli podawali kiedyś kosztującą pół dolara i najlepszą w okolicy masalę dosę, naleśnik z cieniutkiego jak papier ciasta z mąki ryżowej i fasolowej, wypełniony nadzieniem z warzyw i przypraw. Ostatnio wykreślili jednak to danie z jadłospisu jako niewspółmiernie do niskiej ceny pracochłonne.

Właściciel Madanu przechwalał się, że jako jeden z pierwszych na całym Pahargandżu wprowadził do jadłospisu proste zachodnie potrawy – makaron, naleśniki, omlety, owsiankę, grzanki, frytki, a nawet bezmięsne hamburgery i pizzę. Tą właśnie ofertą udało mu się ściągnąć do siebie cudzoziemskich włóczęgów, którzy po trwającej wiele miesięcy tułaczce przez Orient, tureckie zaułki i bazary, perskie i afgańskie pustynie, górskie pustkowia, wąwozy, przełęcze Hindukuszu, dotarłszy w końcu do celu podróży, wymarzonych Indii, wygłodzeni i schorowani, zatęsknili za zachodnimi przysmakami przypominającymi im dom i wszystko, co za sobą zostawili.

„Święty" trafił tu jako jeden z pierwszych i odtąd stołował się głównie w Madanie. „Stołował się" to zresztą za dużo powiedziane. Widywałem go zwykle nad szklanką lemoniady czy orzeźwiającego lassi. Ale tego tradycyjnego, słonego, mocno przyprawionego, a nie słodkiego jak ulepek, zamawianego w barach przez cudzoziemców. Mimo postury mocarza jadał niewiele: surowe warzywa, owoce, miód, orzechy, jogurt. Sam je wybierał i kupował na targowiskach, sam sobie przyrządzał posiłki w hotelowych pokojach.

Zresztą, w mało którym z hotelików i schronisk Pahargandżu gospodarze dbali o dobrą kuchnię. Starali się nie wchodzić w drogę właścicielom restauracji i kafejek i dzielili się z nimi zarobkiem na podróżnych. Tak w każdym razie postępował Kulwant Singh z Viraatu. Przedkładając indyjskie rodziny nad samotnych wędrowców, zapewniał tym pierwszym dostęp do kuchennych pomieszczeń i sprzętów, pozostawiając gotowanie matkom, żonom, siostrom i córkom swoich gości. Tym, którzy najmowali pokoje w pojedynkę, hotelowy kucharz, na specjalne życzenie i za dodatkową opłatą, przyrządzał najprostsze miejscowe potrawy. Nie przykładał się do nich, czy może nie umiał gotować, bo zamawiane do pokoju dania były bez smaku, a chłopcy na posyłki przynosili je zwykle ledwie ciepłe. Kulwant Singh z poważną miną wysłuchiwał potem w recepcji skarg. Prawdę powiedziawszy, nic sobie z tych narzekań nie robił. Mógł przyjmować pod swoim dachem cudzoziemskich włóczykijów, lecz ani myślał ich niańczyć czy im dogadzać, żeby któremuś nie spodobało się w Viraacie za bardzo i nie przyszło do głowy zasiedzieć się tu zbyt długo.

Mnie nigdy wstrętów nie czynił. Może dlatego że zwykle mogłem określić termin swojego pobytu co do dnia. A może dlatego że za pobyt zawsze płaciłem z góry. Wiedział, że nie zabawię u niego zbyt długo, najwyżej parę dni. Musiało mu to odpowiadać.

Myślę też, że pochlebiało mu trochę, że nie byłem zwykłym podróżnym, powsinogą, jak większość cudzoziemców, którzy przewalali się tysiącami przez Pahargandż. Lubił powtarzać, że przyjeżdżam z dalekiego świata, żeby wywiedzieć się o nowości, rozeznać, co w trawie piszczy, a potem opisać to wszystko w gazecie. Niby od niechcenia podnosił głos, jeżeli w pobliżu kręcił się któryś z gości czy choćby ktoś z obsługi. Żałował tylko, że nie byłem reporterem BBC i nie może pochwalić się mną przed sąsiadami. Znałem dobrze tę nutę zawodu w głosie. Brytyjska rozgłośnia nie tylko w Indiach, ale w całej Azji, od Turcji po Kambodżę i Wietnam, uchodziła za wyrocznię i jedyne źródło prawdy, a pracującym dla niej dziennikarzom okazywano tu czołobitny podziw. W przekonaniu wielu Turków, Kurdów, Persów, Pasztunów, Kaszmirczyków, Birmańczyków czy Khmerów ktoś, kto nie był reporterem BBC, nie miał prawa nazywać się dziennikarzem.

W pierwszej chwili Kulwant Singh nie bardzo wierzył, że jestem korespondentem zagranicznej gazety. Uwierzył dopiero wtedy, gdy za jego zgodą podałem redakcji numer telefonu do jego hotelu, a potem chłopcy na posyłki pędzili do mnie co tchu, żebym zszedł do recepcji, odebrać telefon z zagranicy. Zdarzało się, zwłaszcza wieczorami, że Kulwant Singh osobiście odbierał telefon i przejęty czekał z podniesioną słuchawką, żeby mi ją przekazać. Potem przysłuchiwał się, jak w niezrozumiałym dla niego języku dyktuję korespondencję o Afganistanie, Kaszmirze czy Sri Lance. Kiedy kończyłem i odkładałem słuchawkę, uśmiechał się z powagą, uznaniem, ale także ze zrozumieniem, jak ktoś, kto uważa się za bardziej wtajemniczonego niż inni, nieświadomi znaczenia zdarzeń, które umknęły ich uwadze. „Jak ci ludzie tam żyją?" – pytał, nie oczekując właściwie żadnej odpowiedzi, jedynie po to, by podkreślić swój współudział. Potem sam przynosił mi do pokoju dzbanek z gorącą herbatą z mlekiem, masalą i kardamonem. „Żeby gardło nie wyschło – rzucał niedbale. – Na koszt firmy".

Ale teraz, kiedy w całym mieście zabrakło wody, sikh nie fundował już herbaty ani nawet nie przyjmował żadnych herbacianych czy kawowych zamówień na śniadanie. Ja zresztą nie nadawałem żadnych korespondencji. Gospodarz wydawał się tym nieco zdziwiony.

– Skąd tym razem pan do nas przybywa? I dokąd to dalej pana droga prowadzi? – zapytał, wpisując mnie do rozłożonej w hotelowej recepcji księgi meldunkowej.

Zwykle zajmował się tym któryś z jego pracowników albo synów, którzy pomagali ojcu w interesach, a przy okazji przyuczali się do zawodu. To, że dla mnie zrobił wyjątek i osobiście zabrał się do kaligrafowania obco brzmiącego imienia, nazwiska, numeru paszportu, terminu i celu przyjazdu było dowodem, że wyróżnia mnie spośród innych gości i że cieszę się u niego szczególnymi względami.

– Do Dharamsali – odparłem.

– Dharamsala… – powtórzył, jakby chciał się upewnić, czy dobrze usłyszał. – A więc wybiera się pan do Dharamsali…

Dharamsala, a właściwie jej mniejsza, górna część, rozłożona wśród drzew na stromych zboczach, uchodziła za światową stolicę zadumy, którą upatrzyły sobie świątynie, klasztory oraz mniejsze i większe szkoły medytacji i jogi, gdzie zajmowano się zgłębianiem wyższych stanów świadomości oraz odnajdywaniem właściwej drogi i prawdziwego sensu życia. Nawet nazwa miasta znaczyła tyle co „dom pielgrzyma".

Duchowości, a zwłaszcza rozgłosu Dharamsali przydali wygnańcy z Tybetu, którzy wraz ze swoimi lamami i najwyższym kapłanem, i przywódcą Dalajlamą uciekli do Indii, kiedy ich kraj został najechany przez chińskie wojska. Wpierw osadzono ich w Massuri, mieście znacznie większym od Dharamsali i podobnie jak ona położonym na himalajskim przedgórzu. Do Dharamsali kazał im się przenieść indyjski premier Nehru, który nie chcąc zadzierać z Chińczykami, uznał, że w mniejszej i bardziej prowincjonalnej mieścinie Tybetańczycy nie będą się tak rzucać w oczy i nie będą drażnić Pekinu swoją obecnością. Stało się jednak, jak to często bywa, zupełnie inaczej. Dzięki Tybetańczykom, ich klasztorom i lamom Dharamsala zdobyła światową sławę. A ponieważ mieszkał w niej i żył sam Dalajlama, czczony jako mąż niezwykłej mądrości i świątobliwości, który osiągnął stan oświecenia, całe miasto uchodziło za przepełnione cudowną świętością, udzielającą się w dodatku pielgrzymującym doń podróżnym.

Wszystko to sprawiało, że do Dharamsali ściągały tłumy pątników i włóczykijów, poszukujących wyższej prawdy, szczęścia i wszystkiego, czego brakowało im w zwykłym, codziennym życiu przepełniającym ich poczuciem zagubienia, bezcelowości i pustki. Zrozumiałe więc, że do świętego miasta przybyli, zresztą niedługo po tybetańskich uciekinierach, także hipisi. Zbuntowani lub tylko rozczarowani zachodnim światem, porzucali go wraz z jego zgiełkiem, ciągłym wyścigiem o pierwszeństwo, kultem posiadania i zysku, i ruszali na Wschód, wierząc, że odnajdą tam wyciszenie i pokój, odkryją prawdziwą pełnię życia. Dharamsala, położona wysoko w górach, na stokach Himalajów i zamieszkana przez łagodnych Tybetańczyków i ich mądrych lamów, jawiła się hipisom jako urzeczywistnienie mitycznej doliny Szangri-La – krainy wiecznej szczęśliwości i czystej prawdy, odwróconej od świata i żyjącej własnym czasem, w zgodzie ze wszystkimi i w harmonii z przyrodą, rządzonej sprawiedliwie przez mądrych kapłanów znających wszystkie tajemnice życia i śmierci.

Zbliżało się akurat najważniejsze z tybetańskich świąt, Losar, wigilia Nowego Roku, i Dalajlama, który od wielu tygodni przebywał na leczeniu w Ameryce, miał wrócić do Dharamsali i osobiście poprowadzić w swoim klasztorze nauki, na które zapraszał wszystkich pielgrzymów.

– Chciałbym się spotkać z Dalajlamą. A przynajmniej go zobaczyć – powiedziałem, zły na siebie, że się przed sikhem tłumaczę. Z wojennych wypraw do Afganistanu czy Kaszmiru nigdy się nie tłumaczyłem. – Mówią, że podupadł na zdrowiu i coraz częściej rozprawia o śmierci o i tym, jakie wcielenie przybierze w następnym życiu. A w Pekinie komuniści ogłosili, że powołali w Komitecie Centralnym partii specjalną komisję fachowców od buddyzmu i od Tybetu, i że to oni, a nie Dalajlama, zdecydują, w kogo wcieli się po śmierci.

– A pewnie, pewnie... Dalajlama... święty człowiek, mało dziś takich na świecie, stanowczo za mało. Od takiego jak on, z samego patrzenia, można się czegoś ważnego dowiedzieć – przytaknął Kulwant Singh. – Paradne... Nie uważa pan, że to dosyć dziwne, że wojenny korespondent akurat tam się wybiera... Byle tylko Dżatowie się uspokoili, bo inaczej nikt z miasta nie wyjedzie.

Popatrzył na mnie z nagłym zdumieniem, jakby dopiero teraz uzmysłowił sobie, że stoję przed ladą hotelowej recepcji, wciąż takiej samej jak przed laty. Nic się w niej nie zmieniło.

– A tak w ogóle, to skąd się pan tu wziął? Przecież miasto zamknięte... Nie ma jak wjechać ani wyjechać...

Zanim przyszedłem do Viraatu, spędziłem siedem dni w Nowym Mieście, w drogim hotelu, jako gość zaproszony na międzynarodowy kongres pisarzy. Kulwant Singh przyjął tę wiadomość w milczeniu, jakby niepewny czy powinien się obrazić, że nie przyszedłem do niego od razu, czy też potępić mnie za to, że zmitrężyłem tyle dni w mieście, zamiast wyjechać z niego, zanim je zamknięto.

Czekając na ten dzień, kiedy miasto znów zostanie otwarte i uwolnione, rano, na kawę i śniadanie, zachodziłem do baru Kośla, z którego podglądałem starych hipisów w Madanie po przeciwnej stronie ulicy. Na obiad szedłem trochę dalej, w głąb bazaru. Na tanduri czy thikkę albo tybetańskie pierożki momo wdrapywałem się po stromych schodach do nepalskiej restauracji przy placyku Tuti Czowk. Na dal chodziłem do hotelu Vivek, na którego dachu urządzono restaurację z widokiem na cały Pahargandż. Wracając główną bazarową aleją, zaglądałem do kawiarni, w której podawano kawę przyrządzaną na sposób zachodni. Sprzedawano tam także wypiekane po europejsku pieczywo i ciastka. Miejscowi z jakiegoś powodu wszystkie podobne przybytki uparli się nazywać „niemieckimi piekarniami". „Niemiecką piekarnię" urządzono też na parterze hotelu Adżaj, ale zachodziłem tam nie na kawę, lecz żeby się dowiedzieć, czy przyjechała już może Kamal i kiedy będziemy mogli razem ruszyć do Dharamsali. Prawdę powiedziawszy, czekałem tylko na nią.

– Kim jest Kamal? – zapytał „Święty".

– To stare dzieje… sprzed prawie dwudziestu lat.

Jej matka uważała, że Kamal porzuciła swoje dawne życie na Zachodzie i wyjechała na Wschód, do Indii, żeby stać się kimś takim jak ja. Że naczytała się moich gazetowych opowieści z Afganistanu, aż w końcu sama postanowiła ruszyć w świat i spróbować sił w zawodzie dziennikarskim, do którego się sposobiła na uniwersytecie. Nie była to prawda. Kamal uciekła do Indii właśnie po to, żeby kimś takim jak ja nigdy nie zostać. Czekałem teraz na nią, żeby się dowiedzieć, czy to się jej udało. Miała przyjechać lada dzień. Miała tu być już dawno.

Jak inni pielgrzymi i włóczędzy przemierzała Indie wraz ze zmieniającymi się porami roku. Zimą, uciekając przed chłodami i słotą, wędrowała na ciepłe południe. Latem, chowając się przed upałami, przenosiła się z powrotem na północ, którą, jak przyznawała, szczególnie sobie upodobała.

– Czyli jest jedną z nas? – zapytał „Święty".

Szczerze mówiąc nie miałem pojęcia, kim jest naprawdę. Nigdy jej nie spotkałem. Wszystko, co o niej wiedziałem, pochodziło z opowieści jej matki i brata. Znali ją, tę dawną, jak nikt na świecie, a kiedy wyjechała, jako jedyni rozmawiali z nią przez telefon, dostawali od niej listy.

Nasze drogi przecięły się pewnego jesiennego dnia, gdy na redakcyjnym korytarzu wpadłem na jej matkę, znaną dziennikarkę. „O! Jest i winowajca! Bardzo dobrze! Bardzo dobrze! Pojedzie pan ze mną do Afganistanu. Właśnie pana wynajęłam. Rozmawiałam z pańskim szefem i się zgodził – powiedziała, szturchając mnie palcem. Niby żartobliwie, ale jakby też oskarżycielsko. – To przez te pańskie artykuły moja córka pojechała do Afganistanu, a teraz przepadła bez wieści. Pojedzie pan z nami jej szukać".

Wróciłem właśnie z podróży do Afganistanu. Drugiej w ciągu trzech miesięcy. Odkąd po dziesięcioletniej okupacji wycofała się stamtąd Armia Radziecka, a zwycięscy mudżahedini, nie umiejąc podzielić się władzą, rzucili się sobie do gardeł i wywołali wojnę domową, jeździłem pod Hindukusz co roku. Teraz wracałem z Kabulu zdobytego właśnie przez talibów, muzułmańskich fanatyków, wierzących, że jeśli uda się urządzić świat według zaleceń i prawideł zapisanych w Koranie, wszędzie zapanuje pokój i szczęśliwość.

Matka Kamal nie żartowała. Z następną wizytą przyjechała z synem, starszym o rok od Kamal, i jego przyjacielem. Mieli gotowy plan. W Pakistanie zamierzali wynająć konie, a ja dzięki znajomościom z afgańskimi komendantami i watażkami miałem ustalić, w której z dolin przebywa Kamal i przybyć jej z odsieczą.

Zrozumiałem, że dziewczyna wyjechała z kraju przed kilkoma miesiącami i że lądem, dawnym szlakiem hipisów, chciała dotrzeć do Indii. Podróży do ogarniętego wojną Afganistanu nie planowała. Tak przynajmniej zapewniała matkę w coraz rzadszych i coraz lakoniczniejszych listach. Ale w ostatnim, nadanym z Peszawaru, pisała, że wybiera się w krótką konną podróż na afgańską stronę z ludźmi, których poznała w drodze. Potem ślad po niej zaginął.

Kończyła się jesień, w wyższych partiach Hindukuszu zaczynała się już zima, podczas której śnieg zasypywał górskie przełęcze. Jeśli nie zdążyło się w porę wyjechać z najodleglejszych i najbardziej zagubionych w górach wąwozów i dolin, można było w nich utknąć na długie tygodnie, nierzadko aż do wiosennych roztopów. Radziłem poczekać z wyprawą ratunkową do odwilży. Matka Kamal, a zwłaszcza jej brat, ani myśleli czekać, a rychłe nadejście zimy uznali za powód do tym większego pośpiechu.

Zacząłem już wydzwaniać do znajomych afgańskich komendantów i pakistańskich dziennikarzy z Peszawaru, Kwetty, Islamabadu i Rawalpindi, kiedy w redakcji pojawił się brat Kamal z najnowszymi wieściami. Dziewczyna odnalazła się cała i zdrowa. „Dzwoniła z Peszawaru" – powiedział, nie próbując nawet ukryć rozczarowania. Miał wielką ochotę na afgańską wyprawę. „Tak niewiele brakowało" – dodał na pożegnanie. Niby żartobliwie, ale jakby oskarżycielsko.

Kamal zdążyła wyjechać z Afganistanu przed zimą i nie zrezygnowała z dalszej podróży do Indii. Do domu już nie wróciła. To również, a może zwłaszcza to, jej matka miała mi za złe. „Wszystko to pańska wina" – mówiła, ilekroć się spotkaliśmy. Niby żartobliwie, ale jakby oskarżycielsko.

Życie Kamal w Indiach przypominało to, które wiedli hipisi. Ale nie należała do nich, choć to, w co wierzyli i czego tu szukali, było i jej bliskie. Nie była jednak dzieckiem kwiatem. Zresztą kim tak naprawdę byli hipisi? Jeden z nich orzekł, że łatwiej byłoby powiedzieć, kim nie byli. Dodał, że choć tak bardzo się między sobą różnili, to łączyło ich to, że wszyscy na swój sposób byli poszukiwaczami wolności. Kamal, to pewne, też szukała wolności. „A więc jest jedną z nas" – orzekł „Święty". Kamal mogłaby być jego córką.

Najpierw wyznaczyła mi spotkanie w porośniętej palmowymi gajami Kerali, w Amritapuri, w odległym o trzy, cztery godziny jazdy na południe od Koczinu aśramie, gdzie zwykle spędzała zimowe miesiące. Należał do Ammy, jej mistrzyni, przewodniczki i opiekunki, o której mówiono, że samym uściskiem ramion leczy ludzi ze smutku życia. „Cieszę się, że pozna pan Ammę i sam się przekona, jak niezwykłą ma moc" – napisała Kamal z Kerali.

W następnym liście powiadomiła mnie, że jednak wyjeżdża na północ i że spotkamy się w Delhi – zatrzyma się tam w drodze do Dharamsali, gdzie zamierzała osiąść na dłużej. To, że wybierała się na północ, nie było niczym niezwykłym. Dziwna była za to pora podróży, na długo przed porą monsunów. Na północy dopiero kończyła się zima, w wysokich górach na przełęczach wciąż leżał śnieg, a nawet niżej, na przedgórzu, na przykład w Dharamsali, wciąż panowały chłody i zdarzały się burze z gradem. Napisała, że wie i że nigdy wcześniej nie jechała na północ tak wcześnie, ale musi zdążyć przed końcem zimy, żeby zapisać syna do szkoły. Że po raz pierwszy zamierza osiąść na dłużej w jednym miejscu i że wszystko mi opowie, kiedy już spotkamy się w Delhi, skąd mieliśmy razem wybrać się do Dharamsali. Liczyłem, że spędzę z nią trochę czasu i dowiem się, czy odnalazła swoją dobrą drogę przez życie, czy też może wciąż jej szuka.

Ale gdy przyjechałem, by czekać na nią na delhijskim Pahargandżu, okazało się, że w drodze do Dharamsali zahaczyła o Benares, a potem jeszcze Riszikesz, gdzie zatrzymały ją różne sprawy, a teraz nie mogła się dostać do Delhi z powodu buntu Dżatów, rozruchów i zamkniętych dróg.

„Święty" ściągnął właśnie z południa, też wcześniej niż inni i wcześniej, niż zwykle wracał. Zimę, jak zawsze, spędził w Goa. Do Kerali, choć błąkał się po Indiach już trzydziesty rok, jakoś nigdy nie trafił. Zawsze coś mu przeszkadzało, coś zatrzymywało go po drodze. Tym czymś była zazwyczaj niemożliwa do przezwyciężenia niechęć do opuszczenia goańskich plaż. „To był prawdziwy raj na ziemi – wspominał. – Wystarczy, że go ujrzałeś, a nigdzie nie chciałeś się stamtąd ruszać. Obojętne dokąd się zmierzało i jak bardzo się było zapamiętałym w wędrówce. Byłeś w raju. Dalej iść nie było już po co".

Zatrzymywał się w niewielkiej wiosce Kalangut, gdzie przed laty zaprzyjaźnił się z miejscowymi rybakami. Sam w poprzednim wcieleniu był wędkarzem, łatwo więc nawiązała się między nimi nić porozumienia. Zamieszkał u jednego z nich, w chałupie krytej strzechą z palmowych liści. Pomagał, gdy wieczorami gospodarz wraz z braćmi przygotowywali się do nocnych wypraw w morze. O świcie czekał na plaży, gdy wracali z połowów. Wyciągał wraz z nimi długie łodzie, taszczył na brzeg skrzynie ze złowionymi rybami. Po kilku tygodniach znajomości rybacy zapytali, czy nie wybrałby się z nimi łowić barrakudy, mieczniki i młode rekiny, których mięsa nigdy wcześniej nie jadł.

Wieś i towarzystwo rybaków opuszczał tylko wtedy, gdy jechał do Panadżi, stolicy stanu, na pocztę albo do banku. Lubił te wyprawy, bo miasto, zajęte przed laty przez Portugalczyków, ze swoimi białymi katedrami, hacjendami i pałacami przypominało mu dzieciństwo, spędzone w dawnych holenderskich koloniach na Karaibach. Poza Panadżi wyprawiał się jeszcze do Andżuny, którą hipisi upatrzyli sobie na miejsce zimowania. Odkąd pamięta, zawsze były ich tam tłumy. Mieszkali w chałupach przy plaży, w tanich schroniskach, w namiotach albo po prostu na plaży, w skleconych z liści palmowych szałasach. Wystarczyło przejść się brzegiem, by spotkać kogoś znajomego. „Święty" chodził do Andżuny, zobaczyć się ze swoimi siostrami i braćmi z plemienia dzieci kwiatów, spędzić noc czy dwie przy ognisku, popalając konopie, opium czy haszysz, tańczyć na plaży przy pełni Księżyca (właśnie wtedy urządzano najlepsze zabawy na piasku), kąpać się w ciepłym morzu, kochać się z dziewczętami pod gołym niebem. Chodził do Andżuny także na targ, który urządzali tam hipisi. Nie miał ochoty ruszać się stamtąd gdzieś dalej, wędrować, jak inni, wzdłuż wybrzeża do Kerali. W Goa miał wszystko, czego potrzebował do szczęścia. Najdalej na południe dotarł do Gokarny, a i stamtąd zaraz wrócił do swoich rybaków, ich łodzi i chat. Mówił, że gdyby potrafił sobie wyobrazić miejsce doskonalsze od tego, które już znalazł, może wyruszyłby w drogę, żeby je odszukać. Ale nie potrafił i wciąż nie potrafi.

„Na początku nie było tam zbyt wielu ludzi. Ot, garstka miejscowych rybaków, paru przyjezdnych. Mało kto wtedy o tym miejscu w ogóle wiedział". Kiedy o tym mówił, „Święty" sprawiał wrażenie, jakby sam, z ciekawością, ale i niedowierzeniem wsłuchiwał się we własne słowa, jakby sam był uważnym słuchaczem swoich własnych opowieści, historii o dawnym świecie, który przeminął. „Mogłeś iść i iść pustą plażą, nie spotykając żywej duszy, nie wypowiadając przez cały dzień słowa. Jak rozbitek na bezludnej wyspie, jak jakiś Robinson. Tylko że ja nie modliłem się, żeby mnie ktoś odnalazł, zabrał i ocalił, ale żebym mógł tam zostać na zawsze. To był mój raj, a ja byłem jego jedynym mieszkańcem. Wszystko w nim należało tylko do mnie. Biały piasek na plaży, kołyszące się nad nią zielone palmy, szare morze, niebieskie niebo, słońce... Wszystko moje... I wszystko takie piękne... I ludzie, którzy tam żyli, też byli piękni. Młodzi, spaleni słońcem, długowłosi, o ciałach szczupłych i zgrabnych. I prawie niczym nieosłoniętych. Nikt nie wstydził się nagości. Nikt w ogóle niczego się nie wstydził, do niczego nie zmuszał, nikt niczego sobie nie odmawiał. Piękni, nadzy, radośni i beztroscy robili tylko to, na co akurat mieli ochotę. Jak aniołowie w niebie. Żadnych obowiązków, żadnych zakazów. Długo nie mogłem się nadziwić swojemu szczęściu. Kiedy wyruszałem w świat, wierzyłem, że znajdę właśnie takie miejsce, to jedyne, moje. Wierzyłem, że gdzieś jest. Gdzieś przecież musiało być. Ale nie miałem pojęcia, gdzie go szukać ani czy uda mi się je kiedykolwiek znaleźć. Tymczasem trafiłem na nie od razu, jakby mnie coś tam przywiodło. I tak jak nie mogłem uwierzyć, że tak łatwo i szybko odnalazłem ten mój raj, to moje miejsce pod słońcem, tak trudno mi pogodzić się z myślą, że je straciłem. Bo już go nie ma, zniknęło".

Mówił, że wyjechał z plaż Goa i nigdy już tam nie wróci. Nie wiedział jednak, gdzie teraz ma się podziać, w którą stronę skierować kroki ani czy w ogóle dokądś się wybierać. Zamknięte z powodu rozruchów miasto, unieruchomione pociągi i autobusy wprawiły uwięzionych w nim podróżnych w stan otępiającego zawieszenia. Dla „Świętego" była to natomiast dobra wymówka, żeby nigdzie się nie ruszać. Niczego nie był już pewny. Tak przynajmniej mówił.

– Kalangut – rzucił krótko i od niechcenia na pytanie, skąd przyjechał.

Pytanie o wędrówkę i drogę było na Pahargandżu rytuałem odprawianym przy wszystkich spotkaniach znajomych i nieznajomych cudzoziemskich podróżnych.

– Znam to miejsce – podchwyciłem.

– A więc też tam żyłeś... Gdzie mieszkałeś?

– Żyłem to za dużo powiedziane. Przyjeżdżałem dwa lata z rzędu. Wynajmowałem pokój u rybaka.

– Którego?

– Nazywał się Fernandes.

– Chyba znałem jakiegoś Fernandesa... – Zamyślił się, próbując przywołać jedno ze wspomnień. Szybko jednak się poddał. – A zresztą jakie to ma znaczenie? Zawsze był jakiś Fernandes czy da Silva, Radżu albo Kumar. Kogo obchodziło, jak się nazywali albo jak żyli? Przypominaliśmy sobie o nich tylko wtedy, kiedy byli nam do czegoś potrzebni, kiedy nie można się było bez nich obejść. A nawet wtedy mieli tylko zrobić swoje i zaraz potem zniknąć i nie przeszkadzać nam napawać się ich światem. Bo to w końcu był ich świat i ich życie, a myśmy się tam pojawiali tylko jako goście. Każdy z nas przyjeżdżał tu odgrywać swoje własne przedstawienie, a w nim nie było dla nich miejsca. Skoro jednak już byli, to chcieliśmy, żeby robili tylko to, co się im kazało. I najlepiej żeby się nie odzywali.

Fernandes, który odstępował mi izbę w swoim domu, niewiele się odzywał i w ogóle rzadko go widywałem. O poranku, zanim posłał żonę na targ rybny, zbierał zamówienia na kolację. Wieczorem pojawiał się, gdy przynosił własnoręcznie usmażone miecczniki, rekiny i barrakudy.

Sam już od dawna nie wypływał z rybakami w morze. Żył z czynszów pobieranych od cudzoziemców, którym wynajmował pokoje w krytej palmową strzechą chałupie. Przeznaczył na ten cel dwie z czterech izb, z tyłu domu, z oddzielnym wejściem. Jego trzej synowie wyjechali w świat na naukę i za chlebem. Uznali więc z żoną, że pomieszczą się w dwóch izbach. Odtąd Fernandes rzucił rybactwo i zaczął żyć z turystów.

Drugi z pokojów, bliższy piaszczystej drogi na plażę, zajmowała para Włochów. Prawie nie wychodzili z izby. Chłopak miał na imię Paolo. Widywałem ich czasami wieczorami, gdy Fernandes przynosił im kolację, a dziewczyna błagała Paola, żeby zjadł choćby parę kęsów. Włoch odmawiał, tłumaczył, że niczego nie przełknie. Miał długie włosy o barwie brudnej słomy i wyglądał na chorego. Chwiał się na nogach i był wychudzony. Przypominał szkielet obciągnięty bladą mimo słonecznej pogody, niemal szarą skórą. Na plażę w ogóle nie wychodził. „Nic nie je – lamentowała dziewczyna. – Nie pamiętam już, kiedy ostatnim razem coś zjadł". „Wygląda mi na odwodnionego – powiedziałem. – Powinien więcej pić". „Nie, to nie to – pokręciła głową Włoszka. – Za mało jedzenia, za mało snu, za dużo kokainy". Prosiła, żebym pomógł jej zabrać Paola do szpitala do Mapusy, gdzie lekarze daliby mu kroplówkę z witaminami. Bywał już tam i zawsze robiło mu się potem lepiej, stawał na nogi, chciało mu się żyć. Włoch uśmiechał się nieprzytomnie i przytakująco kiwał głową. Na wszystko się zgadzał, byle już tylko nie zadawać mu żadnych pytań, nie kazać podejmować żadnych decyzji i w ogóle nie zawracać mu głowy.

Rok później byłem w chałupie Fernandesa jedynym gościem. Mówił, że to przypadek, akurat tak trafiłem, bo przez cały sezon wynajmował już nie dwie, ale trzy izby – sam z żoną gnieździł się w ostatniej, czwartej, od podwórza – i nie mógł się opędzić od przybyszów, którzy szukali dachu nad głową. Interes najwyraźniej kwitł. Fernandes rozbudował obejście i ogrodził je płotem wyplecionym z patyków i słomy. Na podwórzu postawił na piachu opartą na balach werandę, w której urządził jadalnię z widokiem na morze. Jego goście nie jadali już posiłków w pokojach (no chyba że tego sobie właśnie życzyli; Fernandes po staremu przynosił im wtedy smażone ryby, stukał do drzwi i zostawiał przed nimi talerze), ale przy zbitych z grubych desek stołach. Zajadając rekina z frytkami, mogli wpatrywać się w zachodzące za widnokręgiem słońce albo w kołysane morską bryzą palmowe zagajniki na plaży.

Poza tym nic się nie zmieniło, wszystko było jak dawniej. Puściutką plażą można było iść aż do Bagi, a nawet jeszcze dalej, do Andżuny, po przeprawieniu się przez wpadającą do morza rzekę. Można było iść choćby i cały dzień, wygrzewać się na piasku, kąpać w morzu w niewielkich zatoczkach i nie spotkać żywego ducha.

„Święty" zapytał, kiedy to było. Powiedziałem, a on odparł, że żył już wtedy w Indiach prawie dwadzieścia lat.

– Dwadzieścia lat... A człowiekowi wciąż się wydaje, że to było wczoraj.

Gdyby nie zamknięte miasto i znajomość tej samej wioski w Goa, być może w ogóle nie wdałby się ze mną w rozmowę, lecz uprzejmie, acz stanowczo odprawił mnie jak natręta. Tak jak to robili na Pahargandżu inni starzy hipisi opędzający się od młodszych i spóźnionych według nich przybyszów, niemających takiego samego jak oni prawa do ich ziemi obiecanej, którą odkryli, oswoili i zajęli na wyłączność.

Jak wszyscy weterani mieli swoje znaki rozpoznawcze, sekretny język, mowę ciała, trudne do nazwania, ale wyraźnie wyczuwalne skryte dostojeństwo, jakie bierze się z bogactwa przeżyć i doświadczeń, a potem też ze wspomnień. Wszystko to razem było jak próba drogocennego kruszcu pozwalająca odróżnić wartość prawdziwą od podróbki, od najdoskonalszego nawet naśladownictwa. Było też jak tarcza strzegąca przed żółtodziobami za wszelką cenę usiłującymi się do nich upodobnić.

Łatwa do rozpoznania przynależność do bractwa, wyższej kasty, zapewniała także pierwszeństwo przy zajmowaniu lepszych miejsc w Madanie. Nawet jej właściciel, choć nie w hołdzie dla nich, ale mając na względzie zyski, pilnował, by zawsze dostawali stoliki wystawione na ulicę. Zdarzało się nawet, że pozwalał im nie płacić za napoje i posiłki. Wiedział, że swoim widokiem przyciągną innych, którzy zapłacą podwójnie. Starzy hipisi też to wiedzieli, ale nie nadużywali gościnności i nie przesadzali z zamówieniami. Inni mogli się co najwyżej przysiąść i wziąć na siebie regulowanie ich rachunków. Nagrodą za uiszczenie daniny były opowieści weteranów i możliwość późniejszego przechwalania się, że któregoś z wiarusów poznało się osobiście, i to poznało dobrze. Zażyłość ta, prawdziwa czy tylko wyobrażona, oznaczała awans, prawo do zaliczenia się do wyższej kasty, była niezbitym dowodem dostępu do elitarnego kręgu wtajemniczenia.

Cudzoziemscy włóczędzy, mieszkańcy tanich hotelików na Pahargandżu przyjmowali za coś niepodlegającego dyskusji, niemal za prawdę wiary, że starzy hipisi wiedzą więcej, a może nawet zgłębili całą prawdę, w poszukiwaniu której ich młodsi naśladowcy wyruszali dopiero na wędrówkę z Zachodu na Wschód. Przebyli przecież tę drogę jako pierwsi. Musieli więc wiedzieć, jak to jest, jak jest naprawdę. Byli żywymi dowodami na to, że Wielka Odmiana jest możliwa i że możliwa jest tylko na Wschodzie. Że wielka tułaczka i wyrzeczenie się wszystkiego, co się składało na dotychczasowe istnienie, mają głęboki sens, ponieważ nagrodą u kresu drogi będzie objawienie, odkrycie i poznanie tajemnicy poczciwego i szczęśliwego żywota wiedzionego w zgodzie z samym sobą, z całym otaczającym światem i wszechświatem, z jego bogami, dobrą energią, pulsującymi prądami, dającymi poczucie zarówno całkowitej jedności, jak i ostatecznego uwolnienia.

Jeśli jednak niczego nie znaleźli na końcu drogi albo nigdy nie przeszli jej do końca, a może w ogóle jej nie odnaleźli, to ich losy dowodziły, że wędrówka w poszukiwaniu najważniejszej prawdy jest tylko mrzonką. Gdyby cały ich wysiłek, upór i wiara nie przyniosły im oświecenia, wtedy okazałoby się, że ponieśli klęskę, a ucieczka z Zachodu na Wschód nie jest żadnym rozwiązaniem, że tak naprawdę nie da się uciec, żyć w zgodzie z samym sobą, nie da się zaznać prawdziwej wolności, nieskrępowanej narzuconymi przez innych prawami, zwyczajami, zobowiązaniami i oczekiwaniami. Czy przyznaliby się jednak do porażki tak sromotnej i bolesnej? Czy ktokolwiek zdobyłby się na męstwo i znalazł siłę, żeby się do takiej klęski przyznać? Zwłaszcza przed samym sobą.

Pozostawało więc bacznie przyglądać się wiarusom, podglądać, przysłuchiwać się i podsłuchiwać, i ze zdobytych w ten sposób strzępków układać obraz tego wszystkiego, przez co przeszli, a przede wszystkim, do czego doszli. Byli obiektami eksperymentu, któremu poddali się z własnej woli i z ochotą, a którego skutki wciąż pozostawały nieznane, a przynajmniej niczego jednoznacznie niedowodzące ani niczego niewykluczające. Mogli więc być zarówno beneficjentami tego doświadczenia, jak jego ofiarami. Nic dziwnego, że budzili wśród nas, swoich naśladowców, tak wielką ciekawość.

Patrzyliśmy na nich z zazdrością i nabożeństwem, bo marzyło się nam, by czegoś takiego popróbować. Wyrwać się ze świata wyraźnie wytyczonych i nieprzekraczalnych granic, świata konwenansu, odtąd dotąd, w którym wszystko jest już raz na zawsze ustalone, kolej rzeczy nienaruszalna, a swobodnemu wyborowi podlegają tylko sprawy pomniejsze, niezagrażające odwiecznemu porządkowi. Robisz to, co przed tobą robił twój ojciec, a przed nim jego ojciec. Robisz to, co się powinno robić, czego się po tobie spodziewają, co jesteś komuś winien, co wypada, co się opłaca. Nagrodą za podporządkowanie i wyrzeczenie się wolności jest przewidywalność i bezpieczeństwo. Odrzucić to to skazać się na nieznane. A niewiadomej, ryzyka, niepewności boją się nawet ci, którym się wydaje, że nie mając nic, nie będą mieli też nic do stracenia.

Jak to jest żyć po swojemu? Co się czuje, nie stając do wyścigu, w którym udział uważany jest za święty obowiązek, choćby dlatego że wszyscy inni w nim uczestniczą? Jak to jest, nie stawić się na linię startową albo pobiec nie z resztą rywali, ale własną trasą, w swoim tempie? I nie zważać na szyderstwa, oburzenie, gniewne obelgi. Jak poradzić sobie z lękiem przed potępieniem i wykluczeniem, niezrozumieniem i samotnością?

„Święty", jako prawdziwy wędrowiec i hipis, musiał wiedzieć, co jest potem. I czy w ogóle coś jest. Z pewnością znał odpowiedź na pytanie, czy warto się na wędrówkę wyprawiać, a jeśli miałaby ona okazać się bezcelowa, to czy da się z niej bezpiecznie i łatwo zawrócić.

Patrzyłem na niego i jego współplemieńców z włóczęgi z podziwem i zazdrością, jak na śmiałków, którzy odważyli się na coś, na co innym brakowało odwagi. Ale też z lękiem, jaki się odczuwa, mając do czynienia z czymś obcym i niepojętym.

Nie byli jeszcze starzy, choć za takich się ich uważało. I tak ich nazywało. Kiedy spotkałem ich po raz pierwszy, mieli po czterdzieści, pięćdziesiąt lat, z których połowę przeżyli na Wschodzie. Jedni, jak „Święty", przybywszy tu, nigdy już stąd na dobrą sprawę nie wyjechali. Inni, znacznie liczniejsi, choć nigdy na Wschodzie nie osiedli, wciąż tu wracali, jak do miejsca, w którym zdarzyło im się w życiu coś jedynego, pięknego i ważnego, od czego nie mogli i nie chcieli się uwolnić.

„Święty" przyznawał, że na plażach Goa przeżył najlepszy czas w swoim życiu, ale nie uważał, by jego decyzja o wyjeździe z Zachodu na Wschód wymagała jakiegoś męstwa. Nie czuł się też wcale w swoim podróżniczym postanowieniu samotny i niezrozumiany. Przeciwnie, był przekonany, że zrobił coś, co w tamtym czasie robili wszyscy młodzi. Podążał z biegiem zdarzeń, z tym, co życie niosło jak rzeka. Amsterdam, gdzie wtedy mieszkał, znalazł się w jej głównym nurcie.

Nie musiał nawet przystawać do dzieci kwiatów – ówczesnej młodzieży, nazywanej też ludem Wodnika, wierzyła bowiem, że za jej życia Słońce weszło w nowy znak i świat wkroczy w epokę niczym nieskrępowanej wolności, czas równości, braterstwa – ani się do nich przekonywać. Po prostu któregoś dnia stał się jednym z nich. W tamtych dniach, mówił, wystarczyło do tego być młodym i ciekawym świata. „Święty", który wtedy nosił nie tylko inne imię, ale i rodowe nazwisko, znakomicie spełniał te warunki, a przy tym żył w Amsterdamie, uchodzącym w tamtych czasach za oazę wszelkich swobód w spętanym obyczajowymi rygorami zachodnim świecie. Niewiarygodne opowieści o mieście, w którym zabraniało się zabraniać i gdzie zupełnie jawnie można było palić konopie indyjskie czy haszysz, przyciągały do Amsterdamu młodych, przekonanych, że narkotyczne wizje pozwalają osiągać inne, wyższe stany świadomości i lepiej zgłębić wnętrze ludzkiej natury i duszy, pomagają rozpoznać i zrozumieć własną tożsamość i potrzeby, dzięki czemu człowiek może odnaleźć właściwą mu drogę i rolę w życiu.

„Święty" jeszcze w to wszystko nie wierzył, kiedy w pociętej kanałami amsterdamskiej śródmiejskiej dzielnicy De Wallen napotkał pierwszych hipisów z Ameryki. Bezwiednie, nie myśląc dlaczego ani nawet nie zauważając swojej przemiany, zaczął się do nich upodabniać. Zapuścił włosy i brodę, zmienił sposób ubierania się, przyjął ich gwarę, sposób myślenia, katalog wartości, wyznanie wiary. Czytał książki tych samych co oni pisarzy, słuchał tej samej muzyki.

Podobne przeistoczenia przeżywali wszyscy jego znajomi. I w ogóle odnosił wrażenie, że gdziekolwiek spojrzał, młodzi nosili długie włosy, rozprawiali o wolności i braterstwie, rychłym nadejściu nowych, lepszych czasów i porządków. Wszędzie ich zaczynało być pełno. Nad kanałami, na placach i ulicach, w parkach, kawiarniach. „Święty" był tylko jednym z bardzo, bardzo wielu. Wcale nie czuł, że czymś się wyróżnia. Wprost przeciwnie – był jak inni. Stał się hipisem, ale w jego wypadku nie było to aktem odwagi, manifestem odmienności ani buntem. Już prędzej skutkiem przypadkowej przynależności do towarzyskiego kręgu wyznającego jednakie ideały, mającego te same upodobania, podobną wrażliwość, smak i poczucie humoru.

Niczego dramatycznego nie było też w jego wędrówce na Wschód. W tamtych czasach wszyscy młodzi o tym mówili. Myśleli o podróży, szykowali się do niej albo właśnie z niej wracali. Wędrówka, ciągła wędrówka, zdawała się sposobem życia. Przypominali członków koczowniczego plemienia nagle uwolnionego od osadniczego przymusu, przez który cierpieli i umierali za życia.

Młodzi zawsze wyrywali się w świat, byle dalej od rodzinnego domu i wszechobecnej kontroli ojców i matek. Nigdy jednak chyba, ani wcześniej, ani później, na wielką ucieczkę nie zdecydowało się aż tak wielu i w tym samym czasie. Dodawało im to otuchy i utwierdzało w poczuciu słuszności wyboru. Porzucenie domu i poszukiwanie własnego miejsca było czymś powszechnym i zwykłym, a odstępstwem od normy stawało się posłuszeństwo zastanemu porządkowi i kolei rzeczy.

„Święty" nadawał się do takiego życia w wiecznej włóczędze jak mało kto. Podróże, przeprowadzki, nowe miejsca, nowi ludzie zdawały się wryte w jego los tak głęboko, że nie były dla niego niczym niezwykłym, były naturalną koleją rzeczy. Odkąd pamiętał, wciąż się skądś dokądś przenosił.

Urodził się w Nowym Jorku, wychował w portowej mieścinie Bridgetown na karaibskiej wyspie Barbados, a wyrósł w nieodległym Surinamie, który nosił wtedy jeszcze nazwę holenderskiej Gujany i był zamorską posiadłością niderlandzkich królowych i królów. Za Atlantykiem znalazł się za sprawą ojca, niespokojnego ducha, zmieniającego domy i posady i wciąż rozglądającego się za czymś nowym, lepszym, innym. Aż dziw, że porzucając bez żalu życie, które mu się znudziło, nie porzucał także rodziny – żony i dwóch synów. Aż dziw, że w tej wędrówce po świecie się nie pogubili.

Ojciec był kucharzem, jak jego ojciec i ojciec jego ojca, jak wszyscy mężczyźni w rodzinie. Inni wiedli jednak życie osiadłe, zarabiali na życie, prowadząc własne albo cudze gospody czy bary. Ojciec „Świętego", nie mogąc usiedzieć w jednym miejscu, zaciągnął się na służbę na morzu. Gotował na pasażerskich transatlantykach, na statkach handlowych, na okrętach wojennych. Kiedy zawijał do portów w dalekich krajach, schodził na ląd i się rozglądał. Jeśli mu się spodobało, zostawał na dłużej. Wypowiadał służbę na morzu i ściągał z kraju rodzinę. Zawsze mówił, że człowiek musi szukać miejsca, które jest dla niego przeznaczone i że dopiero tam może być szczęśliwy. „Czasami czujesz, że jest ci źle, i coś ci mówi, że lepiej nie będzie. Najgorsze wtedy to załamać ręce i czekać na Bóg wie co – nieraz powtarzał synom. – Trzeba wtedy pakować manatki i zbierać się w drogę, przed siebie. I mieć oczy szeroko otwarte, żeby nie przegapić tego nowego, dobrego miejsca, gdzie można wszystko zacząć od nowa".

Po Surinamie był więc Kapsztad, a potem jeszcze Oran na algierskim wybrzeżu Morza Śródziemnego. Niemożliwa do zaspokojenia natura włóczykija gnała go w świat, ale głównym, choć znacznie przyziemniejszym powodem ich rodzinnej tułaczki było to, że ojciec marnie się znał na interesach, a jeszcze gorzej na ludziach. Zbytnio im ufał, łatwowiernie powierzał pieniądze. Gotował w cudzych knajpach, ale próbował także otwierać własne. Przedsięwzięcia, które miały przynieść mu majątek, kończyły się jednak klapą. W każdym nowym miejscu próbował sprzedawać ludziom coś, co cieszyło się wzięciem tam, skąd przyjeżdżał. Wierzył, że wystarczy przekonać miejscowych do czegoś, co już się gdzie indziej sprawdziło, aby bez większego wysiłku zbić majątek i resztę życia spędzić, spełniając wszystkie swoje marzenia, zarówno te stare, którymi wciąż żył, jak i nowe, które w tak sprzyjających okolicznościach musiałyby się przecież zrodzić. Na Karaibach otwierał więc budy z hamburgerami i hot dogami, w Kapsztadzie założył bar, w którym serwował pikantne kurczęta z rusztu w kokosie lub curry. Nie przyszło mu do głowy, że ludzie, choć ciekawi nowości, bardziej się ich boją i cokolwiek by mówili, wcale nie chcą odrzucać tego, do czego przywykli.

Ojciec nigdy nie rozumiał też historii, przegapiał dziejowe zwroty i burze. Nie pomyślał, że kuchenne wynalazki, do których namawiał, mogą tubylcom fatalnie się kojarzyć. Dziwił się, gdy odkrywał, że wiara zabrania muzułmanom jeść wieprzowe kiełbaski i żeberka, choćby były nie wiadomo jak wymyślnie zamarynowane. Na Karaibach nie lubiano hamburgerów, bo przypominały miejscowym bogatych i butnych Amerykanów. Białym z Kapsztadu karaibskie przysmaki wydały się zanadto afrykańskie.

Interesy padały, raczej prędzej niż później, ojciec ogłaszał plajtę, przenosili się w nowe miejsce. Inna rzecz, że nigdy nie byli bogaczami, więc i ponoszone straty nie oznaczały życiowego bankructwa. Po żadnej przegranej ojciec nie popadał w zgorzknienie, nie upadał na duchu. Nie brał porażek do siebie, widział w nich raczej zrządzenie losu. Znak, że na to najlepsze, przeznaczone mu miejsce jeszcze nie trafił.

„Święty" przywykł do nieustannej tułaczki, a po latach odkrył nawet, że to ojcowskie wieczne poszukiwanie doskonałości i jemu samemu stało się bliskie. Jeszcze później usłyszał od kogoś, że szczęście nie leży na drodze do czegoś, ale jest samą wędrówką.

W Oranie zabawili najkrócej. W kraju toczyła się wojna, a w obawie przed zemstą miejscowych Arabów Francuzi, którzy wcześniej podbili ten kraj, teraz szykowali się do wyjazdu do Europy. Ojciec jakoś to przegapił. Z Algierii wyjechali do Holandii. Zamieszkali w Amsterdamie. Ojciec dołączył do rodzinnego interesu, a po jakimś czasie otworzył własny bar nad kanałem w śródmiejskiej dzielnicy De Wallen. Z początku, starym zwyczajem, próbował szczęścia z amerykańskimi hamburgerami, karaibskimi frykasami i kiełbasami z rusztu, których przyrządzania nauczył się w Kapsztadzie. Szybko jednak się poddał i zaczął gotować skromne i proste chłopskie potrawy z miejscowej kuchni. Czasami tylko psioczył na Holendrów, że choć podbili taki kawał świata i zdobyli kolonie od Karaibów po Moluki, to nie nauczyli się korzystać z tamtejszych przypraw. I że ze skąpstwa albo z przyzwyczajenia wszystko gotują razem, w jednym garnku. Czas zachwytu nad rozmaitością świata miał dopiero w Holandii nadejść, a jego pierwszymi heroldami byli długowłosi, młodociani dziwacy, którzy w coraz większej liczbie przybywali nad amsterdamskie kanały. Ale kiedy w końcu nastała zwiastowana przez nich epoka Wodnika, ojciec „Świętego" zdążył się już wyzbyć ostatnich oczekiwań od życia.

„Święty" skończył szesnaście lat, a w Ameryce Bob Dylan przyjechał do Nowego Jorku, żeby odnaleźć swojego idola Woody'ego Guthriego, umierającego w obłędzie i biedzie w jednym z okolicznych szpitali. „Święty" zaczął odmierzać swój czas wydarzeniami z życia Dylana, odkąd usłyszał, jak i o czym śpiewa, a przede wszystkim odkąd dowiedział się, że przyszli na świat tego samego dnia. Dwudziestego czwartego maja. Najpierw Dylan, a potem on, „Święty", cztery lata później. Dwa tygodnie przed jego urodzinami skończyła się największa wojna, jaką przeżyła ludzkość. Za jakiś czas „Święty" to także uzna za ważny znak.

W Amsterdamie mieli zabawić tylko jakiś czas. Ojciec zdawał się szykować do dalszej drogi, a jego rodzina nie próbowała nawet oswajać się z miastem. Nie zapuszczali korzeni. Ale tym razem ojciec tylko mówił o wyjeździe, nie czynił do niego żadnych przygotowań. W końcu przestał nawet o tym mówić. Jakoś oklapł, poszarzał, posmutniał. I tak już zostali na dobre, niespodziewanie dla nich wszystkich. Nikt tego nie ogłaszał, nie podejmował żadnych decyzji. Wiedzieli jednak, że nic się już więcej w ich życiu nie zmieni.

Stało się to mniej więcej wtedy, gdy do miasta zaczęli się zjeżdżać pierwsi hipisi. Ojciec od samego początku nie był do nich dobrze nastawiony. To uprzedzenie do przybyszów było jedyną rzeczą, której „Święty" nie potrafił w ojcu zaakceptować. Bez słowa sprzeciwu znosił, a nawet rozumiał i współodczuwał ojcowski lęk przed sprawami nieodwracalnymi. Nie umiał jednak pogodzić się z tym, że ojciec, który przez całe życie wciąż poszukiwał własnego miejsca, gdy w końcu osiadł i się poddał, odmawiał tego prawa innym.

„Co ty zamierzasz ze swoim życiem zrobić? Co chcesz osiągnąć?" – zrzędził, gdy „Święty" w środku nocy wracał do domu. Czekał na niego w kuchni przy stole, zaraz obok schodów, tak żeby nie dało się go minąć i przemknąć do sypialni na piętrze. Rodzice spali na dole, on z bratem na górze. „Włócząc się z tymi wałkoniami, na pewno w życiu do niczego nie dojdziesz. Co to w ogóle za jedni? Skąd się tu wzięli? I może poszedłbyś w końcu do fryzjera! Zrób porządek z tymi cholernymi kudłami!"

„Święty" nosił już wtedy długie włosy, które opadały aż na ramiona. Wracając do domu, przed drzwiami upychał je pod kołnierz kurtki, żeby nie dawać ojcu dodatkowego pretekstu do połajanki i chociaż w ten sposób skrócić nocną z nim rozmowę, której uniknąć było nie sposób. Widywali się w tamtym czasie już prawie tylko nocami, gdy „Święty" wracał do domu, a ojciec czekał na niego w kuchni. Czasem wpadali na siebie przy śniadaniu. Kiedy ojciec parzył sobie kawę, „Święty" wychodził już do szkoły. Uczył się na kucharza, jak wszyscy mężczyźni w rodzinie. Nie sprzeciwiał się, kiedy rodzice posłali go do szkoły gastronomicznej, ale już wtedy nie wyobrażał sobie, by całe życie miał spędzić przy garnkach, gotując dla obcych. Dnie spędzał jednak w szkole, za to wieczorami i w dni wolne od nauki włóczył się z hipisami po klubach muzycznych i koncertach albo po prostu przesiadywał z nimi w parkach lub nad kanałami. Zdarzało się, że wyjeżdżał z nimi z miasta i znikał na parę dni, chociaż wiedział, że po powrocie ojciec urządzi mu awanturę, a matka zaleje się łzami i będzie załamywać nad nim ręce.

Wcale nie zamierzał zmarnować sobie życia. Wprost przeciwnie, chciał je przeżyć jak najlepiej, najpełniej. Ale po swojemu, niekoniecznie jak oni.

Codziennie rano biegłem z Viraatu do hotelu Hare Rama, gdzie Kamal miała się zatrzymać po przyjeździe z Riszikeszu. Wodząc palcem po liście przybyłych ostatniej nocy gości, trudząc się z rozszyfrowywaniem obcych, niemożliwych do wymówienia imion i nazwisk, recepcjonista podnosił wzrok znad księgi meldunkowej i przecząco kręcił głową, że nie, nikt taki u nich nie mieszka ani żadnych wiadomości nie zostawił.

Z Hare Rama szedłem naprzeciwko, dosłownie dwa kroki, do „niemieckiej piekarni", która zajęła cały parter hoteliku Adżaj wciśniętego w wąski zaułek odchodzący od bazarowej alei. Tam też nikt niczego o Kamal nie wiedział. W „niemieckiej piekarni" zostawałem czasami na śniadaniu. O tamtejszej kawie mawiano na Pahargandżu, że choć daleko jej do prawdziwej, lepszej w okolicy się nie znajdzie. Zostawałem w „niemieckiej piekarni" także dlatego, że aż do wieczora nic więcej nie miałem do roboty. Wracając do Viraatu, mijając knajpkę Madan, wypatrywałem w niej „Świętego". Wieczorem to samo, kiedy znów zachodziłem do Hare Rama i „niemieckiej piekarni" pytać o Kamal.

– Nie przyjechała? – Moje oczekiwanie zaczęło się udzielać „Świętemu". – Ta Kamal musi być dla ciebie kimś ważnym?

– Tak jak wszyscy inni. Po prostu jestem z nią umówiony.

– Musi być ważna. Inaczej byś tak nie czekał.

– Nieszczególnie... Taką mam pracę. Spotykam się z ludźmi, rozmawiam. Z tobą też rozmawiam.

„Święty" nie zachodził do „niemieckiej piekarni". Nie podobało mu się, że nie ma w niej okien, a ze środka nie widać ulicy, tylko recepcję i schody na hotelowe piętro. „Jak w więzieniu" – mówił. Nie podobało mu się też, że nie przychodzili tam tubylcy, z głośników rozbrzmiewała zachodnia muzyka, a większość dań w jadłospisie pochodziła z Włoch, Hiszpanii, Niemiec, Anglii czy Izraela. Innym to najwyraźniej odpowiadało, bo przy stolikach cały czas ktoś siedział, robiąc sobie przerwę od Indii i od wielkiej ucieczki z Zachodu na Wschód.

– Może zadzwoni... – pocieszał.

Kamal miała telefon, ale prawie go nie używała. Trudno się było do niej dodzwonić, a sama nie dzwoniła prawie nigdy. Nawet listy, jakie wysyłała pocztą elektroniczną, ograniczały się do dwóch, trzech krótkich zdań, zakończonych w pośpiechu, jakby ją ktoś spłoszył.

– Jeśli się macie spotkać, to się spotkacie. Najlepiej zdać się na los, czekać, co przyniesie, bez umawiania się, wyznaczania spotkań, terminów.

Powtarzał wciąż, że w życiu trzeba się zdać na los, nie ma sensu się przeciwko niemu buntować. Mówił to za każdym razem, gdy żegnając się po spotkaniu, próbowałem umówić się na następną rozmowę.

– Nie umawialiśmy się, a jednak się spotkaliśmy, rozmawiamy. A więc tak miało być. – Kręcił głową jak życzliwy nauczyciel karcący ucznia, który choć wydaje się pojętny, nie potrafi zrozumieć czegoś oczywistego. – Jeśli pisane jest nam znowu się spotkać, to się spotkamy. Trzeba pozwolić życiu, by samo podsuwało rozwiązania. Człowiek nie musi, nie powinien wszystkiego kontrolować. Nie bój się tego, co nieznane. A to, co było, należy już do przeszłości i nie ma znaczenia.

Do przeszłości należało imię, jakie nosił, żyjąc na Zachodzie. „To już było, minęło. Dziś noszę nowe imię, więc stare nie ma żadnego znaczenia" – powiedział. Teraz nazywał się Swami Nahi, takie imię nadał mu pewien guru, którego uczniem był przez jakiś czas. Imienia guru nie chciał zdradzić. Był czas, że cieszył się wielkim uznaniem, a ono zyskało mu wielu uczniów, także z Zachodu. Ale im więcej ich przybywało, tym bardziej z nauczyciela i mistrza zmieniał się w pospolitego kupca. W końcu zależało mu już tylko na pieniądzach i sławie. Uczniów traktował jak sługi, nie szanował już ludzi, oszukiwał ich. „Święty" odszedł od niego, przestał go słuchać. Nadane imię jednak zachował.

Swami Nahi w języku hindi znaczy Święty Nikt.

Podczas ceremonii nadawania nowych imion guru poprosił „Świętego", by podał mu stare, które dotąd nosił, a usłyszawszy je, zapytał, czy w jego mowie imię to coś znaczy.

– *Mera naam ka koi mutlab nahi hai* – odparł „Święty", który po paru latach pobytu w Indiach nauczył się języka hindi. – Moje imię nic nie znaczy.

Dopiero wypowiedziawszy te słowa, uświadomił sobie, że Bob Dylan tak właśnie zaczął jedną ze swoich pieśni. Rozstając się ze starym imieniem, „Święty" pożegnał się też z Dylanem.

– Nadaję ci więc oto nowe imię – obwieścił guru. – Swami Nahi. Odtąd tak się będziesz nazywać. Święty Nikt.

„Świętemu" nowe imię się spodobało, chociaż przyznawał, że nigdy nie był zanadto świątobliwy, a święty to już nigdy.

Zanim stała się Kamal, nosiła imię Kamila i świetnie się zapowiadała. Pochodziła z dobrej, szanowanej i zamożnej rodziny. W domu niczego jej nie brakowało. No, może poza tym najpotrzebniejszym rodzinnym ciepłem i poczuciem całkowitego bezpieczeństwa. Rodzicom się nie układało, a w końcu uznali, że dla wszystkich będzie lepiej, jeśli się rozstaną.

Po rozwodzie rodziców zamieszkała z bratem i z matką, dziennikarką. Matka pracowała jako korespondentka bogatej zagranicznej redakcji. Powodziło im się świetnie. Jako dzieci niczego nie musieli sobie odmawiać. Żadnej przyjemności, zachcianki. Stać ich było na więcej niż innych. Matka cudzoziemka zarabiała w walucie, a ta, przeliczana na złotówki po czarnorynkowym kursie, zapewniała wszelkie dostatki nawet w kraju, w którym wszystkiego brakowało. Zakupy robili w specjalnych sklepach, gdzie towarów zawsze było w bród, ale płacić trzeba było za nie w dolarach, funtach, markach czy guldenach.

Mieszkali w wielkim domu, w starej willowej dzielnicy, w której za sąsiadów mieli ludzi uznawanych w mieście i kraju za elitę, ambasady i rezydencje zagranicznych dyplomatów. Zajmowany przez nich dom dzielił się na dwie części. Na parterze znajdowało się biuro korespondenckie matki. Właściwy dom mieścił się na piętrze. Ale całe życie toczyło się właściwie na parterze, gdzie matka spędzała całe dnie, od świtu do późnej nocy. Dzieciństwo Kamili i jej brata przypadło bowiem nie tylko na gospodarczy krach, ale najgłębszy, najdramatyczniejszy kryzys polityczny, jaki przeżywał ich kraj od zakończenia drugiej wojny światowej. Ulicami miast przetaczały się antyrządowe pochody, w zakładach pracy wybuchały strajki, a komunistyczny rząd, zaskoczony i bezradny, ustępował, oddawał pole niemal bez walki. Krążyły plotki, że jeśli rządzący komuniści nie zapanują nad ulicznym żywiołem, Rosja pośle do Polski swoje wojska, żeby przywróciły porządek, tak samo jak w pięćdziesiątym szóstym zrobiły to w zbuntowanym Budapeszcie, a w sześćdziesiątym ósmym w Pradze. Albo w Afganistanie w ostatnich dniach siedemdziesiątego dziewiątego.

Matka Kamili spędzała całe dnie w pracy, w biurze na parterze, a do mieszkania na piętro chodziła tylko spać. Właściwie nigdy nie przestawała pracować. Tym bardziej że przyparci do muru polscy komuniści, aby zachować wymykającą im się z rąk władzę, zdecydowali się w końcu wprowadzić stan wojenny i godzinę policyjną, na ulicach pojawiło się wojsko, padły strzały. Dziennikarstwo i wir zdarzeń wessały ją całą. Nauczyła się polskiego, żeby obchodzić się bez tłumacza i nawiązać bezpośredni kontakt z krajem i ludźmi, o których pisała. W redakcji na parterze spotykała się z dysydentami, ale w gości przychodzili także najsławniejsi dziennikarze, zarówno z nielegalnej znów opozycji, jak i z obozu władzy. Kamila z bratem wychowywali się wśród rozmów o polityce toczonych w chmurach papierosowego dymu, nastroju nerwowego wyczekiwania, brzęczących niepokojąco dalekopisów i urywających się telefonów, niezliczonych, nigdy niekończących się rozmów prowadzonych z kilku aparatów jednocześnie i zawsze podniesionym, gorączkowym głosem. Brat Kamal wspominał ten czas jako ekscytujący.

Ale polityka i wydarzenia zawsze zajmowały go bardziej niż siostrę, spokojniejszą, nieco wycofaną i zamkniętą w sobie. W trudnych czasach nie sprawiali matce żadnych problemów. Byli dziećmi ułożonymi, obowiązkowymi, samodzielnymi. Nie mieli kłopotów w szkole, a Kamila uchodziła nawet za dobrą uczennicę. Pokończyli szkoły, oboje dostali się na studia. Brat zdecydował się na politechnikę, Kamila wybrała dziennikarstwo. Ani jedno, ani drugie nie wykazywało szczególnych talentów czy większego zainteresowania wybranymi kierunkami studiów. Taka była kolej rzeczy, po skończeniu liceum, kto mógł, szedł na studia. Matka przyklasnęła ich wyborom, choć zdawała sobie sprawę, że nie kieruje nimi powołanie ani pasja.

Trudno nawet powiedzieć, by jako nastolatka Kamila wyróżniała się jakimiś konkretnymi zainteresowaniami. Nie miała żadnych sprecyzowanych planów na przyszłość, wyobrażeń ani marzeń, kim chciałaby zostać. Niczego nie wykluczała, ale też nic nie zdawało się jej szczególnie bliskie.

Wiedziała, że jeśli wybierze dziennikarstwo, matka będzie zachwycona. Była fanatyczką tego zawodu. Uważała, że żaden inny nie da człowiekowi więcej i żaden tak się nie odwzajemni. Nie wspominała, że aby tak się stało, w zamian trzeba też będzie mu wszystko poświęcić. Kamila, choć tak niezdecydowana, uważała, że żaden fach nie jest tego wart. Wybrała w końcu dziennikarstwo, ponieważ uznała, że na ten kierunek będzie się łatwo dostać, a i nauka zawodu nie wydawała się trudna. Nie zrobiła tego przez wzgląd na matkę ani pod jej wpływem. Matka do niczego ich nie zmuszała. Wymagała tylko jednego – żeby dostali się na studia i je pokończyli. W terminie. Bez żadnych zawalonych semestrów, bez urlopów. W nagrodę za pozdawane matury i egzaminy na studia każdemu z dzieci kupiła mieszkanie. Niewielkie, czterdzieści, pięćdziesiąt metrów kwadratowych, w dobrej dzielnicy. W tamtych czasach taki metraż uważany był jednak za wystarczający dla całej rodziny.

Jeszcze przed maturą rodzice Kamili sprezentowali jej także samochód, stare niebieskie renault. Miało jej służyć za wehikuł do podróży. Stały się możliwe, nawet te najdalsze. Dwa lata wcześniej w Polsce upadł komunistyczny rząd, a wkrótce po tym, gdy Kamila zdała maturę i dostała się na dziennikarskie studia, rozpadło się i przestało istnieć komunistyczne imperium Związku Radzieckiego. Zniknęły zakazy, ograniczenia, za to pojawiły się nieznane dotąd możliwości. Cały świat stanął otworem. Z zakupu auta najbardziej zadowolona zdawała się matka, znów od rana do nocy pochłonięta pracą. Uważała, że tym właśnie – podróżami – powinien zajmować się przyszły dziennikarz. Podróżowaniem, spotykaniem i poznawaniem ludzi i świata. Można by więc uznać, że to ona sama pchnęła córkę na podróżny szlak.

Prawdę powiedziawszy, podróże były chyba jedyną sprawą, która budziła w Kamili jakieś żywsze uczucia. Gdyby ktoś ją wtedy zmusił do odpowiedzi na pytanie o jej największe zainteresowania, wymieniłaby pewnie właśnie podróże. I tylko podróże. Brak pasji i to, że nic szczególnie jej nie ciekawi, nie budziło w niej niepokoju. Nie uważała swojego nastoletniego życia za puste. Nie czuła się samotna, niezrozumiana. Tak przynajmniej uważał jej brat. A już na pewno nie czuła się nieszczęśliwa. W ogóle nie zawracała sobie tym głowy. W ogóle w tamtym czasie niewiele myślała.

Niczym się nie wyróżniała, ale nie uważała się za osobę przeciętną. Nie była samotniczką, miała wielu znajomych, z którymi włóczyła się po mieście, spotykała na imprezach. Ale żadnego z nich nie nazwałaby pewnie przyjacielem.

Były tylko podróże. Najpierw z koleżankami rozbijały się jej renówką po zachodniej Europie. Niemcy, Francja, Włochy, Hiszpania, Portugalia. Któregoś razu, włócząc się po Andaluzji, postanowiły przeprawić się na drugi brzeg Morza Śródziemnego, do Afryki. Promem przepłynęły do marokańskiego Tangeru, a stamtąd atlantyckim wybrzeżem na południe, przez Casablankę do Agadiru i z powrotem na północ, ale już podrzędniejszymi drogami, przez pustynie i góry do Marrakeszu, i jeszcze dalej, do Meknes, Fezu, Tetuanu. Choć szlak podróży wiódł na południe, Kamila uznała po latach marokańską wyprawę za pierwszy wypad na Wschód, pierwszą swoją styczność z Orientem. Między Berlinem, Paryżem, Malagą i Marrakeszem zaczęła się też przemiana Kamili w Kamal. Pierwszym jej etapem i zapowiedzią wszystkiego, co dalej miało nastąpić, było przeistoczenie się w Kamę. Takie imię, dla wygody, przyjmowała podczas zagranicznych wojaży. Nie myślała, że to będzie miało znaczenie, a okazało się początkiem życiowej wędrówki, prawdziwej przemiany. O tym dowiedziała się dopiero w Indiach. I już jako Kamal.

Kiedy opowiedziałem o tym „Świętemu", pokręcił głową niezdecydowanie, nie wiedziałem, czy na tak, czy na nie. Właściwie nigdy tego nie wiedziałem, bo przejął wiele gestów od indyjskich tubylców, również kolebanie głową oznaczające zgodę i przyzwolenie, choć kojarzące się raczej z zaprzeczeniem.

– Zmiana imienia nie jest ważna?

Pokręcił głową.

– Czasem jest, czasem nie, zależy, czy coś następuje dalej. Ja zmieniłem imię.

Umilkł, a ja czekałem, żeby powiedział coś więcej. Czy w jego wypadku było coś dalej czy nie?

– Właściwie nie wiem – powiedział po namyśle.

Indie!

Młodzi zza oceanu, z którymi zadawał się „Święty", nieustannie o nich rozprawiali. W Indiach to, w Indiach tamto, Indie, Indie! Tam i tylko tam, zapewniali, człowiek odkrywa, po co żyje. Tam dopiero można żyć prawdziwie i po swojemu, tam życie nabiera smaku i sensu. I każde jest dobre, nikt się nikomu nie dziwi, nikt niczego nie potępia. Każda droga jest właściwa i prowadzi do celu. Wolność, miłość, braterstwo, harmonia, pokój. I jeszcze raz wolność. Wolność po tysiąckroć.

Ciekaw był tych Indii. Dobrze, coraz lepiej się czuł w towarzystwie długowłosych znajomych zza oceanu, a skoro wybierali się na wędrówkę na Wschód, postanowił wyruszyć razem z nimi. Zapytałem go kiedyś, czy gdyby nie poznał hipisów z Ameryki, wybrałby się do Indii sam? „Chciałbym powiedzieć, że tak, że pojechałbym tak czy inaczej, ale prawdę mówiąc, wcale nie jestem tego taki pewny. Nie wiem, czybym się na to zdecydował, czybym się ośmielił – odparł. – To, że w podróż do Indii ruszałem z innymi, dodało mi odwagi i pewności. To nie była zwykła wyprawa. Nie jechałem do Indii, żeby zobaczyć Tadż Mahal, tygrysy czy żałobne stosy nad Gangesem, ale spróbować odmienić moje życie. W takich chwilach i przy takich postanowieniach dobrze mieć towarzyszy, którzy robiąc to samo, utwierdzają w przekonaniu, że postępuje się słusznie. A przynajmniej, że nie robi się nic głupiego, szalonego".

Pojechał do Indii także dlatego, że prosił go o to jeden z jego amsterdamskich przyjaciół. Mówił, że wybiera się w interesach do Turcji i Afganistanu. „Święty" domyślił się, że celem wyprawy będzie kupno haszyszu, który potem miał zostać przemycony do Europy i z dużym zyskiem odsprzedany któremuś z właścicieli kafejek z De Wallen. Dla przyjaciela wyprawa na Wschód miała być pierwszą prawdziwą podróżą i poprosił obytego w świecie i oswojonego z tułaczką „Świętego", żeby mu towarzyszył. Obiecywał zapłacić za pociąg do Stambułu i samolot do Kabulu i w ogóle pokryć wszystkie koszty podróży. Dodatkowo „Święty" mógł skorzystać z tureckich i afgańskich kontaktów przyjaciela i sam kupić w Heracie czy Kabulu narkotyki, i przeszmuglować je do Amsterdamu.

„Święty" zgodził się, ale postawił warunek. Pojadą na Wschód, ale nie samolotom, lecz lądem, i nie pociągiem, we dwóch, lecz razem z innymi. A skoro mieli być aż w Afganistanie, to zajrzą na parę dni do Indii. Były już tak blisko, że grzechem byłoby o nie nie zawadzić.

Był rok sześćdziesiąty szósty. „Święty" miał wtedy dwadzieścia jeden lat. Ja – sześć. W Ameryce, niedaleko farmy Woodstock, Bob Dylan rozbił się swoim motocyklem. Jedni mówili, że nawaliły hamulce, inni, że słońce go oślepiło. Ani wypadek, ani odniesione kontuzje nie wyglądały szczególnie groźnie, ale sławny już na cały świat i wielbiony przez młodych pieśniarz zamilkł i zniknął na wiele, wiele tygodni. Kiedy wrócił na scenę, nie przypominał już dawnego Dylana, na wpół trubadura, na wpół straceńca. „Ten wypadek był dla mnie jak przebudzenie – wyznał po latach. – Nagle zobaczyłem rzeczy z innej perspektywy, zrozumiałem, że nie chcę tak dłużej żyć, i postanowiłem wtedy wszystko zmienić. Czasami człowiek jest zbyt blisko czegoś, by dokładnie to zobaczyć. Musisz uciec, by móc to zobaczyć z właściwej perspektywy. Ten wypadek na motocyklu właśnie to mi umożliwił".

O tym, że droga zaprowadzi ją prędzej czy później do Indii, Kamal wiedziała od początku, odkąd zaczęła podróżować. Może nie tyle wiedziała, ile przeczuwała. Nazywała to wezwaniem, powołaniem, podobnym pewnie do tego, jakiemu poddają się młodzi ludzie wstępujący do zakonu albo wybierający posługę kapłańską.

Przeczytała gdzieś, że człowiek wyrusza w drogę, kiedy czuje, że coś jest nie tak, że dzieje się coś niedobrego. Wokół niego albo z nim samym. Kiedy nie wiadomo skąd i dlaczego odzywa się nagle jakaś niewypowiedziana tęsknota za czymś, co też trudno byłoby nazwać, pomieścić w kilku słowach czy zdaniach. I nie ma nawet potrzeby tego robić. Jeśli ktoś doświadczył tego choć raz, doskonale będzie wiedział, o czym mowa. Jeśli jednak nigdy go to nie spotkało, nie ma sposobu, żeby wytłumaczyć mu, na czym to wezwanie polega, z czego się bierze i czym skutkuje. Z tego właśnie chyba, z niemożliwości przełożenia nieprzekładalnego, biorą się trudności ze zrozumieniem takich jak ona. Takie samo odrzucenie, a najpierw zdumienie, niedowierzanie, musiało spotykać wcześniej dzieci kwiaty ze strony ludzi „odtąd dotąd". Matka Kamal powinna to pamiętać, a przynajmniej to wiedzieć.

Była niewiele starsza od córki, gdy skończywszy wydział prawa na uniwersytecie, młoda i nieprzejednana, niewiele myśląc, bez grosza przy duszy, niemal z dnia na dzień, łapiąc na drodze okazje, wyjechała do Paryża. Kierowała nią głównie chęć przeżycia przygody i tego, że we francuskiej stolicy dołączy do rówieśników żyjących według zasady „pracuj tylko tyle, żeby starczyło ci na życie". Resztę czasu spędzała w paryskich kawiarniach, na lekturze książek Sartre'a i Simone de Beauvoir i niekończących się rozmowach z nowo poznanymi francuskimi przyjaciółmi. Sama przyznawała, że wielu z nich stało się potem pionierami ruchu hipisów we Francji. Inni poświęcili młode życie buntowi i rewolucji. Kto wie, czy gdyby nie choroba i puste kieszenie, sama nie skończyłaby na barykadach albo przyłączyła się do pochodu dzieci kwiatów na Wschód. Zabrakło jej pieniędzy na lekarza i zrozpaczona zaczęła pukać w Paryżu do drzwi wszystkich instytucji i organizacji, by znaleźć pracę, jakąkolwiek, choćby na parę dni, i zarobić na lekarstwa. Któregoś dnia znalazła w książce telefonicznej adres paryskiego biura jednej z wielkich brytyjskich gazet. Postanowiła spróbować szczęścia. Sekretarka, zrazu niechętna i nastroszona na jej widok, zapytała, czy nie zastąpiłaby jej może podczas urlopu, na który się akurat wybierała. Matka Kamal szybko nauczyła się pisać na maszynie, a praca w redakcji tak przypadła jej do gustu, że zaproponowano jej stałą współpracę w charakterze dziennikarki. Najpierw jako „wolnego strzelca", ale wkrótce przyjęto ją do pracy na etat, wysłano na przeszkolenie do centrali, a stamtąd do rządzonej przez komunistów Polski, za żelazną kurtynę, dokąd żaden z mających pierwszeństwo doświadczonych kolegów dziennikarzy nie palił się jechać. Jadąc do Warszawy, na wschód, jakby nie było, nie miała pojęcia, że zostanie tam już na zawsze, a poza pracą na całe życie znajdzie jeszcze męża, ojca jej dzieci. Znalazła swoje Indie nad Wisłą. Tam ją zawiodło jej wezwanie. Miała szczęście. Jej córce zajęło to więcej czasu.

Po Maroku Kamila, a może już Kamal, pojechała do Tunezji, a potem do Turcji i do Syrii. Już nie samochodem i nie z rozbawioną grupą koleżanek, lecz z jedną tylko przyjaciółką, lokalnymi autobusami i pociągami. Dopiero wtedy przyszedł czas na Indie.

Wkraczały w jej życie już od jakiegoś czasu. Jako koraliki przywiezione przez matkę w podarku z podróży do Delhi, Agry i Bombaju, ze szkolnymi kolegami, których ojciec, profesor uchodzący za najlepszego znawcę Indii, wyjechał właśnie do Delhi, żeby objąć tam posadę ambasadora. Przybliżały się nawet z pojedynczymi słowami. Takimi jak joga. Zaczęła ją ćwiczyć już na studiach, którymi się niebywale rozczarowała. Aż do dnia, gdy się dowiedziała, że wydziałowe władze wymagają, by przyszli dziennikarze uczestniczyli w zajęciach na innych kierunkach. Miało to zmusić studentów do wszechstronności, pobudzić ich zainteresowania i intelekt. Czytając tę wiadomość wywieszoną w gablocie obok wydziałowych komunikatów, zauważyła też inną, napisaną odręcznie na zwykłej kartce i przypiętą pineską do drewnianej ramy. „Ewolucja magii i religii. Zapraszamy na zajęcia na Wydział Antropologii". Zanotowała terminy wykładów.

Z pierwszego nie zrozumiała niemal nic, ale wyszła z niego zachwycona, odurzona. Łapczywie chłonęła pojedyncze słowa, terminy, które brzmiały w jej uszach jak czarodziejskie zaklęcia, ociekające tajemnicą i magią. Pod wrażeniem tego, co usłyszała na wykładach o magii i religii, postanowiła zapisać się na orientalistykę, na zajęcia z historii, kultury i religii Indii. Znowu niewiele rozumiała, przynajmniej na początku, za to znów urzekło ją i obezwładniło brzmienie obcych nazw, imion bogów, starożytnych królów, bohaterów podań i legend. Same układały się w mistyczną modlitwę, w pomost ku czemuś wzniosłemu, duchowemu, czemuś, czego brak coraz bardziej zaczynała odczuwać w codziennym życiu.

W szkole chodzili z bratem na lekcje religii i co niedziela na mszę do kościoła. Pilnował tego bardzo ich ojciec, katolik. Kiedy rodzice się rozwiedli, a dzieci zamieszkały z matką, Kamila natychmiast przestała chodzić i do kościoła, i na religię. Nie czuła takiej potrzeby, a mając swobodę decyzji, chętnie zrzuciła z siebie ten obowiązek. Duchową pustkę zaczęła odczuwać dopiero na studiach, jako osoba dorosła, ale wciąż młoda. O powrocie na łono Kościoła nie pomyślała jednak nawet przez chwilę. Duchowość oznaczała dla niej wolność, swobodę i wolną wolę w poszukiwaniu Boga, Absolutu, Prawdy Najwyższej i wszystkiego, co pisałoby się Wielką Literą. Kościół zaś kojarzył jej się z organizacją, strukturą, hierarchią, zwierzchnością i podległością, władzą, porządkiem i rygorami, nakazem posłuszeństwa, nagrodami i karami. A przede wszystkim z wpajanym ludziom poczuciem winy i grzechu, bycia niegodnym. Duchowe doświadczenie i wolność czekały na nią w Indiach. Kamal była tego pewna jak jeszcze niczego przedtem w życiu.

Aż któregoś dnia się odezwała. Tak jak przepowiadał „Święty" i tak, jak się z nią umawiałem. Wróciłem do hotelu po kolejnym wieczornym obchodzie Pahargandżu, bazarów, hotelików i knajp, po rozmowie ze „Świętym" w Madanie, gdy zadzwonił telefon, a na ekranie wyświetlił się jej numer. Odebrałem pełen najgorszych przeczuć.

– Nie odzywałam się, ale wiesz... wie pan.... chyba nie przyjadę.

Zamarłem.

– To znaczy do Delhi, do Delhi nie przyjadę... Mówią tu, że na drogach wciąż niespokojnie, nie ma jak przejechać i że to jeszcze może długo potrwać... Pomyśleliśmy z Lhamo, że z Riszikeszu pojedziemy może jakoś prosto do Dharamsali. Mnie się zdaje, że tak będzie najlepiej... Po co mam nadkładać drogi do Delhi? I tak mieliśmy potem razem jechać do Dharamsali. No to my pojedziemy tam od razu, rozejrzymy się, a jakby co, to zadzwonię i powiem, gdzie nas szukać.

– To chyba dobrze? – zapytał „Święty", którego jeszcze zastałem w Madanie.

– A jeśli tam nie zostanie i dokądś dalej pojedzie? Gdzie jej potem będę szukał? Nie znajdę jej i tyle.

– A jak jej nie znajdziesz, to co?

– Nic. Chcę po prostu zadać jej kilka pytań.

„Święty" popatrzył w głąb ulicy, patrzył tak długo, aż zacząłem sądzić, że już nie rozmawiamy. Często tak właśnie kończył rozmawiać, patrząc na coś innego.

– Mówią, że z Dharamsali nigdzie dalej się nie jedzie. Tam się kończy droga.

– Muszę się jeszcze stąd wydostać.

– A Riszikesz? Mówiłeś, że ona lubi to miejsce. Dlaczego nie umówicie się na spotkanie w Riszikeszu?

Riszikesz... Zawsze chciałem zobaczyć, jak tam jest.

Zawsze to znaczy, odkąd przyjechałem do Indii po raz pierwszy i odkryłem świat, który dotąd dla mnie nie istniał. Aż do tej chwili miejsca, w jakich spędzałem czas, nie miały dla mnie większego znaczenia. Ważni byli jedynie ludzie, a podróżą były włóczęgi autostopem. Odkąd odkryłem Indie, poza ludźmi ważne stały się także miejsca, w których ich spotykałem.

Riszikesz... Już sama nazwa miała w sobie jakąś magię, brzmiała jak czarodziejskie zaklęcie. Jak Marrakesz, Kandahar czy Chartum. Albo Katmandu, Buchara, Timbuktu. Dobre zaklęcia powinny mieć w sobie drżące „er" albo tajemniczo dudniące, mocne „te", „de" czy „ha". Kalahari, Guadalajara, Cartagena, Kaszgar... abrakadabra, czary-mary...

Choć zawsze chciałem tam pojechać, do Riszikeszu nigdy jakoś nie było mi po drodze. Nie po drodze do Riszikeszu było, gdy się wybierałem z Delhi na zachód, na pustynie Radżasthanu lub do Kaszmiru, ani na wschód – do Orissy czy Benares (kolejne dobre zaklęcie). Nie po drodze do Riszikeszu było, gdy jechałem do Katmandu czy na południe do Tamilnadu. Albo do Goa.

Gdyby lądowały w nim samoloty z Europy, gdyby w ogóle starczyło w nim miejsca na lądowisko, Riszikesz byłby dobrym miejscem do rozpoczęcia pierwszej podróży do Indii. Cichy, zadumany, daleki od świata i jego zmartwień stanowi doskonałą ucieczkę, którą wybiera wielu, ruszając w indyjską włóczęgę. Wydał mi się też spełnieniem wszystkich oczekiwań, jakie zwykle wiąże się z podróżą do Indii.

Riszikesz jest tajemnicą, egzotyką, odmiennością. Zadziwia i swoją urodą, i swoją duchowością. W dodatku jako małe, prowincjonalne miasteczko u podnóża Himalajów wita przybyszów uprzejmym skinieniem głowy, a nie powala na ziemię zabójczym uderzeniem zgiełku, ścisku, skwaru i kurzu jak wielkomiejskie Delhi, Kalkuta czy Bombaj. To one jednak, nie Riszikesz, są bramami Indii i przybywający do nich muszą już na początku podróży przejść próbę powitania ze Wschodem.

Riszikesz jest też dobrym miejscem, by zakończyć wędrówkę po Indiach albo przerwać ją na chwilę, żeby odetchnąć głębiej, odpocząć, pomyśleć. Tak, do myślenia Riszikesz nadaje się znakomicie.

Miasteczko leży w głębokim wąwozie nad najświętszą dla hindusów rzeką, Gangesem. W dodatku w miejscu, w którym wypływa ona ze świętych gór Himalajów, domu Sziwy, jednego z najważniejszych hinduskich bóstw, i rozlewa się na równiny Dekanu. Hindusi wierzą, że święta woda Gangesu ma tutaj wyjątkową siłę obmywania z grzechów. Pielgrzymują więc z całych Indii do Riszikeszu, by na świątynnych schodach, ghatach, nad rzeką dokonać ablucji (Ganges jest tu czysty, niemal przejrzysty, jak górski strumień) i złożyć ofiarę z ognia zapalanego w kadzidełkach puszczanych na wodę w uplecionych z liści stateczkach.

Święty, uduchowiony Riszikesz składa się niemal wyłącznie z pobudowanych na brzegach Gangesu świątyń, klasztorów, domów pielgrzymów, niewielkich hotelików oraz kramów.

W klasztorach zatrzymują się nie tylko pielgrzymi, święci mężowie, *sadhu*, nie tylko mistrzowie i uczniowie jogi, ale także podróżni i każdy, kogo droga zawiodła do Riszikeszu. Wszystkich przywiodła tu zaś wędrówka. Ta zwyczajna, w przestrzeni, wynikająca z ciekawości świata. I ta, która się bierze z pragnienia poznania istoty rzeczy.

Wybrałem na gospodę aśram Sant Seva, niedaleko wiszącego mostu Lakszman Dżhula, najdalej za miastem. Spędzałem dnie na dachu aśramu, podglądając miasteczko Riszikesz. Na tarasach klasztorów trwały seanse jogi, medytacji, lekcje filozofii. Zamykając się w aśramie, wędrowcy, przez nikogo nie niepokojeni, bez pośpiechu zapadają się w sobie, sobie się przyglądają, słuchają własnych myśli, ważą wartości, odczuwają uczucia. W poszukiwaniu takich właśnie miejsc, utraconego sensu istnienia i odmiennych stanów świadomości wyruszyły w świat dzieci kwiaty, zniechęcone komercją i przyziemnością swoich rodziców z zahipnotyzowanych swoim bogactwem Europy i Ameryki. I to one uczyniły Riszikesz sławnym. Zbuntowani młodzi ludzie wybierali się do Indii w nadziei, że znajdą tam wszystkie odpowiedzi na dręczące ich pytania i wątpliwości. Większość gorzko się rozczarowała – ich oczekiwania i wiara były zbyt wielkie nawet jak na możliwości świętego miasteczka. Wyszło na to, że Riszikesz zawdzięcza dzieciom kwiatom więcej, niż im dał.

Riszikesz do dziś pozostaje dłużnikiem Beatlesów, najsławniejszej chyba rock'n'rollowej kapeli. John Lennon, Paul McCartney, George Harrison i Ringo Star przyjechali tu w lutym sześćdziesiątego ósmego, by w aśramie prowadzonym przez guru maharisziego Mahesza Jogiego zgłębiać tajemnice transcendentalnej medytacji.

Ale podróż do Indii, zamiast prawdy objawionej przyniosła Beatlesom rozczarowanie. Ringo wytrzymał ledwie dwa tygodnie. Wyjechał, twierdząc, że nie może znieść indyjskich przypraw. Niedługo po nim wyjechał McCartney. Do końca trzymiesięcznego kursu nie dotrwali nawet bujający w obłokach Lennon z Harrisonem. Zgodnie uznali, że maharyszi Mahesz Jogi okazał się zwykłym naciągaczem i hipokrytą, a cała wyprawa do Riszikeszu była pomyłką. Zamiłowanie do Wschodu pozostało tylko Harrisonowi.

Akademii maharisziego Mahesza Jogiego już nie ma, a w ruinach dawnego aśramu pasą się krowy i kozy. Z aśramu Sant Seva przy wiszącym moście Lakszman Dżhula pielgrzymowałem na potłuczony taras, na którym przed laty Beatlesi oddawali się medytacjom i składali nuty. Wieczorami wracałem na dach mojego aśramu, by patrzeć, jak święte miasto zasypia. O zmierzchu pielgrzymi wychodzili na brzeg Gangesu, żeby złożyć rzece ofiarę z ognia. Po zmroku z okien świątyń dobiegał dźwięk poruszanych wiatrem dzwoneczków.

Riszikesz…

Wyjeżdżając, pomyślałem, że chyba już tam nie wrócę.

Kiedy Kamila wyruszała w drogę do Indii, do końca studiów pozostawał jej rok nauki, wykładów i ćwiczeń, parę egzaminów. Z moich obliczeń wynikało, że musiała to być późna wiosna roku dziewięćdziesiątego szóstego, a Kamila miała dwadzieścia trzy lata. Ona sama zarzekała się, że nie pamięta ani który to był rok, ani nawet jaka pora roku. Nie pamiętała, czy było ciepło, czy zimno, czy świeciło już słońce, czy wciąż przejmowały chłodem wczesnowiosenne mżawki. Potem czas w ogóle stracił znaczenie.

Wyjeżdżając, nie zastanawiała się, ile czasu spędzi w podróży, kiedy wróci ani czy w ogóle wróci, gdzie i jak długo po drodze zabawi ani nawet którędy ta droga miała prowadzić. Wiedziała tylko, że jej kierunkiem i celem są Indie. I że dotrze do nich lądem. Zamierzała się poddać losowi i z pokorą przyjmować to, co przyniesie.

Potem w ogóle przestała odmierzać czas. A przynajmniej w taki sposób, jak robiła to dawniej jako Kamila. Dzielić na lata, miesiące, godziny, minuty, odchodzące nieodwołalnie w przeszłość. Ta właśnie nieodwracalność zdarzeń napawająca ludzi Zachodu trwogą przed przemijaniem uczyniła z nich niewolników czasu. Zgodnie zaś z mądrością Wschodu upływ czasu jest jedynie wymysłem, będącym źródłem prawie wszystkich ludzkich cierpień. A czas? Czas jest jedynie kołowrotem istnienia, w którym epoki trwania, zniszczenia i stworzenia się powtarzają.

Choć komuś postronnemu ostatnie miesiące Kamili przed najważniejszą podróżą w jej życiu mogły się wydać chaosem, w rzeczywistości nigdy wcześniej do niczego nie przygotowywała się tak starannie, jak do wyprawy do Indii. W zagranicznych ambasadach zdobyła wszystkie potrzebne wizy, przeszła konieczne i zalecane szczepienia. Nawet decyzja o podróży lądem wynikała nie tyle z chęci przeżycia przygody czy powtórzenia szlaku dzieci kwiatów, ile z chłodnej kalkulacji kosztów i zysków. Powolna wyprawa lądem wydawała się tańsza, a przede wszystkim zapewniała więcej wrażeń i pozwalała poznać przemierzane kraje, które w wypadku podróży samolotem zostałyby zupełnie pominięte. Do Indii dotarłaby więc bez pokonywania etapów przejściowych, bez stopniowego się do nich przybliżania przypominającego ceremoniał poprzedzający akt najwznioślejszy, cel liturgii.

Nie zaplanowała, że w tę podróż wyruszy sama, ale i nie szukała gorączkowo towarzyszy. Nie chciała, żeby cokolwiek ją ograniczało.

Z tego samego powodu kupiła bilet tylko do Stambułu. Zamierzała tam dojechać autobusem, jakim z Polski ludzie wyprawiali się na handel. Z jednym plecakiem i śpiworem dziwnie wyglądała wśród ludzi objuczonych tobołami rzeczy na sprzedaż na tureckich bazarach. Zamierzali wymienić je na towary, które wystawione na polskich targowiskach miały im przynieść pieniądze.

Rodzice nie byli zachwyceni jej pomysłem podróży do Indii. Zwłaszcza gdy się okazało, że miała ją odbyć w pojedynkę. Matka wymusiła w końcu na niej obietnicę, że dojechawszy do Indii, zatrzyma się u jej przyjaciół mieszkających w Delhi. Kamila zgodziła się dla świętego spokoju, a wyjeżdżając, czuła, że wróci nieprędko.

Sama się sobie dziwiła, że tak mało pamięta z podróży przez taki ogrom świata i tak długiej. Nadmiar szczegółów, zdarzeń, spotkań i rozstań, słów, twarzy, imion. Zbyt wiele, by je oddzielić od siebie, rozróżnić, ponazywać, zapisać w pamięci. Zlały się w jedno.

W Stambule, dokąd dojechała autobusem prosto z Warszawy, zatrzymała się tylko kilka dni. Nie wyznaczała sobie żadnych terminów, rozkładów jazdy ani celów. Poza jednym – Indiami. Pomocniczym kierunkowskazem było poczucie, zrazu słabiutkie, z czasem coraz mocniejsze, że zmierzając na wschód, zbliża się do miejsca dla siebie właściwego. W Stambule jeszcze nie odczuwała tego tak wyraźnie, ale zapuszczając się coraz bardziej w głąb kontynentu, odnosiła wrażenie, że przepełnia ją siła i radość, jaką czuje ktoś, kto odnajduje dobrą drogę.

Nadal wędrowała samotnie, ale nie zamykała się na żadną możliwość. Nie szukała towarzyszy podróży, lecz kiedy się nadarzali, chętnie się do nich przyłączała. Niewiele wiedziała o świecie, który przemierzała. Dowiadywała się o nim podczas wędrówki z opowieści podróżnych. Nieraz się zdarzało, że słysząc o jakimś miejscu, którego historia ją poruszyła albo zaciekawiła, zbaczała ze szlaku.

Wiedziała, że prędzej czy później i tak nań powróci. Przyłączywszy się do napotkanych w podróży nieznajomych, trafiła do Trabzonu na tureckie wybrzeże czarnomorskie. Stamtąd powędrowała do Kurdystanu, z kimś, kto akurat tam się wybierał. W pewnym kurdyjskim miasteczku poznała kogoś, kto jechał do Syrii. Pojechała więc razem z nim do Aleppo. Jak przed nią dzieci kwiaty otwarta na to, co przyniesie los, dawała się nieść zdarzeniom i przypadkom.

W Turcji pociągały ją świątynie sufich. A także miejsca, do których pielgrzymowali, ich święte góry, rzeki i lasy. W Syrii to one wyznaczały szlak jej podróży. Ciągnęło ją też do samych sufich, mistyków, derwiszów i fakirów, i tego, jak rozumieli Boga i jak szukali z Nim jedności. Ich nauki były bliskie temu, co sama uznawała za swoją wiarę. „Bóg jest w tobie – głosili. – Ty jesteś Bogiem!" Tak przynajmniej rozumiała ich słowa. Dobrze się wśród nich czuła, bezpiecznie, ale nigdy nie pomyślała nawet, by do nich przystać.

Z Syrii wróciła znowu do Turcji, a stamtąd ruszyła dalej na wschód, do Iranu. Przed wyjazdem straszono ją muzułmańskimi fanatykami i rządzącymi ajatollahami, podejrzliwymi wobec obcych. Przestrzegano ją, że muzułmanów może razić, że podróżuje sama, bez towarzystwa męża, ojca czy syna. Że ściągnie sobie na kark strażników rewolucji. Spędziła w Iranie wiele tygodni, ponad miesiąc zabawiła w samym Isfahanie. I nigdy, i nigdzie nie spotkała jej najmniejsza przykrość, nikt nie odniósł się do niej nieprzyjaźnie, nie rzucił złego spojrzenia. Przeciwnie, ludzie chcieli jej wyłącznie pomagać i brać ją pod opiekę, by nie przydarzyło jej się nic złego.

Z Iranu pojechała do Pakistanu, przez skalisty i prawie bezludny kraj Beludżów. Przed wyruszeniem w drogę autobusy utworzyły karawanę, a do samej granicy towarzyszyła jej eskorta żołnierzy. Ziemie Beludżów, zarówno po irańskiej, jak i pakistańskiej stronie granicy, były uważane za krainę rabusiów i przemytników, którzy jako jedyni potrafili odnaleźć drogę przez pustynię i w ten sposób uniknąć wojskowych patroli i celników na granicy. Kiedy kilka lat później Amerykanie i sprzymierzone z nimi zachodnie armie najechały Afganistan, z usług przemytników i z ich szlaków korzystali arabscy dżihadyści.

Wioski i miasta Beludżów nigdy nie zaliczały się do bezpiecznych i nikt nie bawił w nich dłużej, niż było to konieczne. Kamal szybko opuściła beludżyjską stolicę Kwettę i zatrzymując się na krótko w Rawalpindi, skręciła na północ, w góry, do Peszawaru, i dalej do Hunzy i Czitralu.

W drodze powrotnej w Peszawarze poznała pewnego Egipcjanina, Jusufa. Nie sposób było go nie zauważyć. Był albinosem i wszędzie zwracał na siebie uwagę. Był wyznawcą hinduskiego mędrca Dżiddu Krisznamurtiego i jego nauki głoszącej, że tylko odrzucając wszystko, co zna, człowiek może stać się istotą prawdziwie wolną.

Jusuf wracał do Kairu po wielu miesiącach spędzonych w Indiach. Ale nie spieszył się donikąd ani do niczego. Jak Kamal. Egipcjanin wywarł na niej wielkie wrażenie. Pod jego wpływem, z dnia na dzień, przestała jeść mięso. Przegadali w Peszawarze wiele godzin. Jusuf lubił opowiadać o Krisznamurtim, a Kamal lubiła słuchać, jak mówi.

Nie wiesz nawet, kim jesteś, bo zostałeś stworzony, uczył Krisznamurti. To inni ludzie i ich oczekiwania z nami związane, zewnętrzne okoliczności i zdarzenia nadają nam postać. A raczej formę, w którą jesteśmy wciskani, upychani. Dopiero wyzbywając się wszystkiego, włącznie z własnym i miłym sobie wyobrażeniem samego siebie, wyrzekając się mistrzów, nauczycieli, przewodników, nawet samego Boga, wyrzekając się wiary, ideałów, moralnych zasad i pragnienia stania się kimś, dopiero wtedy człowiek może poznać samego siebie, przekonać się, jaki jest naprawdę. Jesteś, jaki jesteś, i tylko to się liczy. Tylko ty się liczysz. I wolność, której doświadczyć można jedynie poprzez odrzucenie wszystkiego co znane.

... jesteśmy niewolnikami myśli i czasu...

... pierwszy krok jest ostatnim krokiem...

... musisz rzucić się w wodę, nie wiedząc, jak pływać...

... prawda to kraina bez dróg...

Kiedy wspomniałem mu o Dylanie, Kulwant Singh odparł, że nie ma pojęcia, o kim mówię. A może tylko udawał. Był rozdrażniony i nie ukrywał tego. Czułem też przez skórę, że to ja mogłem być powodem jego irytacji.

Rano, idąc jak co dzień pomodlić się do gurudwary, widział, jak rozmawiam ze „Świętym" przed Madanem. Skłoniłem mu się z szacunkiem. On zaś na pozdrowienie odpowiedział oficjalnie i chłodno. Nigdy nie był wylewny, ale zwykle, kiedy zwracał się do mnie, wyczuwałem w jego głosie pewną zażyłość wynikającą z porozumienia, wyłączności i jakby przynależności do niedostępnego dla innych kręgu wtajemniczenia. Zauważyłem też, że to poczucie wspólnoty znikało, ilekroć napomykałem o hipisach, ile razy wypytywałem go o nich i prosiłem, by wracał pamięcią do czasów, gdy pierwsi z nich zjechali do Indii. Nie rozumiał tego mojego zainteresowania ludźmi, których nazywał przybłędami, i nie podobało mu się, kiedy widział, że się z nimi zadaję. I wcale tego nie ukrywał.

– Pamięta pan może, co pan robił w roku sześćdziesiątym szóstym? – zagadnąłem. – Poznałem jednego takiego, który przyjechał tu właśnie wtedy. Ja nawet nie chodziłem jeszcze do szkoły.

– A widziałem, widziałem, jak żeście rozprawiali, nie chciałem przeszkadzać. – W jego głosie brzmiała nuta urazy, jakby czuł się zdradzony. – W sześćdziesiątym szóstym? A kto by tam pamiętał? Sądzi pan, że nie mam nic lepszego do roboty, tylko się grzebać w tym, co było? Wspominać, co się działo w sześćdziesiątym szóstym?

– Mówił, że pańskiego hotelu wtedy tu nie było...

– No! Skoro pański przyjaciel mówił, że hotelu nie było, to widać nie mogło go być.

– Sam pan mówił, że otworzył hotel dopiero później...

– W rzeczy samej! Jak mogłem mieć hotel, skoro prowadziliśmy wtedy interesy w branży mleczarskiej? Trzymaliśmy pod miastem stado krów, sprzedawaliśmy mleko, masło, ser. Hotel otworzyliśmy dopiero potem.

– Czyli Swami Nahi się nie mylił!

– Swami Nahi? A cóż to za imię? Wasze? Bo mnie się zdaje, że nasze, tylko dziwne jakieś. Tamilskie może? Tak się ten pański przyjaciel nazywa? Może się pan przesłyszał? – Wzruszył wzgardliwie ramionami. – Patrzcie no, ludzie, jak to wszystko wiedzą! Człowiekowi całe życie tu zejdzie, a co dzień się czegoś nowego dowiaduje. A przyjedzie taki jeden z drugim, pokręci się i już wszystko wie, jakby się tu urodził!

Tego dnia hotelarz był wyjątkowo rozdrażniony. Skrzyczał młodszego syna Damena za jakieś niedopatrzenie w księdze meldunkowej. Potem zirytował się, że starszy syn Hartrip, którego posłał do Ameryki na naukę zarządzania i hotelarstwa, nie odebrał jego telefonu. „Może śpi. – Damen próbował łagodzić ojcowski gniew. – W Filadelfii jest jeszcze noc". „A w Australii zaraz będzie jutro" – burknął tylko Kulwant Singh, rzucając ze złością słuchawką. Słyszałem ich, schodząc do recepcji. Zwykle serdeczny i bezpośredni Damen uśmiechnął się na powitanie przepraszająco i powiedział, że pogoda wyjątkowo dziś nie sprzyja. Poniewczasie pojąłem, że próbował mnie w ten sposób uprzedzić o fatalnym humorze ojca.

Nocą nad miastem przeszła prawdziwa nawałnica, która najwyraźniej nadal krążyła nad siwą głową starego hotelarza, przybraną tego dnia odpowiednim dla jego nastroju granatowym, niemal czarnym turbanem.

Upały wzmagały się z każdym dniem, a nocne burze i deszcze przynosiły ulgę. Tym razem jednak chmury, którymi nocą zaszło niebo nad miastem, nie rozstąpiły się i wisiały wciąż ciężko i nisko. Nie przepuszczały słońca, by osuszyło kałuże i błoto, uprzątnęło ulice i zaułki, przewietrzyło je i odświeżyło, przynajmniej do południa. Przesiąknięty wilgocią i odcięty od słońca bazar, zamiast odetchnąć pełną piersią i zebrać siły, by stawić czoło nowemu dniowi, od rana zmagał się z duchotą, wczorajszym zmęczeniem i narastającym przedwcześnie rozdrażnieniem. Stojące na ulicach kałuże utrudniały przejście. Omijając je, ludzie ślizgali się na lepkim błocie, wpadali na riksze, na stragany, na innych przechodniów, potrącali ich, wybijali z rytmu marszu i tak trudnego do utrzymania w kłębiącym się, rozdygotanym tłumie. W powietrzu wisiała wilgoć zwiastująca nowy deszcz.

– Poznałem w tamtym czasie jednego takiego. Jak pan go nazywa? Hipisa? Z Londynu chyba był. A może z Liverpoolu? Z Anglii w każdym razie – odezwał się w końcu Kulwant Singh. – To był pierwszy Anglik, jakiego widziałem, odkąd przestaliśmy być brytyjską kolonią i odkąd wszyscy biali stąd powyjeżdżali. Wszyscy ci wielcy sahibowie, urzędnicy, żołnierze, kupcy, w eleganckich garniturach i mundurach. Ten, którego spotkałem, na Anglika wcale mi nie wyglądał. Chudy był, istny chuderlak, jak u nas biedni chłopi na przednówku, bosy, cały zarośnięty, w jednej koszuli i podartych portkach. Jak żebrak jakiś albo pustelnik. Przyczepił się do mnie i w kółko mi opowiadał, jakim to cudownym krajem są Indie, jak to u nas ludzie miłują pokój i siebie nawzajem. I o Mahatmie Gandhim w kółko chciał gadać. I żeby go zaprowadzić do domu w nowej części miasta, gdzie Mahatma przeżył swoje ostatnie dni i gdzie został zamordowany. I nad rzekę, gdzie jego szczątki spalono na żałobnym stosie. Zabrałem go, gdzie chciał, bo mi się go żal robiło na sam jego widok. Ale nie mogłem ścierpieć, jak gadał o pokoju. I powiedziałem mu to w twarz, ale bez obrazy. „Nie opowiadaj mi o pokoju, bośmy tu dopiero co nową wojnę mieli, a starsi ludzie jeszcze poprzedniej nie zapomnieli, jeszcze ich straszyła po nocach. A i Mahatma nie umarł przecież ze starości, wśród bliskich, otoczony miłością, ale został zabity we własnym domu. Jaka tam więc z Indii kraina szczęśliwości i pokoju, skoro spływa krwią jak żaden chyba inny kraj na ziemi?" Sześćdziesiąty szósty, pan powiada? Wojna się skończyła, ale nie dla nas, bo wciąż nie wiedzieliśmy, co się stało z moim młodszym bratem Balwinderem. Służył w wojskach pancernych, a czołg, którym dowodził, został trafiony przez Pakistańczyków w wielkiej bitwie niedaleko Sialkotu, zaraz po pakistańskiej stronie granicy. Po bitwie przepadł jak kamień w wodę. Nie wrócił do swoich, ale i czy zginął, nie było żadnej pewności. Trupa też nie znaleziono. Dopiero po roku przyszedł list, w którym napisał, że dostał się do pakistańskiej niewoli. Ale po co ja to wszystko panu opowiadam? Wyście tylko ciekawi tych historii, które to wam się u nas przydarzają. Ale, ale... O co to mnie pan pytał?

– Muszę się wydostać z miasta. Może mi pan jakoś w tym pomóc?

– Wyjechać? A dokąd? Aaa, prawda, do Dharamsali. No tak, to sprawa niecierpiąca zwłoki... Może i da się coś zrobić. Brat wczoraj przyjechał z Czandigarhu. Znaczy się, że jak kto wie którędy, to przejedzie. Będzie wracał za parę dni. Zapytam, czyby pana nie zabrał.

– Pański brat Balwinder?

– Nie... drugi brat, Gobind.

W rodzinie Kulwanta Singha każdy z braci, a było ich czterech, poszedł inną drogą. Najmłodszy, Balwinder, został żołnierzem, Kulwant poświęcił się interesom. Starszy od niego Gobind hodował bydło i kozy oraz handlował mlekiem. Najstarszy z braci, Bahadur, podobnie jak ich ojciec, był rolnikiem w rodzinnej wiosce. A raczej dobrze się na rolnika zapowiadał, bo zginął, przeżywszy ledwie szesnaście lat, podczas pierwszej wojny, jaka towarzyszyła narodzinom, a w zasadzie rozwodowi Indii i Pakistanu, wydzielonego z nich dla mahometan.

Były jeszcze dwie siostry. Najstarsza z rodzeństwa po ślubie przeszła do rodziny męża, która jeszcze przed podziałem starych Indii wyjechała do Wielkiej Brytanii, do Birmingham. Druga, bliźniacza siostra Bahadura, zginęła razem z nim, kiedy po rozerwaniu Indii na dwoje próbowali przedostać się z Pakistanu na indyjską stronę. Zginęli wtedy także dziadek i babka Kulwanta Singha i dwóch jego stryjów z całymi rodzinami. Jeszcze zanim został żołnierzem, Balwinder odgrażał się, że kiedy dorośnie, pomści ich wszystkich. „No i nie za bardzo mu to wyszło" – powtarzał Kulwant Singh.

Postać jego młodszego brata Balwindera pojawiała się często w opowieściach. Bez względu na to, o czym stary hotelarz zaczynał mówić, prędzej czy później, zupełnie niezauważenie dla siebie i słuchacza, przechodził na temat brata i jego życiowych przypadków. Wyglądało to tak, jakby los Balwindera zlał się z jego własnym życiem, a nawet wziął nad nim górę. Wspominał czasy dzieciństwa w rodzinnej wsi w Pendżabie, dawnych przyjaciół ze szkoły, sąsiadów, podawał z pamięci ceny mleka, benzyny czy wysokość kursu rupii wobec dolara sprzed lat, a nagle ni stąd, ni zowąd, wkraczał do opowieści Balwinder i porywał ją w zupełnie innym kierunku.

Tamta wojna miała okazać się pierwszym, lecz nie ostatnim przypadkiem, kiedy Balwinder wpadał w tarapaty. I pierwszą, ale niestety nie ostatnią wojną, w jakiej uczestniczył i jakie miały stoczyć Indie. Od małego wykazywał się niezwykłą, niebezpieczną wręcz łatwością popadania w kłopoty. Już jako mały chłopiec wdawał się w awantury i bójki. Umiał się bić i najwyraźniej lubił to. Wyglądało, jakby nie bał się bólu. Ani dla siebie, ani dla innych. Był też silny i gibki, a od nauki w szkole, do której się nigdy nie przykładał, wolał gimnastykę, krykieta i wszelkie zabawy i gry, w których trzeba się było wykazać zręcznością, wytrwałością i krzepą. Rósł na żołnierza, wszyscy to widzieli. Ojciec nie niepokoił się tym, a nawet wydawał się zadowolony. Służba w wojsku dawała nadzieję na dobre życie. No chyba, że przyszłoby je oddać na wojnie. Ale na to już nic nie można poradzić. Taki to już jest ten żołnierski los.

Kariera w armii nie wydawała się niczym niezwykłym także dlatego, że wielu sikhów wybierało żołnierkę. Jeszcze Brytyjczycy, kiedy panowali w Indiach, upodobali ich sobie i ze wszystkich miejscowych ludów ich właśnie najchętniej brali do swojego kolonialnego wojska. Uważali sikhów za najbitniejszych, najlepiej znoszących koszarowy dryl, najlepiej rozumiejących, na czym polega walka i służba. W niepodległych Indiach niewiele się pod tym względem zmieniło. Poza tym, że sikhowie w randze poruczników i kapitanów awansowali na generałów i pułkowników, i choć w porównaniu z innymi stanowili w Indiach ledwie garstkę, przejęli dowodzenie w nowej armii.

Służba w wojsku czy policji stała się dla sikhów tak oczywistym i naturalnym wyborem życiowej drogi, jak wcześniej praca na roli, rzemiosło czy kupiectwo, wszelka uczciwa, ciężka praca prowadząca do bogactwa, którego pochwałę, na równi ze skromnym i rodzinnym życiem oraz potrzebą dzielenia się z bardziej potrzebującymi, głosiła ich wiara. Tak żył i tego nauczył jej twórca Nanak Sahib, pierwszy i najważniejszy z dziesięciu sikhijskich guru, mistrzów, nauczycieli i przewodników, którym objawił się Bóg. Jedenastym i ostatnim jest Święta Księga, którą spisywali po kolei, rozdział po rozdziale.

Wojna, która w sześćdziesiątym szóstym dopiero co się skończyła, wybuchła pół roku wcześniej, gdy w Pendżabie i Delhi kończyła się powoli pora deszczowa. Poszło o Kaszmir. Jak zawsze. Pakistański rząd liczył, że Indie upokorzone i osłabione przegraną wojną graniczną z Chińczykami będą przeciwnikiem łatwiejszym niż kiedykolwiek. Tym bardziej że nie otrząsnęły się jeszcze po śmierci premiera Nehru, który rządził nimi od pierwszego dnia niepodległości. A jakby mało było nieszczęść, nowy premier musiał zajmować się klęską suszy i głodu, jaka tego roku spadła na Bihar.

Generałowie z Pakistanu, którzy właśnie przejęli władzę w tym kraju, uznali, że wystarczy wywołać nowe powstanie w Kaszmirze, by osłabione Indie ustąpiły i zgodziły się na plebiscyt, którego wynik mógł być tylko jeden. Muzułmanie stanowiący trzy czwarte ludności Kaszmiru zdaniem pakistańskich generałów mogli opowiedzieć się jedynie za przyłączeniem ich kraju do Pakistanu. Po to w końcu został właśnie wykrojony z wielkich Indii, by tamtejsi wyznawcy islamu mieli własną ojczyznę i nie musieli wojować z hindusami, którym kojarzyli się z obcymi najeźdźcami, podbojem, zniewoleniem, klęską, krzywdami.

Kaszmirczycy, którzy od początku domagali się raczej niepodległości niż przyłączania ich kraju do Pakistanu lub Indii, wcale się nie palili do nowego buntu, Pakistańczycy postanowili więc przebrać żołnierzy za kaszmirskich chłopów i przerzucić ich przez granicę na indyjską stronę, żeby wzniecili powstanie. Postawiona w stan pogotowia pakistańska armia miała tylko czekać na rozkaz, by pod pretekstem odsieczy dla braci w wierze najechać na Kaszmir, błyskawicznie wygrać wojnę i postawić Indie przed faktem dokonanym.

Misterny plan spalił jednak na panewce. Kaszmirscy chłopi nie tylko nie posłuchali przebierańców, ale ostrzegli indyjskie wojsko, które w odwecie przekroczyło pakistańską granicę. Pakistan wypowiedział Indiom wojnę. Nie dało się jej już powstrzymać.

Balwinder, który akurat spędzał z rodziną krótki urlop u braci w Delhi, natychmiast spakował walizkę, pożegnał żonę i syna i pierwszym pociągiem pojechał do Amritsaru, a stamtąd prosto do koszar, w których stacjonował jego pułk. Wyjeżdżał podekscytowany i beztroski, jakby wojna była wymarzoną przygodą, której nie mógł się już doczekać, tajemnicą, którą wreszcie miał poznać. W takim samym stanie ducha musiał znajdować się „Święty", który mniej więcej w tym samym czasie przemierzał świat z zachodu na wschód, żeby na własne oczy zobaczyć Indie, o których tyle się nasłuchał.

– Młody był, to i głupi – mówił o bracie Kulwant Singh. – Tak sobie myślę, że musieli się po drodze minąć... A to dobre! Mój brat wybierał się akurat na wojnę, a pański przyjaciel jechał tu w nadziei, że znajdzie pokój. Jak to się w życiu wszystko plątać potrafi!

– Nie jesteśmy przyjaciółmi. Ot, parę razy z nim rozmawiałem.

– Jak tam pan woli! Mnie nic do tego.

Wojna, na którą z taką ochotą wybierał się brat Kulwanta Singha, zastała „Świętego" w afgańskiej stolicy, Kabulu. O tym, że wybuchła, dowiedział się w indyjskiej ambasadzie, dokąd zaszli z przyjacielem po wizy. W poczekalni jeden z konsulów, głośno pokrzykując, komenderował Afgańczykami, którzy uwieszeni na chwiejnej drabinie, mocowali na ścianie portret dostojnej damy w sari. Indira Gandhi była córką premiera Nehru i wybrano ją, żeby stanęła na czele nowego rządu. Zastąpiła na tym stanowisku następcę Nehru, premiera Lala Bahadura Szastriego, który umarł niespodziewanie nazajutrz po tym, jak w Taszkiencie, pod okiem Rosjan, podpisał rozejm z Pakistańczykami. Podano, że umarł na serce, ale na Pahargandżu wiedziano swoje. Jedna z wersji mówiła, że to podstępni Pakistańczycy otruli indyjskiego premiera. Inna – że padł on ofiarą spisku zawiązanego przez Indirę, która wychowana na dworze premiera zawsze pragnęła władzy.

Kulwant Singh, który prowadził wówczas interesy w branży mleczarskiej, łagodnego jak baranek Lala Bahadura nie mógł wprost odżałować. Żaden indyjski dostojnik nie dbał tak jak on o pomyślność rolników, hodowców, a zwłaszcza mleczarzy. Sam namawiał do zakładania spółdzielni mleczarskich, zwalniał je z podatków, przyznawał rządowe pożyczki na wyjątkowo korzystnych warunkach. Sprowadzał cudzoziemskich fachowców od uprawy roli, a także wyhodowane w zagranicznych laboratoriach sadzonki i nasiona szczególnie wydajnych odmian pszenicy i ryżu. Zachwyceni nim cudzoziemscy dziennikarze pisali, że choć rządził tylko dwa lata, przeprowadził aż dwie rewolucje – białą i zieloną. Białą – od zamiłowania do mleczarstwa, zieloną – od wynalazków w rolnictwie.

Ale „Święty" tego wszystkiego nie wiedział. Nie słyszał o tajemniczej śmierci Lala Bahadura w Taszkiencie ani że na jego następczynię wybrano Indirę, córkę Nehru. Nazwisko tego ostatniego obiło mu się o uszy. Rządził w końcu prawie dwadzieścia lat, był towarzyszem wielbionego przez hipisów Mahatmy. Szanowali też Nehru, bo mówiono o nim, że w świecie podzielonym między zaślepionych zyskiem kapitalistów a zaślepionych władzą komunistów on jeden próbuje znaleźć trzecią, dobrą drogę, która ocali świat przed nową wojną i apokaliptyczną zagładą. Już sama sława Nehru i szacunek, jakim darzyli go hipisi, wystarczyłyby, żeby w wojnie z Pakistanem „Święty" opowiedział się po indyjskiej stronie. Oczywiście, gdyby wiedział, że taka wojna wybuchła.

– Już się skończyła? – Nie wiedział, czy wiadomością, którą przekazał mu konsul, powinien być uradowany czy zmartwiony.

– Skończyła, ale sytuacja wciąż jest niepewna. Odradzam podróż lądem. W Indiach włos panom z głowy nie spadnie, ale za bezpieczeństwo w Pakistanie nie mogę ręczyć. Tym ludziom nie sposób zaufać. No i może się zdarzyć, że granica zostanie zamknięta.

„Święty" z przyjacielem mieli już dość wędrówki przez bezdroża, pustynie, górskie przełęcze i wąwozy, dość przygód, znoju, niewygody. Dojechali lądem do Afganistanu, a nawet odwiedzili dolinę Swatu i Peszawar po pakistańskiej stronie, skąd wrócili do Kabulu, żeby przygotować się do ostatniej podróży, do Indii. Byli już utrudzeni drogą, wycieńczeni chorobami, które wszystkich niemal wędrowców dopadały na afgańskiej ziemi. Kupili też opium i haszysz, które teraz należało dostarczyć do Amsterdamu. Niepewna, trwająca wiele tygodni tułaczka lądem do Europy, oznaczająca też kontrole irańskich i tureckich celników, a zwłaszcza ryzykowne spotkania z tamtejszymi wszechwładnymi policjantami, w ogóle nie wchodziła w grę. Ze Wschodu na Zachód postanowili wracać samolotem, jak jacyś burżuje, którymi tak bardzo obaj pogardzali. Chcieli jeszcze tylko zahaczyć o Indie i zamierzali dotrzeć tam samolotem z Kabulu, przelecieć jak ptak nad indyjsko-pakistańską granicą i niedawnymi polami bitewnymi. Nic nie mogło ich zatrzymać.

Poza wszystkim innym „Świętego" gnała też do Indii nadzieja, że spotka tam Nancy. Miała na niego czekać. W Delhi, na Pahargandżu. „Na pewno mnie tam znajdziesz albo się dowiesz, gdzie jestem – powiedziała. – A gdybyśmy się mieli nie spotkać, to znaczy, że tak po prostu miało być. Jeśli nie jest to nam pisane, to nic się nie poradzi".

Była Amerykanką i pochodziła z Indiany, a do Indii jechała już trzeci raz. Studiowała etnografię na akademii, w której jej ojciec był wykładowcą i szefem katedry literatury. Matka Nancy była dziennikarką i pisała do gazet o malarstwie. Sama też malowała. Nancy miała jeszcze młodszą siostrę. Byli zamożną, zgodną rodziną, która przestrzegała świętego prawa każdego do prywatności i własnych życiowych wyborów. Większość hipisów z Ameryki, których „Święty" poznał w Amsterdamie, wywodziła się właśnie z dobrych, bogatych rodzin. W domu nie brakowało im niczego z wyjątkiem swobody, przyzwolenia na odmienność i poszukiwanie własnej tożsamości. Nierozumiani, przepełnieni buntem, przystawali do ludu Wodnika, wyruszali w świat, by zerwać krępujące, duszące więzy konwenansu. W domu Nancy wolność czczono ponad wszystko. Wolność i wyzwolenie. Rodzice zachęcali córki, by poszukiwały prawdy o sobie i same szukały sobie najlepszego miejsca w życiu.

Ojciec namawiał je, by czytały nie tylko książki – to było oczywiste! – ale poważne gazety. Już jako mała dziewczynka Nancy wiedziała o świecie więcej niż „Święty" jako dorosły człowiek. Wiedziała, co się dzieje, ciekawiło ją to i miało znaczenie. Jeszcze w szkole podstawowej przeczytała w gazecie notatkę o tybetańskim przywódcy i duchowym przewodniku Dalajlamie, który musiał uciekać ze swojego kraju najechanego przez Chińczyków. Zaczęła czytać o Tybecie, buddyzmie, medytacjach i jodze. Kiedy dostała się na uniwersytet i zapisała na etnografię, ojciec, widząc jej zapał, sam zachęcił ją do studiowania wschodnich kultur i religii. Potem ją namówił, by wybrała się w podróż do Indii, do miasteczka Dharamsala na himalajskim przedgórzu, gdzie osiedli Tybetańczycy i ich Dalajlama. Sam kupił jej bilet lotniczy, mówiąc, że to nagroda za dobre wyniki w nauce. Potem, gdy zaczęła się zadawać z hipisami i oznajmiła w domu, że wyjeżdża na Wschód i nie wie, kiedy wróci, nikt nie załamywał rąk, nikt jej nie zatrzymywał.

„Święty" zobaczył ją najpierw nad kanałami, gdzie razem z dwoma przyjaciółmi codziennie grała i śpiewała na ulicy, zbierając od przechodniów drobniaki do położonego na trotuarze czarnego kapelusza z pawim piórem. Potem spotkał ją w mieście jeszcze parę razy, a to w parku, a to w kafejce, a to w klubie muzycznym. Nie pamiętał już nawet, gdzie i kiedy się poznali, zaczęli z sobą rozmawiać.

Spodobała mu się, i to bardzo, od pierwszego wejrzenia. Nie sposób było oderwać od niej oczu. Nie na nim jednym robiła takie wrażenie. Miała oczy o barwie świeżych, dopiero co wyłuskanych kasztanów. Świeże, wilgotne, lśniące. Długie i ciemne, niemal śliwkowe włosy opadały swobodnie na jej ramiona. Czasami przytrzymywała je na skroniach przepaską z koralików czy uplecionym z kwiatów wiankiem. Wszyscy nazywali ją Pet, Zwierzątko.

Szczupła i zgrabna, wiotka, prosta jak trzcina, o ruchach lekkich, miękkich i zwinnych, rzeczywiście przypominała stworzenie o niezwykłej urodzie i wdzięku. Człowiekowi chciało się po prostu na nią patrzeć i patrzeć, nie spuszczać ani na chwilę z oczu, nie odchodzić, nie rozstawać się z nią. Gdyby na jego drodze pojawił się diabeł, któremu w zamian za Nancy mógłby oddać duszę, nie zawahałby się ani przez chwilę.

Wszystko mu się w niej podobało. Roześmiane, pogodne oczy, twarz o ciemnej, łaknącej słońca cerze, drobne ramiona, wąskie biodra, stopy. Czy to było zakochanie? Z pewnością, może nawet coś więcej. Ale nawet przed zakochaniem się bronił. Sądził, że była z jednym z dwóch chłopaków, którzy przygrywali jej na gitarach. Tak zresztą było, ale dowiedział się o tym dopiero, gdy sam zszedł się z Nancy. Wtedy w Amsterdamie, nad kanałami, do sprawy miłości i seksu podchodził jeszcze po staremu, nie tak jak hipisi. Związek z dziewczyną kojarzył mu się z wyłącznością, oddaniem, powinnością, których naruszenie oznaczało zdradę.

– Nigdy niczyja nie byłam. I twoja też nie będę – powiedziała mu, gdy w końcu ją zapytał, czy wtedy w Amsterdamie była dziewczyną jednego z gitarzystów. – Mogę się z tobą kochać, jeśli będę miała na to chęć, mogę cię kochać, jeśli poczuję do ciebie miłość, mogę z tobą żyć, ale nigdy nie stanę się twoją własnością. Możesz ze mną być, ale nie możesz mnie mieć.

Wolna miłość, którą głosiły dzieci kwiaty, nie oznaczała pochwały wyuzdania i orgii. Opierała się na pełnej wolności i wolnym wyborze, dopuszczającym zgodę na zbliżenie, ale oznaczającym zgodę także na pełną swobodę rozstania nieobciążonego hipoteką żalów, niespełnionych zobowiązań i oczekiwań, bez poczucia winy. Liczyło się tylko tu i teraz. Jutro miało dopiero nadejść i nikt nie wiedział, co przyniesie.

Zaczęli się zbliżać do siebie. Któregoś dnia zgadali się, że oboje wybierają się do Indii. On – przy okazji wyprawy z przyjacielem po afgańskie narkotyki. Ona – znów do Dharamsali, w nadziei że spotka Dalajlamę, ale także żeby uczyć się języka tybetańskiego, zgłębiać buddyjską wiarę, którą zamierzała przyjąć. Z Zachodu na

Wschód oboje chcieli wędrować lądem. „Święty" – dla przygody i frajdy, Nancy – bo na podróż samolotem nie było jej teraz stać, a nie chciała prosić rodziców o pieniądze. Jej zespół, z którym dając uliczne występy, zarabiała drobniaki na codzienne przetrwanie, właśnie się rozpadł. Obaj gitarzyści, w tym chłopak, z którym żyła, postanowili szukać zarobku gdzie indziej. Wynajęli się jako kurierzy do szmuglu narkotyków i wyjechali do Libanu. Nancy myślała, żeby pokręcić się jeszcze przez jakiś czas po Europie, a potem wyruszyć pod Himalaje.

Ale nie ustalili nic konkretnego poza zamiarem wędrówki i jej ogólnym kierunkiem. Spotykali się jednak coraz częściej, coraz więcej spędzali z sobą czasu, rozmawiali albo spacerowali w milczeniu. Nie umawiali się. Wpadali po prostu na siebie, znajdowali się, nie szukając. „Święty" zapewniał, że to, iż Nancy wybierała się do Indii, w żaden sposób nie wpłynęło na jego decyzję o podróży. Przyznawał jednak, że czuł radość i ulgę, że pojadą razem. Nie byli parą, kiedy w kilkanaście osób kupionym do spółki starym mikrobusem i dwoma samochodami osobowymi wyruszali w podróż. Zeszli się dopiero w Turcji.

– Byłeś kiedy w Turcji? – zapytał mnie któregoś dnia.

– Tylko przejazdem. Parę razy w Stambule przesiadałem się z samolotu do samolotu.

– To pewnie nie wiesz, czy się tam wiele zmieniło.

Turcja, choć stanowiła tylko przedsionek wyśnionego Wschodu i przystanek na wiodącej ku niemu drodze, była dla „Świętego" i wszystkich jego towarzyszy pierwszym skrawkiem Azji. Nie różniła się aż tak bardzo od Bałkanów, a jednak twierdził, że przekroczywszy jej granicę, poczuł, że znalazł się po drugiej stronie, opuścił tę część świata, która była jego dotychczasowym domem. Domem i – jak mówił – więzieniem.

Wrażenie ucieczki z niewoli było tym mocniejsze, że szlak ich przeprawy na Wschód wiódł przez Wiedeń, ale potem także przez komunistyczne Węgry, Jugosławię i Bułgarię, które wywarły na nich przygnębiające wrażenie. Drogę bałkańską, niepewną i nieciekawie się zapowiadającą, ale najkrótszą, wybrali ci, którym na Wschód było najpilniej. Znalazł się wśród nich przyjaciel „Świętego" Theo, który fundował całą podróż. „Święty" nie mógł się z nim rozstać. Nancy zdecydowała się na wyprawę dłuższą i niespieszną, przez Włochy i Grecję. Chciała zobaczyć Schody Hiszpańskie w Rzymie i ateński Akropol. „Święty" już wiedział, że takie rzeczy, niewyobrażalnie poprzedzające ich własną historię, robiły na Amerykanach wielkie wrażenie. Ustalili z Nancy, że przed dalszą podróżą spotkają się w Stambule, w znanym już wśród podróżników Budyniowym Sklepiku. A przynajmniej zostawią w nim jakieś wieści o sobie.

Wędrówka przez Bałkany i Bułgarię dłużyła się „Świętemu" nieznośnie, ale nie było sensu przynaglać towarzyszy podróży do pośpiechu. Droga przez Rzym i Ateny, jaką wybrała Nancy, i tak miała jej zająć tyle czasu, że równie dobrze mógł przemierzyć Bałkany pieszo.

I niemal tak było, bo mikrobus, którym jechali, zaczął się psuć już za Budapesztem. Kierowca stawał, żeby przy pomocy miejscowych mechaników usuwać kolejne usterki, a pasażerowie wędrowali dalej, zatrzymując po drodze przygodne samochody. Tak dotarli do Bułgarii, gdzie pierwsi napotkani policjanci oznajmili im, że w tym kraju włóczęga – a za taką uznawali podróż autostopem – jest surowo zabroniona. Powiedziano im, że jeśli chcą jechać dalej, muszą kupić bilety na pociąg lub na autobus, ale i tak do niego nie wsiądą, jeśli nie zetną włosów, nie zgolą bród, zanim przyzwoicie się nie ubiorą i nie obiecają przystojnie się zachowywać.

Dla rozmiłowanego w wędkarstwie „Świętego" jedynym właściwie zadośćuczynieniem za utratę włosów była nieograniczona swoboda łowienia ryb w bałkańskich rzekach. Starali się planować drogę tak, by obozowiska rozbijać nad wodą. „Święty" wybierał się wtedy z wędką na połów, a koledzy rozstawiali namioty, czekając, aż wróci z rybami, by przyrządzić z nich kolację. Policjanci, którzy zaczepiali ich przy każdej okazji i uprzykrzali życie, widząc, jak zarzuca wędkę, przystawali czasem i przyglądali się z ciekawością i zrozumieniem. To jedno zdawało się nie podlegać żadnej reglamentacji ani rygorom. Było dozwolone i nie wymagało żadnego specjalnego pozwolenia.

Pewnego dnia na ostatnim postoju przed przekroczeniem granicy z Turcją, gdy łowił ryby pod mostem, przysiadło się do niego trzech policjantów. W za dużych, niezgrabnych mundurach z grubego, szorstkiego materiału i wielkich rogatych czapkach przykucnęli na brzegu i paląc papierosy, przyglądali mu się bez słowa. Wieczór był ciepły, więc pościągali czapki i dopiero wtedy „Święty" zobaczył, jacy byli młodzi. Mogli być jego rówieśnikami, a krótko, tuż przy skórze ostrzyżone głowy wskazywały, że dopiero zaczęli służbę. Jeden z nich znał parę słów po angielsku i zapytał „Świętego", jak ma na imię i skąd pochodzi. Kiedy usłyszał o Amsterdamie, zagwizdał z uznaniem. Zapytał, co tu robi i dokąd się wybiera. „Święty" powiedział mu o wyprawie do Indii i podróży przez Turcję, Iran, Afganistan i Pakistan. Policjanci nagle przygaśli, rozmowa się urwała, zapadła krępująca cisza. Poczuł się tak, jakby nieświadomie zrobił coś wyjątkowo niestosownego, na przykład zapytał o zdrowie nieboszczyka. „A wy? Skąd wy jesteście?" – zagadnął. Po kolei wymienili nazwy miejscowości, o których nigdy nie słyszał. „Turcja! Stambuł! – powiedział, pokazując ręką nieodległą granicę i wyraźnie wymawiając słowa. – Jak tam jest? Byliście tam może?"

Znów trafił jak kulą w płot. Dopiero wtedy przypomniał sobie, co mówiono w Amsterdamie, że w krajach rządzonych przez komunistów ludziom nie wolno było wyjeżdżać za granicę, a zgodę na to otrzymywali tylko uprzywilejowani, i to w drodze wyjątku.

Ale już w Stambule, za przeprawą przez cieśniny rozdzielające miasto na stronę zachodnią i wschodnią, znów czuło się tchnienie wolności, a bezmiar lądu, jaki się dalej rozciągał, przyzywał i kusił, jak bezkresne morza kuszą żeglarzy i odkrywców. W Stambule „Święty" miał znów spotkać Nancy.

„No to do zobaczenia w Budyniowym Sklepiku". – W Wiedniu, gdzie się rozstali, pomachała mu na pożegnanie. „A jeśli się tam nie spotkamy? Jeśli się w drodze miniemy?" „To będzie znaczyło, że nie było to nam pisane – odparła przekornie, psotnie. – W najgorszym razie możemy zostawić dla siebie wiadomość, dokąd pojechaliśmy dalej i gdzie się mamy szukać. Wszyscy tak robią. Nie sposób się zgubić, jeśli się naprawdę nie chce. Ale jestem pewna, że się spotkamy. Sam się przekonasz".

Stało się tak, jak powiedziała.

„A nie mówiłam?" – zaśmiała się, zarzucając mu ręce na szyję i tuląc się do niego swoim drobnym, dziewczęcym ciałem. Zeszli się już tego pierwszego dnia, bez niepotrzebnych deklaracji, napuszonych słów, a Nancy wprowadziła się do jego śpiwora rozłożonego na dachu Budyniowego Sklepiku. Dopiero wtedy dostrzegł, jak wychudła i zmizerniała, a jej oczy pociemniały, stały się jakby głębsze. Jeszcze zanim dojechała ze swoimi towarzyszami podróży do Rzymu, na jednym z postojów zostali napadnięci, pobici i okradzeni.

Nie im pierwszym i nie im ostatnim to się przydarzyło. Pielgrzymujący hipisi padali ofiarą napaści w zasadzie od pierwszych dni istnienia tego ruchu. Nie przyjmując wyzwań do bójek i odrzucając przemoc w każdej postaci, samym swym pojawieniem się ściągali na siebie ataki. Długowłosi, dziwni, pogodni i ulegli, obnoszący się z pacyfizmem i głoszący miłość bliźniego, przez wielu swoich rówieśników uważani byli za zniewieściałych tchórzliwych frajerów, niegodnych, by nazywać się mężczyznami. Nie potrafili nawet stanąć w obronie swoich dziewczyn – nieprzyjaciele hipisów mieli je za dziwki, które pójdą z każdym i oddadzą się każdemu, kto je zechce.

Okradziona w drodze do Wiecznego Miasta Nancy musiała zarabiać żebraniną albo graniem na flecie i śpiewaniem na uliczkach miast, przez które przejeżdżała. W Grecji było łatwiej, bo dowiedziała się od innych hipisów, że można sprzedać w szpitalu krew za gotówkę. Ale nie zarobiła wiele i przymierała głodem. Bywały dni, kiedy musiała jej wystarczyć kiść winogron ukradzionych z przydrożnej winnicy albo pomarańcza zerwana w cudzym sadzie. „Święty" słuchał, jak się żaliła, tulił ją, przeczesywał palcami długie włosy, głaskał nagie ramiona, pocieszał, że teraz już wszystko będzie dobrze. Ale współczucie wypierała szalona, bezbrzeżna radość. Wszystko wydawało mu się doskonałe. Nigdy wcześniej i chyba już nigdy potem nie czuł się tak wolny, beztroski, pewny słuszności tego, co robi. Chyba był szczęśliwy. Z taką myślą zasypiał z wplecioną w niego Nancy i budził się, wciąż trzymając ją w ramionach.

Może właśnie jej bliskość, a może nadmiar haszyszu, a zwłaszcza opłatków LSD, ulubionych przez hipisów z Ameryki, sprawiły, że w obrazie, jaki wywiózł z Turcji, brakło szczegółów, rzeczywistych kształtów. Pagórkowate miasto z labiryntami uliczek krętych i tak wąskich, że zdawało się, że nie da się nimi przecisnąć. Jasnozielone cyprysy z nadmorskich parków strzelające w niebo jak fajerwerki. Minarety i kopuły Błękitnego Meczetu i Hagii Sophii, kamienne schody świątyń, gdzie przesiadywali w słoneczne dni, grając na gitarach. Wyładowane towarami czerwone od rdzy statki, promy i holowniki, sunące przez cieśninę Bosfor z Grecji do Rosji i z Rosji do Grecji, portrety Atatürka w urzędach, sklepach, gospodach i zwyczajnych domach. Parujące tureckie łaźnie, zachody słońca zwiastowane przez muezzinów zawodzących tęsknie z minaretów. Rozkrzyczane bazary, zapach wędzonych ryb i wonnych przypraw, smak miękkich, rozgrzanych słońcem moreli.

Nikt z wędrowców nie liczył czasu, jaki im upływał w podróży, nikt nie przejmował się tym, co będzie dalej ani kiedy to nastąpi. Tak miała wyglądać wieczność w nowym świecie, jaki spodziewali się znaleźć na Wschodzie, w krainie duchowości i wspólnoty. Napawali się swoim towarzystwem, które w podróży przedzierzgnęło się w coś w rodzaju braterstwa. Nigdy wcześniej „Święty" nie czuł takiej więzi z ludźmi, jak wtedy z przypadkowymi towarzyszami wędrówki. Rozstawali się co chwila, bo nie sposób było utrzymać w całości karawany składającej się z pojazdów i pieszych. Wyznaczali jednak sobie miejsca spotkań i ci, którzy przemierzyli drogę szybciej, czekali tam na pozostałych. Ufnie i niespiesznie, a przede wszystkim bez gorączki zdradzającej pospolitych turystów, poznawali i oswajali nowe miejsca, upajając się ich odmiennością od wszystkiego, do czego przywykli. Przyglądali się z ciekawością tubylcom, a ci, z jeszcze większą ciekawością, cudzoziemcom. Dotąd żadni przybysze z Zachodu tak się nie zachowywali ani tak nie wyglądali. Nie znając ich mowy i nie potrafiąc się z nimi dogadać, wymieniali się podarkami. Wędrowcy rozdawali zachodnie papierosy i puszki nieznanej tu rozpuszczalnej kawy, wymieniali się z miejscowymi na ubrania. Tubylcy, oswoiwszy się z obcymi, częstowali ich herbatą i słodkimi jak ulepek łakociami albo przyzywali gestami, by przysiedli się do nich, posmakowali wodnych fajek. „Z dodatkiem czy bez?" – pytali cichutko kelnerzy. „Hasziszszsz?..." – szeptali jeszcze ciszej do ucha tym, którzy nie zrozumieli pierwszego pytania.

Narkotyków, choć oficjalnie w Turcji zakazanych, było w bród. Haszysz, opium, marihuana... Przynajmniej w Stambule. Przynajmniej w stambulskiej nadmorskiej dzielnicy Sultan Ahmed, którą dzieci kwiaty upodobały sobie na miejsce schadzek i karawanseraj. Wszędzie czuć było słodkawą woń. W knajpkach, gdzie palono fajki wodne, w parkach, na schodach Hagii Sophii, a przede wszystkim w kilku zajazdach, w których zatrzymywali się hipisi. Policjanci nie zwracali na to uwagi. Dopiero kilka lat później, gdy przez Turcję ruszyły z Zachodu na Wschód całe pochody dzieci kwiatów, turecka policja, próbując zatrzymać tę wędrówkę ludów, zaczęła tropić długowłosych włóczęgów, urządzać na nich łapanki w ich ulubionych hotelikach i barach. Tureckie areszty, a zwłaszcza więzienia, cieszyły się najgorszą opinią. Mało który cudzoziemiec wychodził z nich żywy, a żadnemu nie udawało się uniknąć głodu, chorób, tortur i upokorzeń.

Tak miało jednak być dopiero za parę lat, na razie wypełnione marihuaną skręty i nabite haszyszem fajki swobodnie krążyły z rąk do rąk na dachach i korytarzach stambulskich hoteli, w których zatrzymywały się dzieci kwiaty przed dalszą wędrówką na Wschód. W tamtych czasach szczerze wierzono, że haszysz i opium, a zwłaszcza LSD, pozwalają widzieć to, co dla innych jest niewidzialne, doświadczać więcej, że ułatwiają osiągnięcie wyższych stanów świadomości, dzięki czemu ludzie będą mogli poznać prawdę o sobie i życiu, odnaleźć jego cel i sens. Nikt się nie spodziewał, że mogą okazać się groźne, że przyniosą zgubę. Przeciwnie. Rozpuszczony w ustach opłatek czy kryształek LSD wprowadzał błyskawicznie w stan, który poprzez medytację można było osiągnąć po latach ciężkiej pracy nad sobą. W tym sensie narkotyki były dla hipisów jak kawa rozpuszczalna, jeden z cudownych wynalazków zachodniego świata. Chętnie się nią zresztą dzielili z tubylcami, przesypywali ją do dzbanów i słojów, a puste puszki zapełniali nabywanym za grosze, najlepszym na świecie haszyszem, czarnym afgańskim albo złotym z Libanu. Zło w narkotykach dostrzegali tylko ci, których dzieci kwiaty nazywały „ludźmi odtąd dotąd", niewolnicy i zakładnicy konwenansu. Ale oni każde odstępstwo od raz na zawsze ustalonej normy mieli za występek, przejaw choroby, którą należało natychmiast leczyć, by nie zarazili się nią inni.

W tamtych czasach „Święty" często sięgał po haszysz. Nancy również, za to nie uznawała LSD. Inni też sobie nie żałowali. Kiedy w Stambule zapadał wieczór, każdy znosił, co miał, na hotelowe dachy. Zbierali się tam, by omówić codzienne sprawy, dowiedzieć się o znajomych, kto przyjechał, a kto jeszcze nie, kto już szykował się w dalszą podróż, a kto zamierza jeszcze posiedzieć w Stambule. Wymieniali się wieściami o poznanych miejscach i pogłoskami o okolicach, w które dopiero się wybierali. Mówiło się głównie o Indiach. Jaki to cudowny kraj i ludzie, którzy jak nikt inny cenią sobie wolność, duchowość, a przede wszystkim pełną swobodę wyboru drogi do osiągnięcia Absolutu. Mówiono też o Nepalu, tajemniczym królestwie leżącym na samym dachu świata, gdzie słońce wschodzi. Mówiono, że mieszkają tam uczniowie Buddy, a wysokie na pół chłopa konopie rosną dziko na łąkach i nikt nie zabrania ich palić ile i jak się komu podoba.

Rozmawiali też o książkach, które zabrali z sobą na drogę do Indii i czytali jak pisma objawione. O wierszach Allena Ginsberga i Williama Burroughsa, których obok pisarza Kena Keseya i Timothy'go Leary'ego przyjęli za proroków i wieszczów.

I François Villona, średniowiecznego poetę i wędrowca, dziwaka jak oni sami. Przede wszystkim zaś mówili o powieściach Hermanna Hessego, który jak nikt inny – tak zgodnie uważali, choć wielu dorzucało też Boba Dylana – potrafił zrozumieć i ubrać w słowa ich ból niedopasowania i niezrozumienia przez innych, a także tęsknotę za czymś wielkim, głębokim i lepszym niż płytka, pospolita codzienność, której zgodnie z oczekiwaniami ogółu mieli oddać życie. Mówili o księciu Siddharcie, któremu Hesse poświęcił oddzielną powieść. On również, zanim stał się buddą, opuścił dom ojca, w którym niczego mu nie brakowało, ale w którym nie zaznał prawdziwego świata. Dopiero gdy nie oglądając się na innych, podjął samotną tułaczkę, licząc, że znajdzie własną drogę, nie tylko ją rozpoznał, ale doprowadziła go ona do oświecenia. Wtedy wszystko zrozumiał, osiągnął stan doskonały, nirwanę. To słowo powtarzali w tamtych czasach wszyscy jak zaklęcie. Czy nie byli jak Siddhartha? A Jezus Chrystus? On również wędrował i głosił miłość bliźniego, nierozumiany przez innych, wyszydzany, potępiany. Któregoś dnia jeden z zebranych na dachu opowiedział przeczytaną gdzieś historię, że Jezus jako nastolatek opuścił Galileę i wędrował po Indiach, Kaszmirze i Ladakhu, i dopiero skończywszy lat trzydzieści, powrócił do Ziemi Świętej, by zostać ukrzyżowany i swoim męczeństwem odkupić grzechy ludzi.

Rozmawiali o wojnie w Wietnamie, o Kubie, komunistach, bombie atomowej, zagładzie, jaka czeka świat, i o tym, że tylko oni, młodzi, mogą go przed nią ocalić. Ale gadali też o lotach w kosmos, muzyce i organizowanych coraz częściej wielkich festiwalach, które służyły dzieciom kwiatom za miejsca zlotów. Gadali, gadali, gadali... Aż doczekawszy się w końcu zgubionych pod drodze towarzyszy, odpocząwszy i nacieszywszy sobą, ruszali dalej, przed siebie.

Wyjeżdżali ze Stambułu także dlatego, by mu nie ulec. Miasto było nie tylko bramą Orientu, ale już nim samym. Krainą z baśni tysiąca i jednej nocy, wystarczająco odległą i odmienną od zachodniego świata, żeby nie podejmować dalszej wędrówki. Przejechali przecież taki szmat drogi, pokonali tyle przeszkód, tyle przeciwności. Tak wiele przeszli, doświadczyli. Dojeżdżając do Stambułu, dowiedli chyba, jak bardzo różnią się od „ludzi odtąd dotąd" i jak wiele byli gotowi zrobić, by doznać oświecenia, poznać prawdę. Chyba się udało? Może więc dalej nie trzeba już jechać? Należy im się chyba odpoczynek, nagroda. A zawrócić nie znaczy wcale cofnąć się.

Ulec tym podszeptom oznaczało kres wędrówki, zdradę, ostateczny i zawstydzający dowód słabości. Stambuł, który miał być jedynie przystankiem, wysysał siły i kruszył wolę, podważał wcześniejsze postanowienia, a czasami je nawet unieważniał. Podpowiadał, że początek podróży równie dobrze może być jej końcem. I że tak też jest dobrze. Jak miraż na pustyni wmawiał, że prawdą jest nie to, co się widzi, lecz co chce się zobaczyć.

Przez dwa dni, wychodząc co rano z hotelu, zerkałem nieśmiało na siedzącego w recepcji nad księgą meldunkową Kulwanta Singha, w nadziei że będzie miał nowiny od brata, któremu udało się przedostać przez pierścień blokady i który za parę dni miał spróbować szczęścia ponownie w drodze powrotnej z Delhi do Czandigarhu. Ale hotelarz zdawał się nie zauważać moich pytających spojrzeń, odwzajemniał pozdrowienia, lecz najwyraźniej nie miał dla mnie żadnych wiadomości. Trzeciego dnia nie wytrzymałem i zapytałem wprost, czy jego brat zgodził się zabrać mnie z sobą i wywieźć z miasta.

– Aa, nawet nie pytałem. Wyleciało mi z głowy. – Hotelarz podniósł wzrok znad rozłożonej na ladzie księgi. – Ale i tak by pewnie pana nie zabrał. Zresztą już wyjechał.

– Jak to? Wyjechał?

– Ano wyjechał, wyjechał. – Poprawił okulary na nosie i spuszczając wzrok, wrócił do przeglądania meldunków. – Do Bombaju pojechał, w interesach.

– Do Bombaju?

– Do Bombaju, do Bombaju. I tak miał tam coś do załatwienia, więc uznał, że najlepiej zrobi, jak pojedzie od razu, póki tutaj niespokojnie. Za parę dni, jak będzie wracał, może się już wszystko ułoży. Dobrze sobie to wymyślił, nie darmo mówią o nim, że ma łeb na karku. No i wyjechał do tego Bombaju. To i co miałem pytać? Do Bombaju się pan przecież nie wybiera, prawda?

– Do Dharamsali. W radiu nie podawali niczego nowego?

– Nic, żadnych zmian. – Pokręcił przecząco głową. – Zobaczy pan, że jak to jeszcze trochę potrwa, dojdzie do jakiegoś nieszczęścia i znowu wszystko się na nas, sikhach, skrupi. Wiem, co mówię.

„Święty" powtarzał z jakąś niepasującą do niego zapamiętałością, że w Goa jego noga już nie postanie. Ale nie raz i nie dwa mówił też, że nie wie, co ma dalej począć, co zrobić z sobą i swoim życiem. Dokąd dalej jechać?

Przywykłszy do mojej obecności, cierpliwie opowiadał o drodze do Indii i swoim życiu. Z czasem zauważyłem, że sam zaczął wypytywać mnie o miejsca, które znał z dawnego szlaku ku ziemi obiecanej, krainie Szangri-La. O Teheran i Isfahan, Herat, Kandahar, Kabul. I o Bamjan, i tamtejsze, największe na świecie, wykute w skale Hindukuszu posągi Buddy, do których talibowie kazali strzelać z karabinów, armat i czołgów. Przywoływał nazwy miast wyznaczających trasę jego wędrówki z Zachodu na Wschód do krainy wiecznej szczęśliwości. Ja przemierzyłem ją jako wojenny korespondent, przyglądając się i opisując, jak pogrąża się w przemocy, zniszczeniu i rozpaczy.

„Święty" pytał też o Kamal.

– Żyje tu na stałe? Nigdzie się stąd nie rusza?

– Z tego, co wiem, to nie. Wiem, że jeździ jak wszyscy tutaj, z południa na północ i z powrotem.

– Ja też nie wyobrażałem sobie, żebym mógł żyć gdziekolwiek indziej. Nie ma żadnego stałego miejsca, co?

– Tak mi się zdaje. Wyznała kiedyś matce, że się boi. Że jak osiądzie w jednym miejscu, to prędko zapomni, po co wyjechała i czego się nauczyła.

– Na to potrzeba czasu – przytaknął.

Powiedział też, że po tak wielu latach, jakie przeżył po swojemu w Indiach, czuje się wystarczająco mocny i pewny, by resztę życia móc spędzić w dowolnym miejscu na świecie. Mówił, że mógłby wyjechać. Gdyby musiał. A wydawało mu się, że chyba musi, bo postanowił, że do Goa już nie wróci. Któregoś razu rzucił ot tak, niby żartem, że mógłby wrócić do Europy, osiąść na stałe na Zachodzie, z którego przed laty uciekł.

– Co za różnica?! Wschód, Zachód, Północ, Południe, dzisiaj wszystko jest Zachodem, wszędzie jest tak samo. Zachód może z tego wszystkiego najlepszy, bo prawdziwy, nie żadna wschodnia podróbka. Ciekaw jestem, jak ta twoja Kamal to widzi. Wygląda na to, że jej się udało.

– Myślałem, że to ty mi powiesz, co to znaczy.

– Tylko ona to wie.

Często wspominał o Europie, o miejscach, które pamiętał i w których, jak sądził, najłatwiej byłoby mu przywyknąć do nowego życia, gdyby musiał wyjechać z Indii.

– Skandynawia? – rzuciłem.

– Zawsze była z całego Zachodu najlepsza – przytaknął ochoczo. – Ale zimno, a ja przywykłem do ciepła, do słońca. Brakowałoby mi tego.

– Włochy?

– Jeśli już, to południe, gdzieś na wsi, gdzie ludzie żyją biednie i nie ma tłoku.

– Może jakaś grecka wyspa?

– A która?

Po wyjeździe ze Stambułu „Święty" z przyjaciółmi znów się rozdzielili, umówieni na kolejnych przystankach, ale w starym gronie już się nie spotkali. Nancy, „Święty", jego partner w afgańskich interesach – dobrodziej Theo i jeszcze cztery osoby zabrali się w dalszą drogę na skrzyni wielkiej ciężarówki, której kierowca obiecał dowieźć ich aż do irańskiej granicy. Sprawy układały się aż za dobrze. Wędrowali na wschód bez większych przeszkód, płynnie, własnym tempem, a łatwość, z jaką znajdowali życzliwych kierowców, ośmielała i rozzuchwalała ich tak bardzo, że podróż do Indii, która przed wyruszeniem zapowiadała się na obfitującą w niebezpieczeństwa i niepewną odyseję, teraz zdawała się bagatelą, przejażdżką przyjemną i niezbyt uciążliwą. Wyniośle odmawiali korzystania z pociągów i autobusów, którymi za drobną opłatą mogli dojechać do wybranego celu podróży. Uważali to za niedopuszczalną drogę na skróty, a na tych, którzy ją jednak wybierali, patrzyli ze wzgardą, jak na odszczepieńców, którzy sprzeniewierzyli się świętej regule. Nie potępiali natomiast tych towarzyszy podróży, którzy wynajmowali się perskim przemytnikom i za opłatą zgadzali się przewozić przez granicę szmuglowane z Europy samochody. Jako cudzoziemcy i fikcyjni właściciele mercedesów, fordów, citroënów czy fiatów mogli bez przeszkód wjeżdżać do Iranu, którego prawo zabraniało jego własnym obywatelom sprowadzania z zagranicy więcej niż jednego auta rocznie. W ten sposób pielgrzymujący z Zachodu na Wschód młodzi nie tylko nie płacili za drogę, ale na niej zarabiali. Niewielu się jednak na to decydowało, ponieważ opłacalny, zdawałoby się, dla wszystkich proceder wiązał się z koniecznością wdania się w konszachty z przemytnikami, z których wielu wysługiwało się tajnej policji irańskiego szacha.

Irańska granica leżała mniej więcej w połowie drogi między Amsterdamem i Indiami. „Święty", a zwłaszcza jego przyjaciel, chcieli się do niej jak najprędzej dostać. Mieli w paszportach irańskie wizy, o które wystąpili jeszcze w Holandii. Nancy nie miała wizy, ale była pewna, że będzie ją mogła dostać na granicy. Postanowili ominąć turecką stolicę Ankarę i tamtejsze ambasady. Wszyscy mówili, że jest nudna i że szkoda na nią czasu. Znów się rozdzielili i w dalszą drogę ruszyli już tylko we troje. „Święty", jego przyjaciel Theo i Nancy.

Nancy i Theo nie dogadywali się z sobą. Działali sobie na nerwy. I to właściwie od samego początku, od Amsterdamu. Już tam przyjaciela „Świętego" drażniła dziecinna beztroska Amerykanki paplającej w kółko o odkrywaniu siebie i prawdy o sobie, a przede wszystkim o Szangri-La, ukrytej krainie wiecznej szczęśliwości, leżącej gdzieś hen, za górami, za lasami. Wystarczy ją odnaleźć, a człowiek odnajdzie spokój i szczęście. Theo nie mógł tego znieść, nie mieściło mu się w głowie, że ktoś może wierzyć w podobne bzdury. Uważał Nancy za zepsutą dostatkiem, wychuchaną pieszczoszkę z bogatego domu, która nie miała pojęcia o prawdziwym życiu, żyła marzeniami. „Tylko tym warto żyć. Jeśli nie marzeniami, to czym w ogóle warto żyć?" – odpowiadała z pobłażliwym uśmiechem, kiedy się spierali. Ta jej łagodna, wieczna pogoda doprowadzała Theo do białej gorączki.

Nancy zbuntowała się nie przeciwko rodzicom, ale całej reszcie Ameryki. Uważała ją za świętoszkowatą i zakłamaną, czczącą pozory, pustą formę pozbawioną wszelkiej treści, skrępowaną konwenansami i strachem, co ludzie powiedzą. „W tamtych czasach, w takim kraju bardzo łatwo zostawało się hipisem. Prędzej czy później stawał się nim każdy, kto nie zgadzał się na obłudę. Chciało się po prostu być całkowitym przeciwieństwem ludzi, którzy cię otaczali. Mówić »nie« na ich »tak« i »tak« na ich »nie«" – opowiadała „Świętemu".

Została hipiską raczej z przekonania niż z potrzeby buntu, podczas gdy Theo, podobnie jak sam „Święty", stał się nim dzięki zbiegowi okoliczności. Nancy uważała Theo za sztywniaka, przebierańca, który tylko udaje hipisa, a tak naprawdę nigdy nie był gotów żyć jak oni. Gdyby był prawdziwym hipisem, nie urządzałby awantur, ilekroć dotknęła czegoś, co uważał za swoją własność. Nancy nie uznawała własności, podobnie jak reszta ludu Wodnika. Sięgała po papierosy Theo jak po swoje. Tak samo po pieniądze, wojskową kurtkę, koc. Nie czułaby się dotknięta, gdyby i on zachowywał się podobnie. Takie zachowanie byłoby dla niej tak oczywiste, że nie zwróciłaby na nie uwagi.

Po drodze ze Stambułu do Iranu Nancy chciała odwiedzić Kapadocję, zanurzyć się w jej zalanych słońcem wąwozach, które pierwszym chrześcijanom służyły za schronienie i świątynie. Theo twierdził, że nie mogą sobie na to pozwolić, że nie mają czasu, poganiał do dalszej drogi. Sprzeciwiłby się pewnie wszystkiemu, co zaproponowałaby Nancy. Złościł się, że ona i „Święty" nawet za dnia nie wychodzą z rozłożonego na skrzyni ciężarówki śpiwora, że nie słyszy, o czym rozmawiają, ani nie rozumie, z czego się zaśmiewają, odpalając skręta od skręta.

Zatrzymując się tylko po wsiach na posiłki i nocne postoje, posuwali się coraz bardziej na wschód. Minęli Sivas, Erzurum, ostatnie duże miasto w Turcji, górę Ararat, na której arka Noego osiadła po potopie. Ormianie uważali górę za świętość i wzięli ją sobie do herbu, ale wskutek tragicznej dla nich historii leżała teraz na ziemi ich wrogów, Turków. Ormianie mogli tylko spoglądać na nią tęsknie zza granicznej miedzy. „Święty" i Nancy przyglądali się górze, leżąc na skrzyni ciężarówki, zaparkowanej na noc w sadzie na przedmieściach miasteczka Dogubayazit. W zapadającym pogodnym zmierzchu jedli słodkie pokrojone na plastry melony, które jak zwykle przynieśli im wieśniacy.

Schodzili się zawsze, wystarczyło, że ich trójka pojawiła się w okolicy. Czasami nie zdążyli jeszcze zleźć z ciężarówki, rozprostować kości, a wokół już stała gromadka ciekawych dzieci, a zaraz po nich pojawiał się gęstniejący z każdą chwilą tłum tubylców. Przybycie cudzoziemców było wydarzeniem, bo w tamtych czasach mało kto z Zachodu do Turcji przyjeżdżał, a już nikt nie zapuszczał się aż tak daleko na wschód. Przychodzili więc przyglądać się im jak zamorskim dziwadłom, życzliwie, ale i nieufnie. Kobiety, które przynosiły im na powitanie jogurt i owoce w zawiniątkach z kolorowych chust, drugą ręką przytrzymywały za ubrania dzieci, żeby nie podchodziły za blisko do nieznajomych, niewiernych. Zrazu nieustanna obecność tubylców krępowała przybyszów, a zdarzało się, że i drażniła. Z czasem przywykli do niej, a zdumienie, ciekawość i gościnność witających zaczęli poczytywać za potwierdzenie własnej wyjątkowości, należny hołd. Kiedy wyjeżdżali, oswojone z przyjezdnymi i uspokojone matki pozwalały dzieciom odprowadzać gości. Dzieci biegły za nimi i zatrzymywały się zawsze, gdy traciły z oczu swoją wioskę. Dalej już nie szły.

Postój u podnóża góry Ararat miał być ostatnim noclegiem po tureckiej stronie. Nazajutrz planowali przekroczyć granicę, wjechać do Iranu i następną noc spędzić już w Tebrizie. Ruszyli w drogę o szarym świcie, żeby jak najwięcej ujechać, zanim upał obezwładni dzień. Przed południem byli już na irańskiej granicy, przez którą jednak strażnicy nie chcieli przepuścić Nancy. „Wy dwa iść, ona nie – pokazywał palcami najwyższy stopniem celnik. – *No visa*".

Wiadomość, że Irańczycy wstemplowują podróżnym wizy wjazdowe na granicy, okazała się nieprawdą. Musieli zawrócić, jechać do Trabzonu, gdzie znajdował się najbliższy irański konsulat, cofnąć się o pół tysiąca kilometrów i Bóg jeden wie, ile dni wędrówki. Pierwszy raz mieli zawrócić z drogi.

„Nie możemy – powiedział Theo. – Musimy jechać dalej. Mój człowiek w Kabulu nie będzie wiecznie czekał. Sprzeda towar komuś innemu".

Nie chciał słuchać „Świętego", który proponował, żeby przenocować na granicy, po tureckiej stronie, i nazajutrz próbować dogadać się z nową zmianą irańskich strażników. Theo upierał się, że muszą znaleźć się w Iranie jeszcze tego dnia, i to przed wieczorem, bo o zmroku Irańczycy pewnie zamykają granicę. Nie zgadzał się też jechać dalej sam i poczekać w Teheranie na „Świętego", który wróciłby z Nancy po wizę do Trabzonu. „Umawialiśmy się przecież – przypominał Theo. – Płacę, żeby cię mieć pod ręką".

„Jedź! – powiedziała w końcu Nancy, decydując, że sama wróci po irańską wizę. – Spotkamy się w Kabulu. Albo w Indiach". „A jeśli się nie spotkamy?" „Toby znaczyło, że nie było to nam pisane. Ale spotkaliśmy się w Stambule, a wcześniej w Amsterdamie. Wygląda na to, że się znowu zejdziemy".

Czuł, jak opuszczają go siły. Sam nie był w stanie niczego postanowić, nic zrobić. Nie chciał zawracać z drogi, nie chciał nic zmieniać. Jakby się bał, że cofnąwszy się, nie znajdzie w sobie dość woli, by przemierzyć cały szlak raz jeszcze. Ale rozstawać się z Nancy też nie chciał. Był na nią zły, że tak łatwo dała wiarę plotkom, że nie zadbała zawczasu o irańską wizę. Ale wściekał się też na samego siebie, że posłuchał Theo i dał się przekonać, żeby ominąć Ankarę i tamtejsze ambasady.

Nie potrafił pożegnać się z dziewczyną. Ociągał się z odprawą u irańskich strażników. Theo już ją dawno przeszedł i czekał po irańskiej stronie, cały w nerwach, nie wiedząc, co postanowi przyjaciel.

„No idź już... idź... – Nancy popychała go w stronę budki strażników. – Nie martw się o mnie, dam sobie radę. Znajdę sobie kogoś innego".

Nie było mu wcale do śmiechu. Siedzieli w milczeniu, w kurzu, między Turcją i Iranem i zastałaby ich tak pewnie noc, gdyby nie tureccy celnicy. Zatrzymali na granicy szarego mercedesa wracającego z Iranu i wymachując rękami, przyzywali teraz do siebie Nancy, ponaglając gardłowymi okrzykami do pośpiechu: „Erzurum! Erzurum!".

Tam zmierzała zatrzymana na granicy turecka rodzina wracająca z odwiedzin u krewnych w Tebrizie. „Święty" pomógł Nancy upchnąć w bagażniku plecak i śpiwór, poczekał, aż samochód ruszy, i dopiero wtedy przeszedł na irańską stronę.

– Byłeś kiedyś w Kapadocji? A w Turcji? – zapytał znowu „Święty", jakby nie słyszał, co mu na to już wcześniej odpowiedziałem.

Jakby w ogóle nie o Turcję chodziło, ale o to, czy było się kiedyś szczęśliwym, zakochanym.

– Trzeba mi było z nią tam zostać. Albo jeszcze lepiej pojechać z nią do tej Kapadocji. Może to tam właśnie należało jechać, wcale nie do Indii? Musiało się tam wiele pozmieniać. Byłeś w Turcji?

– Nie byłem. – Wzruszyłem ramionami. – Ale moi znajomi byli, na wczasach, nad morzem. W hotelu urządzili im nawet kilkudniową wycieczkę do Kapadocji. Dosyć im się tam podobało. Narzekali tylko na drogę. Że daleko okropnie, pół dnia w jedną, pół dnia w drugą stronę. Wymęczyli się, chociaż jechali nowiuśkim autokarem, z fotelami lotniczymi i klimatyzacją. Mówili, że cieszyli się na powrót na plażę. Plażami i kąpieliskami w Antalyi byli naprawdę zachwyceni. Zwłaszcza hotelem, który pobudowano na wzór i podobieństwo Kremla. Mówili, że ogromny i że luksus prawdziwy. Baseny, park wodny, restauracje... I że Rosjanie tam głównie przyjeżdżają, że w ogóle jest ich w Turcji najwięcej. Ale że były też kobiety z Syrii i że się kąpały w basenie w czadorach, a przyjezdni z Iranu uganiali się za dziwkami. Żyć nie umierać. Ale mówili, że Kapadocja też była niczego sobie.

– To chyba nie o to miejsce Nancy chodziło – powiedział z powątpiewaniem i jakby żalem. – Chociaż... – Wzruszył ramionami jak ktoś, kto zdaje sobie sprawę, że nic go już nie zaskoczy i napawa go to smutkiem, ale i ulgą. – W sumie Goa też tak wygląda... Nie rozumiem, jak mogłem tego nie zauważyć ani jak to się stało.

– Ciekaw jestem, dlaczego panu na nich tak bardzo zależy? Czego chce się od nich dowiedzieć? – W głosie Kulwanta Singha dało się wyczuć zarówno rozdrażnienie, przyganę, jak i szyderstwo i rozbawienie. – Kiedyś się pan spotykał z prezydentami i premierami. To ja rozumiem. Taki człowiek wysoko wyniesiony to i widzieć więcej musi. Ale ci tam? Jakie mądrości spodziewa się pan od nich usłyszeć?

– Dziennikarz powinien rozmawiać z rozmaitymi ludźmi. Nie tylko z dygnitarzami, ale i z tymi zwyczajnymi.

– ... Nie tylko grosza przy duszy, ale domu ani nawet swojego miejsca na ziemi niemający... Ale jak panu tak bardzo zależy, żeby się do tej Dharamsali przedostać, to może warto o samolocie pomyśleć? Pytał pan w jakim biurze podróży? Do samej Dharamsali nic nie lata, ale jakby się pan wydostał z miasta gdzieś na północ, to okrężnymi drogami może dałoby się do niej dojechać.

– Nie ma miejsc, pytałem, wszystko wykupione na wiele dni naprzód.

– No to już chyba tylko czekać panu zostało, aż się to wszystko skończy. Albo jechać na samo południe, żeby stamtąd przedostać się na północ. Z Bombaju można samolotem dolecieć do samego Amritsaru. Wielu ludzi tak zaczyna robić. Mają dość siedzenia w zamknięciu. Jak w klatce jakiejś... A ten pana znajomek z bazaru... no ten, co to pan z nim przesiaduje... Widziałem go wczoraj wieczorem, jak siedział z drugim, takim samym. Jakby pan chciał o nich popytać, a to mówię, bo zdaje się, pan ich bardzo ciekaw, to mój sąsiad, ten co ma sklep, zaraz obok, po lewej stronie, kiedyś się z nimi bardzo zadawał. Ale, ale! O czym to ja mówiłem? Aha, ten pański znajomek z tym drugim. Wyglądali na takich, co to się właśnie spiknęli, żeby dokądś razem w drogę ruszyć. Dobrali się, bez dwóch zdań, trafił swój na swego. Coraz mniej tu u nas się takich spotyka, a kiedyś przewalały się ich całe tłumy. Czy człowiek chciał czy nie, widział to i owo i poznał ich zwyczaje.

– „Święty"? On przecież właśnie z południa przyjechał, z Goa, i nie wie, co robić dalej.

– No to może się właśnie dowiedział? A bo ja wiem?

Wyszedłem na ulicę i przez niedomknięte drzwi słyszałem, jak jeszcze za mną woła:

– A ma pan kogo znajomego, żeby popytać o bilety na samolot? Trzeba pytać!

„Świętego" nie było w Madanie. Przy stole, który zawsze zajmował, siedziała para młodych z Ukrainy.

Bilety kupowałem zwykle u znajomego Kaszmirczyka, Szafiego, który przy głównej bazarowej alei prowadził niewielkie biuro podróży. Otworzył je z braćmi, żeby wśród wędrowców i bywalców Pahargandżu polować na chętnych, którzy zamiast Himalajów czy plaż Goa wybraliby podróż do Kaszmiru i kwaterę na łodzi wyrzeźbionej z cedrowego drewna i przycumowanej na brzegu jeziora Dal lub rzeki Dżhelam. Domem na wodzie, któremu nadano imię Alzira, zarządzał ojciec Szafiego, mający zawsze dwóch synów do pomocy przy gościach. Trzeci z braci pilnował w tym czasie interesów w Delhi i zajmował się dostarczaniem gości do Śrinagaru.

Szafi, najmłodszy z rodzeństwa, namówił mnie kiedyś na podróż do Kaszmiru, obiecując, że jego najstarszy brat Abdul doprowadzi mnie do partyzantów, którzy wywołali powstanie przeciwko indyjskiemu rządowi, a po pracy będę mógł zażywać gościny, pięknych widoków i odpoczynku w tym samym łóżku, które przed laty zajmował w ich domu na wodzie Mick Jagger. Przysięgał, że to prawda i że sławny piosenkarz przyjechał do nich na wakacje z żoną, piękną, wysoką dziewczyną o długich, jasnych, prawie białych włosach, która bez przerwy piła wino. Onieśmielała Szafiego i wprawiała go w zakłopotanie, chociaż prawie się do niego nie odzywała. Za to Jagger był bardzo miły. Zaczepiał przy byle okazji, zagadywał, żartował. Ojciec uznał, że nie powinni jednak chwalić się sławnym gościem, żeby inni podróżni z Zachodu nie pomyśleli sobie, że skoro w Alzirze spędzał wakacje Jagger, to za kwaterę trzeba płacić kwoty będące zupełnie nie na ich kieszeń. A to przecież oni, włóczędzy i biedacy, łowieni na bazarach Pahargandżu, a nie bogacze z Zachodu byli głównymi klientami Kaszmirczyków.

Kiedy Jagger zjechał na wakacje do Kaszmiru, Szafi był jeszcze małym chłopcem. Nie pamiętał, nie mógł pamiętać hipisów. Zapamiętał ich Baszir, starszy od Szafiego o dziesięć lat. Jako kilkulatek wspinał się z kolegami na dachy stojących nad jeziorem domów, by podglądać przyjezdne dziewczyny, które golusieńkie opalały się na pokładach przycumowanych przy brzegu łodzi. Nagość dziewcząt, gorsząca pobożnych kaszmirskich mahometan, zdawała się w ogóle nie robić wrażenia na ich długowłosych towarzyszach. Jakby nie widzieli tego, w co wpatrywali się z dachów oniemiali Baszir z kolegami. Nawet słuchając opowieści starszego brata, Szafi zazdrościł mu tych wspomnień o białych dziewczętach.

Tak naprawdę przybyłych z Zachodu hipisów pamiętał tylko najstarszy z braci Abdul, którego ojciec jako pierwszego przysposobił do zawodu. Stary Ghulam Rasul, a wcześniej jego ojciec, a dziadek Szafiego, był mistrzem w usługiwaniu gościom. Wyuczył się tego przy Brytyjczykach, w czasach gdy jeszcze panowali w Indiach.

Kaszmir uchodził wtedy za istny raj na ziemi. Himalaje odgradzały go od reszty świata, jeziora i górskie rzeki dostarczały ludziom wszystkiego, czego potrzeba do życia, a zajęci tkaniem dywanów i rzeźbieniem w orzechowym drewnie Kaszmirczycy nie sięgali po broń, by przeciwstawiać się kolejnym najeźdźcom i władcom. Mogołom, Afgańczykom, pendżabskim sikhom, hinduskim maharadżom Dogrom, białym Brytyjczykom. Nic dziwnego, że na letnie miesiące, kiedy upały rozpalały resztę kraju, Brytyjczycy przenosili swoje stolice, dwory i garnizony z Kalkuty, a potem z Delhi do himalajskich mieścin Simli, Kangry, Śrinagaru czy Dardżylingu.

Zanosiło się na to, że cudzoziemcy powykupują wszystkie najlepsze parcele, i aby temu zapobiec, maharadżowie ze Śrinagaru ustanowili prawo zabraniające sprzedawania obcym ziemi i w ogóle nieruchomości. Nie zniechęciło to jednak przyjezdnych, którzy obchodząc nieprzyjazne przepisy, zamiast na ziemi, zaczęli wznosić domy na wodzie i spędzali w nich z rodzinami i przyjaciółmi wszystkie letnie miesiące. Potrzebowali służby, więc do sprzątania, do kuchni i do podawania do stołu zatrudniali miejscowych Kaszmirczyków. Takich jak ojciec i dziadek Szafiego.

Widząc to, Ghulam Rasul, ojciec Szafiego, który dotąd jedynie usługiwał Brytyjczykom, zaczął budować własne domy na wodzie, żeby je wynajmować przyjezdnym. Najpierw skromne, dwuizbowe dungi, ale po latach dorobił się prawdziwego pałacu, za jaki uchodziła jego Alzira. Kaszmirczyk przycumował do niej nawet niewielką barkę, na której założył ogród różany.

Kiedy Brytyjczycy wynieśli się z Indii i przyznali im niepodległość, kaszmirskie domy na wodzie opustoszały na wiele lat. Tym bardziej że wkrótce w Kaszmirze wybuchły rozruchy i wojna, bo wyznający muzułmańską wiarę Kaszmirczycy zażądali niezależności albo przyłączenia ich do Pakistanu, a indyjskie władze nie chciały się na to zgodzić.

Ale wojenna wrzawa ucichła i po paru latach do Kaszmiru zawitali nowi, pierwsi od czasu Brytyjczyków biali przybysze z Europy. Długowłosi włóczędzy, dzieci kwiaty głoszące miłość, pokój i braterstwo między ludźmi i zapatrzone tak bardzo we własny obraz świata, że prawdziwy obraz życia w tym kaszmirskim zakątku umknął ich uwadze. Urzeczone urodą Kaszmiru, nie dostrzegały niczego innego i nie chciały niczego innego widzieć.

Kaszmirskie wakacje Micka Jaggera przypadły na lata, kiedy dolina znów cieszyła się sławą raju na ziemi. Potem do domów na wodzie zaczęli zjeżdżać rozkochani w kinie Hindusi. Do Kaszmiru zwabiło ich głównie to, że tamtejsze pejzaże filmowcy z Bombaju upatrzyli sobie na miejsce, w którym najlepiej kręcić opowieści zarówno o miłości, jak i bohaterstwie. A jeszcze potem wybuchło nowe powstanie, nowa wojna i wszystko się skończyło. Nikt nie chciał już jeździć do Kaszmiru.

– Kaszmir... Brzmi jak muzyka... Ale za Jaggerem nigdy nie przepadałem – powiedział „Święty". – Może to tam powinienem pojechać? Jak tam jest?

Mogłem mu powiedzieć, jak było w dziewięćdziesiątym czwartym. Powstanie, a raczej jego najnowsza odsłona, trwało szósty rok. Wysiadłem z autobusu na rogatkach Śrinagaru, w miejscu, które wyglądało dokładnie tak, jak je opisywał Szafi, a Abdul, najstarszy z braci, zgodnie z umową, czekał w niewielkiej ciężarówce wyładowanej skrzynkami jabłek. O tej porze roku w Kaszmirze dobiegały końca jesienne prace w sadach i na drogach pełno było samochodów zwożących jabłka. Abdul, prosząc o wybaczenie, jak gospodarz, który uchybia gościnności, kazał mi usiąść na pace ciężarówki. W szoferce, tłumaczył się, będę rzucać się w oczy, jak na wystawie. A przecież żeby tego właśnie uniknąć, kazał mi wysiąść jeszcze przed miastem, przed dworcem. Tam od razu zostałbym wypatrzony przez policjantów, wojskowych, a już na pewno przez szpicli, od których roiło się w mieście. Gdybym przyjechał po zmierzchu, mówił, musiałby, zgodnie z zarządzeniem wojskowego gubernatora, wieźć mnie z wyłączonymi reflektorami, za to z włączonym światłem w szoferce, żeby żołnierze na posterunkach z daleka widzieli, ile osób jedzie w samochodzie i zawczasu mogli wziąć pasażerów na muszkę. A jeździć nocami na światłach zabronili wojskowi, bo twierdzili, że pozostający w zmowie z partyzantami kierowcy specjalnie oświetlają ich posterunki i wystawiają ich na cel. Do stłumienia powstania Hindusi posłali do Kaszmiru półmilionową armię. Po odliczeniu kobiet i dzieci wypadało, że jeden indyjski żołnierz przypadał na sześciu dorosłych Kaszmirczyków.

Abdul uradził z ojcem, że właścicielom sąsiednich domów na wodzie najlepiej będzie rozpowiedzieć, iż jestem przybyłym z Europy właścicielem sklepu kolonialnego, a do Kaszmiru przyjechałem w interesach, rozejrzeć się za miejscowymi meblami, dywanami, lampami, rękodziełem. Aby nie wzbudzać podejrzeń, a także żeby poznać miasto, codziennie wypływałem szikarami na jezioro i w odchodzące od niego kanały, odwiedzać sklepiki i warsztaty, w których stolarze wyrabiali z orzechowego i sandałowego drewna stoliki, fotele, zydle i parawany. Wieczorami z kolei do Alziry podpływali łodziami domokrążni sprzedawcy z naręczami dywanów i kilimów, jedwabiu i tkanin z uchodzącej za najlepszą na świecie wełny z kaszmirskich kóz.

Zgodnie z obietnicą Szafiego Abdul zaprowadził mnie do ukrywających się partyzantów, a także ich przywódców. Znał ich wszystkich, podobnie jak miasto, każdy w nim zaułek, każde podwórko. Poruszał się pewnie i do miejsc wyznaczanych na sekretne spotkania potrafił poprowadzić tak, że przeprawiając się przez miasto, nigdy nie natknęliśmy się na wszechobecnych, zdawałoby się, żołnierzy.

Na trzeci dzień przyjechał Szafi. Powiedział, że ojciec wezwał go dla mnie do towarzystwa, bo Abdul, zajęty interesami, nie mógł poświęcić mi więcej czasu. Wyglądało jednak na to, że stary pozwolił Szafiemu odwiedzić rodzinne strony w nagrodę za to, że tak dobrze się spisał w Delhi. Ojcu zrobiło się go też pewnie żal, bo chłopak wciąż tęsknił za domem, przyjaciółmi i kolegami ze szkoły.

Szafi nie powiedział mu, że wybiera się ze mną na stypę po Abdulu Hamidzie Szejku, który przez dwa lata przewodził powstaniu. Stypa, w drugą rocznicę śmierci Hamida, odbywała się w domu jego ojca. W pokoju panował półmrok. Na rozłożonych pod ścianami dywanach mężczyźni w milczeniu popijali herbatę. Przez zakurzone zasłony blade smugi zimowego słońca padały na szare ściany ciemnego pokoju na piętrze, do którego tego dnia zeszli się wszyscy najważniejsi przywódcy powstania, żeby złożyć starcowi hołd. Przyszedł też ojciec Iszfaka Waniego, który był przyjacielem Hamida i pierwszym przywódcą kaszmirskiego powstania. Po jego śmierci Hamid przejął dowództwo nad ruchem. Kiedy zginął, jego miejsce zajął trzeci z przyjaciół, Jasin Malik. Hindusi wypuścili go właśnie na wolność po czterech latach więzienia, gdzie wskutek tortur rozchorował się na serce i istniała obawa, że umrze w celi. Kiedy wszedł, w pokoju zapadła cisza. Zatrzymał się przez chwilę w progu, a kiedy oczy przyzwyczaiły się do półmroku, podszedł do ojca Hamida. Staruszek poderwał się z ziemi i pocałował go w rękę. Chłopak pochylił się, objął go za głowę i uściskał. Usiadł na poduszkach w rogu pokoju i wtedy pozostali goście podchodzili i pozdrawiali go, całując w rękę. Jego twarz nie wyrażała żadnych uczuć prócz rezygnacji i lekkiego znudzenia. Usadowił się między ojcami swoich zabitych przyjaciół. Teraz jego nazywali swoim synem. Była w tym niespełniona rodzicielska miłość, ale też jakby poczucie krzywdy, że on wciąż żyje, a tamtych już nie ma, przypomnienie, że prędzej czy później musi podzielić los swoich przyjaciół. Musi zginąć, żeby sprawiedliwości stało się zadość. Iszfak i Hamid nie żyli, a czwarty z przyjaciół, Dżawid, siedział w więzieniu i nic nie wskazywało na to, żeby miał z niego w najbliższym czasie wyjść. W ten sposób na Jasina Malika po raz drugi wypadała kolej, by stanąć przed ofiarnym stosem. Teraz było mu znacznie trudniej, bo po pierwszym razie wiedział, co go czeka.

Wywołali powstanie, będąc studentami na śrinagarskim uniwersytecie, mieli po dwadzieścia parę lat i głowy pełne marzeń. Chcieli wolności dla Kaszmiru, żeby dawne niezależne księstwo mogło stać się niepodległym państwem jak inne dawne zamorskie posiadłości brytyjskiej Korony. O wolność im chodziło, a nie o to, żeby podległość Indiom zastąpić podległością Pakistanowi.

Zdawało się im, że ich brawura i ofiara wystarczą. Minęły cztery lata, dwaj z nich zginęli, a dwaj pozostali zostali wtrąceni do więzienia, poddani najstraszniejszym torturom, złamani. Pod ich nieobecność powstanie skradli im ludzie wyznający zupełnie inne świętości i mający inne cele.

To z powodu właśnie takich jak oni stary Ghulam Rasul odesłał swoich młodszych synów do Delhi. Najstarszy Abdul miał czterdziestkę na karku i własną rodzinę, o niego się nie bał. Ale młodsi mogli zapatrzeć się w starszych kolegów, przystać do powstania, zatruć myśli fanatyzmem i nienawiścią, które odbierają rozum, i zemstą, która oślepia. Ojciec bał się zwłaszcza o najmłodszego, nastoletniego wtedy Szafiego. Uważał, że to najgorszy wiek. Chłopak chciał zostać lekarzem. Płakał, kiedy ojciec kazał mu jechać do Delhi i zająć się rodzinnym interesem. Trudno. W Kaszmirze i tak musiałby zapomnieć o medycynie. Z powodu powstania zamknięto uniwersytety i szkoły. Najważniejsze, że przeżył. Choćby i za cenę wyrzeczenia się młodzieńczych marzeń. Ojciec nie uważał jednak, żeby to była wygórowana cena.

Nie zastałem Szafiego w jego biurze podróży. W jego fotelu siedział jeden z bratanków, których brał sobie do pomocy. Nie potrafiłem zapamiętać ich twarzy ani imion. Wiedziałem tylko, że było ich trzech, synów Baszira. Szafi też dochował się dwóch synów i razem z bratem kpili z najstarszego Abdula, że urodziły mu się same córki. Trzy!

Bratanek zastępujący go tego dnia w biurze powiedział, że Szafi zaraz po śniadaniu poczuł się źle i postanowił zostać w domu.

– Jutro będzie na pewno, może nawet wieczorem, proszę do nas zajrzeć – mówił bratanek.

Miał na imię chyba Jusuf. Wyglądał mi na Jusufa.

– Ale może ja mógłbym czymś panu służyć?

Zapytałem, czy nie ma jakichś wiadomości o rozruchach i blokadzie i kiedy można się spodziewać, że autobusy zaczną kursować na północ kraju. Uśmiechnął się przepraszająco i rozłożył ręce.

– Nic nowego, ale jak tylko coś się wydarzy, mój stryj powiadomi pana w pierwszej kolejności – zapewnił. – Jestem przekonany, że to już kwestia paru dni. Wkrótce wszystko wróci do normy i sprawy znów zaczną toczyć się zwykłym biegiem. A na razie może się pan wybierze dokądś na południe? Goa? Hampi? Kerala? A może Tamilnadu? Coraz więcej podróżnych, którzy wybierali się na północ, decyduje się tymczasem pojechać na południe, przeczekać niepokoje i wrócić, gdy sytuacja się wyjaśni. Stryj Szafi pewnie panu mówił, że z powodu blokady miasta mieliśmy przestój w interesach. Ale ostatnio coś drgnęło, coś zaczęło się zmieniać. Na szczęście, bo ludzie mają już dość czekania. Takie czekanie potrafi zmęczyć człowieka. Zwłaszcza gdy jest sam. Najlepiej znaleźć sobie kogoś do towarzystwa.

„Święty" przesiadywał w Madanie, czekając może jak dawniej na to, co przyniesie los, i wierząc, że to będzie najlepszym rozstrzygnięciem wszystkich jego wątpliwości. Czekał na znak, na podpowiedź. Może pomyślał, że znajdzie ją we mnie, kiedy zagadnąłem go siedzącego samotnie w barze. Ale takim znakiem mogło być przecież także każde inne przypadkowe spotkanie. Napotkawszy bratnią duszę, kogoś ze swojego plemienia, mógł postanowić coś, co dotąd było ponad jego siły. Gdyby wyjechał, straciłbym zarówno jego, jak i Kamal, która już zapowiedziała, że w Delhi się nie pojawi.

Wieczorem, wracając z obchodu, znów spotkałem „Świętego" w Madanie. Siedział jak zwykle przy wystawionym na ulicę stole. Nie był jednak sam.

– To jest Kurt – powiedział, wskazując na siedzącego nieruchomo za stołem ubranego w miejscowy przyodziewek wychudzonego mężczyznę o siwej brodzie i długich siwych włosach zebranych na głowie szeroką czerwoną opaską. – Znamy się jeszcze z dawnych czasów, jeszcze z Teheranu.

Iran... To już była naprawdę poważna sprawa...

Leżał daleko, prawdziwy kawał drogi od Zachodu, od domu. W Iranie człowiek naprawdę czuł, że przekroczył granicę rozdzielającą światy. „Święty" sam był tym odkryciem zdziwiony. Może była to kwestia odległości, przebytych kilometrów i spędzonych w podróży tygodni, ale dopiero w Iranie poczuł, że zawędrował daleko. I że zawrócić z drogi już się nie da, można tylko podążać nią dalej.

Dystans, nieodwracalność, strach przed zagubieniem, samotnością. Niby tego właśnie szukał – ucieczki. Ale oddalając się coraz bardziej od swojego świata i zmierzając do tego, gdzie spodziewał się znaleźć lepsze miejsce i życie, wciąż odczuwał zaskakujący jego samego niepokój.

Beztroska pewność, jaka podczas tureckiej włóczęgi nie opuszczała go ani na chwilę, zaraz za irańską granicą uleciała, rozpierzchła się w pustynnym wietrze. Spoważniał, teraz skupiał się już tylko na drodze, na planowaniu jej kolejnych etapów, pokonywaniu przeszkód i rozwiązywaniu problemów. Teraz nie tylko już je uwzględniał, ale się ich spodziewał. Tak... Iran był inny... Trudniejszy, bardziej wymagający, ale chyba przez to właśnie od Turcji jakby prawdziwszy. Jeśli Turcja była pomostem prowadzącym na inny brzeg, Iran był już tym drugim brzegiem. Pierwszy raz w życiu „Święty" poczuł się jak przeniesiony w czasie i przestrzeni, rzucony między obcych, którym mógł się tylko podporządkować, nieznaczący i niewidoczny, jak ziarnko piasku na pustyni.

Ta równoległość bytów i nagłe pomniejszenie jego własnego znaczenia sprawiły, że przestał doszukiwać się w Iranie, a zwłaszcza w Irańczykach, egzotyki, która uwodziła ich wszystkich w Turcji, zaspokajając potrzebę podróży i przygody. Powszedniość Irańczyków odebrała im ten urok, który włóczędzy z Zachodu z nabożnością nazywali mistyką. Po tureckim upojeniu w Iranie otrzeźwiał.

Przyczynili się do tego sami Irańczycy, którzy nie odnosili się do przybyszów z Zachodu z życzliwą ciekawością jak Turcy, lecz z nieufnością, a nierzadko z jawną niechęcią. Irańczykom zwróconym w przeszłość, ku czasom swojej świetności, nie mieściło się w głowie, że można się tak zachowywać, tak ubierać, tak mówić. Irański konsul w Hadze, wbijając im do paszportów wizy, kilka razy ostrzegał ich przed religijnymi fanatykami, jakby chciał się wytłumaczyć ze spraw, które dopiero mają się wydarzyć.

Już w Teheranie „Święty" usłyszał w hotelu historię jednego z hipisów, którego przekupnie na bazarze w Isfahanie wzięli za Jezusa Chrystusa. Chłopak, który w Iranie zajmował się głównie szmuglem afgańskiego opium, faktycznie przypominał ponoć Chrystusa, a zdając sobie z tego sprawę, żeby jeszcze wzmocnić wrażenie, zaczął się ubierać tak, jak Syn Boży przedstawiany na świętych obrazach. Sandały, tunika, długi płaszcz. Na jego widok przekupnie z Isfahanu bili pokłony, przepychali się, żeby dotknąć jego ręki czy choćby rękawa. Najpierw go to bawiło, ale z czasem ciągła adoracja stała się uciążliwa, zaczęła go drażnić. W dodatku zrobił się sławny, a przy interesach, którymi się zajmował, rozgłos nie przynosił korzyści, lecz bywał przeszkodą. W końcu postanowił wyprowadzić wszystkich z błędu i przekonać, że nie jest ani Mesjaszem, ani prorokiem. Poszedł do najbliższego fryzjera, kazał się ostrzyć i gładko ogolić. Kiedy wychodził z zakładu, na zewnątrz czekał już na niego tłum. Ludzie zaczęli go popychać, szarpać, a kiedy rzucił się do ucieczki, sięgnęli po kamienie. Przed ukamieniowaniem uratował go policyjny patrol.

Muzułmańscy duchowni uważali przybyszów z Zachodu za wrogów, zepsutych do szpiku kości bezbożników. Irańscy mahometanie, a zwłaszcza ich mułłowie, nie lubili białych także z powodu szacha. W Teheranie wciąż świeża była pamięć o premierze, którego Irańczycy wybrali na przywódcę, a którego Amerykanie, wysługując się swoimi ludźmi w irańskim wojsku, obalili jako niebezpiecznego wichrzyciela. Naraził się im zamiarem upaństwowienia zachodnich koncernów wydobywających i wywożących irańską ropę naftową, największy skarb kraju. Amerykanie i Brytyjczycy obalili premiera, a całą władzę złożyli w ręce młodego, całkowicie im posłusznego szacha, który zapatrzony ślepo w Zachód, postanowił z dnia na dzień przerobić Iran na zachodnią modłę.

Wszechobecna tajna policja szacha śledziła, podsłuchiwała, torturowała i mordowała jego krytyków i wrogów, a z czasem wszystkich, którzy niewystarczająco entuzjastycznie popierali pomysły władcy albo po prostu z jakiegoś powodu wydali się podejrzani. Największe zagrożenie dla swojego panowania i postępowych reform szach widział w irańskich duchownych uważających Zachód za jaskinię grzechu. Zwłaszcza jeden zalazł mu za skórę, wielki ajatollah Chomejni, który tak ostro krytykował szacha i jego amerykańskich sojuszników, że monarcha wygnał go w końcu z kraju.

Ale szpicle i tajniacy, równie nieufni i podejrzliwi, jak okrutni, krzywo spoglądali też na cudzoziemskich włóczęgów, którzy porzuciwszy Zachód, przeklinali jego przywódców i porządki. W ten sposób przemierzające irańską ziemię dzieci kwiaty były narażone na wrogość zarówno ze strony zwolenników szacha, jak i jego nieprzyjaciół. Ci pierwsi widzieli w nich buntowników, którzy samą swoją obecnością podważali mądrość i nieomylność szacha.

Drudzy mieli ich za wysłanników szatana i jego sług, którzy wynieśli szacha do władzy.

W Teheranie popularnością wśród wędrujących dzieci kwiatów cieszył się hotel Amir Kabir. Położony w śródmieściu, koło poczty i tuż obok głównych dróg przecinających miasto ze wschodu na zachód i z południa na północ, zajmował dwa górne piętra betonowego, ponurego gmaszyska, a do pokojów wchodziło się z korytarzy na galeryjkach. Na parterze mieściły się warsztaty samochodowe i wulkanizacyjne, sklepy i magazyny z częściami zamiennymi. Podwórze, czarne od smarów i dymu, zawalały hałdy zużytych akumulatorów, pogiętych rur i blach, a przede wszystkim piramidy opon, nowiutkich, pachnących świeżą gumą i starych, sparciałych. Podróżni zatrzymywali się w hotelu Amir Kabir, żeby załatwić urzędowe sprawy w rozmaitych ministerstwach lub zagranicznych ambasadach i konsulatach, a przy okazji naprawić w warsztatach swoje pojazdy.

Tym jednak, co przyciągało do hotelu, były niskie ceny pokojów i łóżek. Pryczę lub materac rzucony na gołą betonową podłogę można było dostać już za dolara. Możliwość przespania nocy w spokoju, ciszy, a przede wszystkim w pozycji leżącej, była najważniejszą, jeśli nie jedyną wygodą, jaką oferował Amir Kabir. Niezwykle ważną i wytęsknioną po długich tygodniach wędrówki i nocach spędzonych na samochodowych fotelach. Poza tym hotel był brudny, cuchnął. Jeden ustęp i łazienka na końcu korytarza musiały wystarczyć mieszkańcom całego piętra, pościel zmieniano może raz na parę tygodni, a właściciel najwyraźniej uznał, że za garść drobniaków, za jaką wpuszczał pod swój dach gości na noc, nie należy się już żaden koc ani poduszka pod głowę. W zimowe miesiące, gdy czasami sypał śnieg, a temperatura, zwłaszcza nocami, spadała poniżej zera, wstawiał do pokojów olejowe grzejniki.

Irańczycy, wyczuleni na wszystko, co w ich przekonaniu wiązało się z zachowaniem godności i klasy, widząc, jak żyją i jak wyglądają cudzoziemscy przybysze, odnosili się do nich ze wzgardą, uważali za włóczęgów i przybłędów, niezasługujących na żadne względy, a co dopiero na uwagę czy szacunek. „Święty" widział to, odczuwał na każdym prawie kroku. A jednak nie budziło to w nim niechęci ani wrogości wobec tych, którzy mieli go za gorszego, lecz zrozumienie dla nich, sympatię, a nawet podziw. Cenił u Irańczyków przede wszystkim brak jakiegokolwiek kompleksu niższości, dumę z własnej przeszłości, w której szukali potwierdzenia swej wielkości. Podobała mu się ich niechęć do naśladowania innych, a nawet pewna wyższość, z jaką odnosili się do Arabów, Turków, Kurdów czy Beludżów. W porównaniu z ich światem ten zachodni wydał mu się pusty i pełen fałszu, ponieważ forma liczyła się w nim bardziej niż treść, wszystko sprowadzało się do pieniędzy, kariery, a wartość człowieka zależała od miejsca, które zajmował w wiecznej, obowiązkowej wspinaczce na szczyt. Wydawało mu się, że w Iranie te sprawy się nie liczyły. Było to, jeszcze zanim poznał Afgańczyków i odkrył, że uważali oni Irańczyków za karierowiczów i zniewieściałych eunuchów, znających się może na poezji i dworskich intrygach, ale niemających pojęcia o prawdziwie męskich sprawach, takich jak wojaczka czy obowiązek rodowej zemsty.

Zanim się jednak tego w Heracie i Kandaharze dowiedział, „Święty" pozostawał pod tak wielkim wrażeniem Irańczyków, potomków Persów, że uznał ich za najdumniejszych ludzi, jakich w życiu spotkał. I mimo wszystko Iran mu się spodobał. Po Turcji wydawał się jakiś odświeżający, oczyszczający, wycofany, dostojny. „Święty" pomyślał nawet, że gdyby nie musiał jechać do Indii, mógłby u Irańczyków pozostać i żyć wśród nich.

Była to jednak myśl przelotna. Rozwiała się, zanim zdążyła nabrać kształtu. Jechał przecież do Indii, a w Teheranie zatrzymał się tylko na chwilę, załatwić parę spraw, głębiej odetchnąć. Przypominali o tym podróżni, którzy wyprzedzali go na wschodnim szlaku, karawany rozklekotanych autobusów, austinów i garbusów, starych, za to wymalowanych we wszystkie możliwe kolory, obwieszonych chorągwiami, rozbrzmiewających muzyką i śpiewem. Ich widok przynaglał do pośpiechu, ale dodawał też otuchy. Wszyscy zmierzali w jednym kierunku. Patrząc na nich, człowiek przestawał wątpić, czy postępuje słusznie. Tylu ludzi naraz nie mogło się mylić!

W Teheranie spotykało się też tych, którzy wracali. Ci przynosili pociechę jeszcze większą. Byli żywymi dowodami na to, że cel podróży, indyjska Szangri-La naprawdę istnieje. Widzieli ją na własne oczy, dotknęli jej. Wiedzieli już, jak to jest. Wymizerowani, spaleni słońcem i wiatrem byli jacyś odmienieni, spokojni i jaśni. Jak święci z obrazów rozwieszanych w kościołach.

Dla mnie Teheran nigdy nie był ziemią obiecaną. A już z pewnością nie w czerwcu dziewięćdziesiątego drugiego, kiedy przyjechałem tam po raz pierwszy.

W mieście i całym kraju obchodzono właśnie trzecią rocznicę śmierci ajatollaha Chomejniego, przywódcy ulicznej rewolucji, która pod zielonymi sztandarami islamu zmiotła z tronu szacha, przyjaciela i dłużnika Ameryki. Wyznawcy Chomejniego, bo tak należałoby nazywać jego zwolenników, mieli go za imama, jedynego prawowitego następcę i spadkobiercę Proroka, nieomylnego pośrednika między Najwyższym i śmiertelnikami. Pierwsi imamowie byli potomkami samego Mahometa. Wyznawcy Chomejniego wierzyli, że był on dwunastym, ukrytym imamem, Bożym posłańcem, mahdim, który swoim pojawieniem się na ziemi zaprowadzi na niej pokój i sprawiedliwość. Wybuchali gniewem, słysząc głosy odmawiające Chomejniemu prawa do świętości. Czy gdyby nie był imamem, lecz zwykłym śmiertelnikiem, udałoby mu się wrócić z wygnania, na które skazał go szach bezbożnik, podburzyć przeciwko niemu meczety, bazar i ulicę, pokonać go wraz z jego potężnym wojskiem, okrutną tajną policją i zdradzieckimi sojusznikami Amerykanami?

Kiedy Chomejni wylądował na lotnisku w Teheranie, obstąpili go zagraniczni dziennikarze, a jeden z nich zapytał: „Co wasza świątobliwość czuje, wracając po tylu latach do kraju?". „Nic" – rzucił Chomejni. Irańczycy, pochłonięci rewolucją, jakby nie zwrócili na to w ogóle uwagi, ale na cudzoziemcach ta wypowiedź ajatollaha zrobiła wrażenie.

Obalił tyrana, który żeby uniknąć zemsty poddanych, przerażony uciekł z kraju. Nowym przywódcą został Chomejni, a niedługo potem zachodni porządek ustanowiony w świecie islamu zaczął trzeszczeć i trząść się w posadach. Ajatollah z Teheranu zwrócił się przeciwko Ameryce i obwinił ją o wszystkie cierpienia, krzywdy i upokorzenia muzułmanów, przezwał złodziejką i krwiopijczynią, diablicą gorszą od komunistów, którzy nie wierzyli w Boga. A co gorsza, wezwał braci w wierze z Bliskiego Wschodu i całego świata islamu, żeby wzięli przykład z Irańczyków i także poobalali władców i porządki ustanowione przez obce mocarstwa, zrzucili obce jarzmo. Amerykanie ogłosili wtedy, że Chomejni jest wichrzycielem i niebezpiecznym fanatykiem, któremu nie podaje się ręki ani nie zasiada z nim do wspólnego stołu.

Kiedy kroczył ku władzy na czele zwycięskiej rewolucji, sami byli go ciekawi, chcieli wiedzieć, skąd się wziął i co zamierza. Nie kiwnął palcem, gdy rozszalały tłum jego wyznawców zdobył szturmem amerykańską ambasadę, wziął jej pracowników jako zakładników i domagał się, by w zamian za ich uwolnienie Amerykanie wydali Iranowi zbiegłego, śmiertelnie chorego szacha i raz na zawsze przestali się wtrącać w irańskie sprawy.

Jankesi nigdy się tego jednak nie wyrzekli. Widząc, że Chomejni pokonał wszystkich i nikt w Iranie nie wyrwie mu władzy z rąk, postanowili, że prędzej zniszczą irańskie państwo, niż pozwolą, by rządził nim ajatollah. Wysługując się Turcją, Pakistanem i Irakiem, podburzali przeciwko niemu i przeciwko Persom inne irańskie ludy, Kurdów, Azerów, Arabów i Beludżów, zachęcali ich do wszczynania zbrojnych buntów, rozrywania irańskiego terytorium na kawałki i budowania na nich własnych państw. A gdy i ten plan się nie powiódł, namówili tyrana z Bagdadu, żeby na czele irackiej armii najechał na Iran, pokonał lub przynajmniej wykrwawił państwo ajatollahów. Wojna wybuchła rok po obaleniu szacha i zwycięstwie rewolucji, a amerykańscy zakładnicy wciąż byli więzieni w gmachu teherańskiej ambasady. Ale nawet podczas tych kilkunastu miesięcy rewolucyjnych rządów Irańczycy nie zaznali ani spokoju, ani pokoju, ani sprawiedliwości.

Rewolucja miała surową, groźną twarz Chomejniego, ponieważ jednak uczestniczyli w niej wszyscy, wszyscy uważali ją za swoją własną. Zgoda, która panowała, póki istniał wspólny wróg, szach, rozpadła się nazajutrz po tym, jak uciekł z kraju. Z teherańskich ulic nie usunięto nawet barykad, bo wybuchły na nich nowe, krwawe walki o rewolucyjne łupy, na które rzucili się ajatollahowie, republikanie, komuniści, wszyscy, którzy po zwycięstwie poczuli, że mają do nich prawo. W Iranie wybuchła wojna domowa, krwawe rozprawy niedawnych sprzymierzeńców. Co rusz rozrywały się bomby, dochodziło do politycznych mordów, porwań, z każdym tygodniem narastał terror ajatollahów, którzy przechwycili władzę i nie zamierzali się nią z nikim dzielić. Ludzie znikali bez śladu w więzieniach jak za szacha, stosowano tortury, ulicami miast znów sunęły pochody gniewnych demonstrantów wygrażających pięściami tym, których uważali za swoich wrogów.

Wielka wojna z Irakiem toczyła się osiem długich lat. Zginęło w niej milion ludzi. Miliony odniosły rany, zostały kalekami. Iran, i tak już karany przez resztę świata ostracyzmem, wyniszczony wojną, politycznymi zawieruchami i terrorem, popadł w ruinę. Rok po zakończeniu wojny umarł Chomejni. Od dawna niedomagał, choć jego choroby skrzętnie skrywano przed Irańczykami i światem. W końcu prawie dziewięćdziesięcioletnie serce nie wytrzymało kolejnych zawałów i imam zmarł trzeciego czerwca osiemdziesiątego dziewiątego roku, krótko przed północą.

Czwarty czerwca, na kiedy wyznaczono pogrzeb Chomejniego, zaczął się na świecie od masakry studentów na placu Niebiańskiego Spokoju domagających się od rządzących komunistów wolności i reform. Kiedy chińscy żołnierze w Pekinie ruszali do ataku, w dalekiej Polsce wstawał dzień, w którym jej mieszkańcy mieli wziąć udział w pierwszych wolnych wyborach po drugiej wojnie, a one miały się stać początkiem upadku komunizmu na świecie.

Pogrzeb Chomejniego był jednym z największych zgromadzeń we współczesnej historii. Aby pożegnać imama, do miasta przybyło kilkanaście milionów żałobników, jedna szósta ludności kraju, więcej niż wynosiła liczba mieszkańców stolicy. W dzień pogrzebu na ulice wyszło kilka milionów.

Zanim ogłoszono wieść o śmierci Chomejniego, w całym mieście zapanowała nagła, niezwykła cisza. Chociaż gazety, stacje telewizyjne i radiowe długo milczały jak zaklęte, wszyscy wiedzieli dobrze, że stało się coś ważnego, strasznego. Przerwano lekcje w szkołach, a dzieci zwolniono wcześniej do domu. Telewizja przerwała program i nadawała jedynie wezwania do modlitwy.

Już w pierwszych dniach czerwca upał w Teheranie potrafi być nieznośny. Tak właśnie zdarzyło się w dzień pogrzebu. Strażacy rozstawieni wzdłuż trzydziestokilometrowej drogi ze stolicy na cmentarz Beheszt-e Zahra od rana polewali wodą tłumy ciągnące na pochówek imama. Przez cały dzień nad miastem rozbrzmiewały zawodzenia rozpaczy, okrzyki przerażenia, wołania o pomoc.

Kiedy kondukt z trumną imama ruszył w kierunku cmentarza, w mieście wybuchło pandemonium. Policja i służby porządkowe nie były w stanie zapanować nad napierającym tłumem. Kilkanaście osób zadeptano na śmierć, kilka tysięcy trafiło do szpitali. W pewnej chwili rozszalały tłum rzucił się na samochód wiozący ciało Chomejniego. Trumna runęła na ziemię, odsłaniając trupa imama. W mgnieniu oka żałobnicy zdarli z niego całun i walcząc między sobą, porwali na święte relikwie. Ahmed, syn imama, rzucił się w tłum, żeby ratować zwłoki ojca przed rozszarpaniem, ale sam został powalony na ziemię. Dopiero żołnierze, strzelając w powietrze z karabinów maszynowych, rozpędzili tłum i odzyskali ciało Chomejniego. Śmigłowcem przewieziono je z powrotem do północnej części miasta, żeby jeszcze raz przygotować do pogrzebu i złożyć w nowej trumnie, tym razem wykonanej nie z drewna, lecz ze stali. Do pilnowania porządku podczas ponownego pogrzebu imama ściągnięto wojsko.

W trzecią rocznicę śmierci i pogrzebu Chomejniego wokół jego mauzoleum na cmentarzu Beheszt-e Zahra też zebrały się nieprzeliczone tłumy Irańczyków i przybyłych na tę okazję pielgrzymów ze wszystkich zakątków świata islamu. Władze zaprosiły zagranicznych dziennikarzy, żeby usłyszeli o krzywdzie, jaka spotyka Iran ze strony krajów Zachodu.

Głównym punktem rocznicowych uroczystości była mowa wygłoszona przez następcę Chomejniego, Alego Chamenei. „Jeżeli zniewolone narody świata pragną zrzucić okowy imperializmu i amerykańskiej hegemonii, muszą postępować zgodnie z nauką imama Chomejniego" – powiedział cichym, spokojnym, niemal usypiającym głosem, odpowiednim może dla uczonego z uniwersytetu, ale nie dla przywódcy rewolucji. „Innej drogi nie ma!" „Jesteśmy żołnierzami Chomejniego!" „Śmierć Ameryce! Śmierć Izraelowi!" – zakrzyknęli pielgrzymi.

Wystarczyło, że go zabrakło, a jego uczniowie i wyznawcy znów zaczęli się spierać. W przeprowadzonych kilka tygodni przed moim przyjazdem do Teheranu wyborach górę wzięli stronnicy Stowarzyszenia Walczącego Duchowieństwa uchodzący za zwolenników umiaru. Przekonywali, że islam nie zabrania się bogacić, czym zdobyli sobie głosy bazaru. Nieśmiało przebąkiwali o potrzebie zażegnania wojny ze światem zachodnim i przełamania izolacji Iranu. Ich przeciwnicy ze Stowarzyszenia Bojowników Wiary mieli ich za pospolitych karierowiczów, którzy dla majątku i władzy gotowi byli zdradzić sprawę rewolucji. „Ani kroku wstecz! Żadnych ustępstw!" – przekonywali. Mając do wyboru Bojowników Wiary i Walczące Duchowieństwo, Irańczycy wybrali to drugie.

Na rocznicowe uroczystości na cmentarzu Beheszt-e Zahra przyszli, mając nadzieję, że uda się im choćby na chwilę przypomnieć, a może i wskrzesić zapał i niezłomną wiarę z pierwszych lat rewolucji, kiedy wszystko było dużo łatwiejsze i prostsze. Nie nazwaliby chyba Iranu dumną, szczęśliwą ziemią, krainą Szangri-La, jaką zobaczył tu „Święty" po drodze do Indii. Teheran przypominał raczej cmentarzysko rewolucji i wszystkich związanych z nią marzeń i zamierzeń. Miasto sprawiało wrażenie poważnego, smutnego, odartego z nadziei i złudzeń. Świętowanie śmierci wydawało się tam czymś wyjątkowo na miejscu, czymś oczywistym, naturalnym.

Śmierć od lat była towarzyszką dawnego ucznia ajatollaha Chomejniego i jego ministra policji Alego Akbara Mohtaszemiego. Odwiedziłem go nazajutrz po uroczystościach żałobnych na cmentarzu.

Ubrany w długie duchowne szaty, siedział rozparty wygodnie na rozłożonych na podłodze barwnych kobiercach i poduszkach. Kiedy sekretarz wprowadził mnie do gabinetu, Mohtaszemi poderwał się na nogi, ruszył na spotkanie i rozłożył na powitanie ramiona. Z szerokich rękawów wysunęły się kikuty pokryte różowymi bliznami. Przed laty w zamachu bombowym stracił połowę lewej dłoni i prawą rękę aż do łokcia. Otwierał nią podarowaną mu księgę, w której zamachowiec ukrył bombę. Miał szczęście, że najpierw położył ją na stole i dopiero potem otworzył okładkę. Gdyby wziął ją w obie dłonie i pochylił się nad nią, bomba urwałaby mu głowę.

Nie miał wątpliwości, że próbowali go zabić oficerowie izraelskiego wywiadu i że zrobili to na zlecenie Amerykanów. Miała to być ich zemsta za wcześniejsze zamachy bombowe na ambasadę Stanów Zjednoczonych i koszary, w których stacjonowali francuscy i amerykańscy żołnierze z międzynarodowych sił rozjemczych, usiłujących przerwać libańską wojnę domową. Tamtych zamachów dokonali libańscy szyici z partyzanckiej Armii Boga, którą Mohtaszemi osobiście pomagał zakładać, zdobywał dla niej w Teheranie pieniądze na wojnę i przewoził broń pocztą dyplomatyczną.

Po zamachu na Mohtaszemiego, rówieśnika „Świętego", w irańskiej ambasadzie w Damaszku, Chomejni przeniósł go do Teheranu i zrobił swoim ministrem policji. Stracił to stanowisko wkrótce po śmierci imama, gdy władzę przejęli zwolennicy umiaru.

W światowych stolicach uznano to za sygnał, że w Iranie mija czas zawodowych rewolucjonistów i że ich miejsce zajmą teraz ci, którzy wyrośli z rewolucji, tak jak się wyrasta z młodzieńczych marzeń, i po dorosłemu pogodzili się z faktem, że świat jest, jaki jest i nie da się go zmienić.

Cały Teheran był oblepiony wielkimi portretami Chomejniego. Jeszcze większe, wielobarwne obrazy przedstawiające sceny wojny i męczeństwa zdobiły mury stołecznych budynków. Opowiadały o wojnie ze zdradzieckimi Arabami z Iraku, o bohaterstwie i zwycięstwie, braterstwie broni, cierpieniu, tęsknocie. Żołnierze w przeciwgazowych maskach kulili się w okopach, by przetrwać atak z użyciem trujących gazów, które stosowali na wojnie Irakijczycy. Na drugiej kamienicy ustawione w równym szeregu czołgi nacierały na nieprzyjacielskie pozycje. Za rogiem irańskie samoloty spuszczały bomby na stanowiska irackiej artylerii. Pokonani wrogowie rzucali się do ucieczki, a na ich twarzach nawet z daleka widać było trwogę i niedowierzanie. Rocznicowy wystrój miasta uzupełniały okolicznościowe transparenty i napisy: „Cześć i chwała bohaterom!", „Bóg jest wielki!", „Śmierć Ameryce!".

Mirza, student stołecznego uniwersytetu, przydzielony mi przez władze jako opieka i towarzystwo, wypatrywał na murach portretów młodego chłopaka z gęstą, rozwichrzoną czupryną. Ponieważ w mieście było ich wiele, ciągnął mnie za rękaw i co chwila przystawaliśmy. „Fahimdeh – szeptał nabożnie. – Najprawdziwszy bohater i męczennik".

Mohammed Husajn Fahimdeh przyszedł na świat w świętym mieście Kom, stolicy ajatollahów. Miał trzynaście lat, kiedy irackie wojska najechały na irańską prowincję Chuzestan i wykorzystując zaskoczenie Irańczyków, przystąpiły do szturmu na miasto Chorramszahr. Poruszony do żywego nieszczęściem i niesprawiedliwością, jakie spadły na jego kraj, Fahimdeh, nie mówiąc słowa rodzicom, wyjechał z Kom do Chorramszahru i zaciągnął się do oddziału broniącego miasta. Na nic się jednak zdała waleczność Irańczyków. Przegrywali bitwę za bitwą, a wrogowie zacieśniali pierścień oblężenia. W pewnej chwili Fahimdeh zobaczył, że wszyscy jego towarzysze broni zginęli albo odnieśli rany i nie nadawali się do walki. Został tylko on, sam jeden. Niewiele myśląc, pozbierał granaty kolegów, obwiązał się nimi i rzucił pod nadjeżdżający iracki czołg, wysadzając go w powietrze. Irakijczycy nie zauważyli Fahimdeha i pomyśleli, że ich czołg wjechał na pole minowe, jakimi obrońcy otoczyli zapewne Chorramszahr. Przerwali atak i tak oto Fahimdeh ocalił miasto.

Na byłym placu Roosevelta przed byłą amerykańską ambasadą znajdowała się maleńka księgarnia. Można w niej było kupić książki o tym, jak Amerykanie organizowali spiski i zamachy stanu, żeby podbić resztę świata. Sprzedawano też kopie pięćdziesięciu dziewięciu tomów dokumentów przejętych przez studentów w ambasadzie. Studenci wierzyli, że biorąc Amerykanów jako zakładników, prędko zmuszą rząd z Waszyngtonu do układów i ustępstw. Targi się jednak przeciągnęły i epopeja z zakładnikami trwała grubo ponad rok. Szach nie zdążył skorzystać z obiecanej mu amerykańskiej gościny i umarł na wygnaniu w Kairze, a kiedy Irak napadł na Iran, większość studentów okupujących ambasadę w Teheranie dostała powołania do wojska. Ciągnący się przez czterysta czterdzieści cztery dni kryzys z zakładnikami sprawił też, że władzę w Ameryce stracił Jimmy Carter, jedyny po Kennedym, a przed Clintonem prezydent, na którego może i głosowaliby hipisi. Łagodny, uczciwy i skromny Carter, wyznający liberalne poglądy na świat i życie, przegrał wybory, które wyniosły do władzy i prezydentury Ronalda Reagana, uosabiającego wszystko, czym dzieci kwiaty gardziły i z czym nie mogąc się pogodzić, wędrowały z Zachodu na Wschód.

Kiedy Mirza oswoił się ze mną i nabrał śmiałości, zaczął wypytywać mnie o życie na Zachodzie. Ile zarabiam? Ile kosztuje mieszkanie? Za ile można kupić samochód? Jakie są nasze dziewczyny i czy łatwo nawiązać z nimi znajomość? Studiował na uniwersytecie nauki polityczne, ale tak naprawdę uczył się głównie języka angielskiego. Jego biegła znajomość miała mu pomóc ziścić życiowe marzenie, którym był wyjazd na Zachód. Patrzył na mnie z niedowierzaniem, kiedy mówiłem, że życie w zachodnim świecie może być udręką, wcale nie wszyscy są tam szczęśliwi, a wielu wyjeżdża szukać tego szczęścia w świecie możliwie od Zachodu najdalszym. Nie zapytałem go o wiek, ale skoro studiował, musiał mieć mniej więcej tyle lat, ile „Święty", gdy wyruszał z Amsterdamu w wielką podróż do Indii. Niewiele wiedział o zachodnim świecie, ale chyba więcej niż „Święty" o Wschodzie. „Święty" nasłuchał się opowieści i legend. Zachodni świat Mirzy nabrał kształtu z telewizyjnych migawek, a przede wszystkim z filmów, które oglądał w kinie. Obaj odczuwali pewnie jednak to samo pragnienie odmiany życia i ucieczki, wyrwania się ze świata, który wydawał im się beznadziejnie pusty i nieznośny i do którego nie pasowali. Tyle że uciekając z Zachodu, „Święty" wierzył, że znajdzie szczęście na Wschodzie, a Mirza, czterdzieści lat później, marzył tylko o tym, by ten sam Wschód zamienić na Zachód. Obu zdawało się, że wystarczy, iż dotrą do celu, a ich życie odzyska sens i smak.

„Gorzka ironia losu, nieprawdaż?" – mruknął „Święty", kiedy mu opowiedziałem o Mirzy i pobycie w Teheranie. A Mirza, takie miałem wrażenie, nigdy nie uwierzył w to, że życie na Zachodzie może się komuś aż tak nie podobać, żeby z własnej woli szukał nowego, lepszego. I to jeszcze gdzie? Na Wschodzie!

Wydarzenia irańskie zamknęły dzieciom kwiatom drogę lądową do Indii, a z wybuchem wojny z Irakiem ludzka lawina ruszyła w drugą stronę, na Zachód. A kiedy wkrótce wybuchła jeszcze wojna w Afganistanie, nikt nie wędrował już tamtędy na Wschód. Wszyscy, miliony uciekinierów, próbowali przedostać się na Zachód, jak najdalej od Wschodu.

Hotel Azadi (po persku słowo to oznacza „wolność"), niegdysiejszy Hyatt, który gospodarze wyznaczyli mi na czas pobytu w Teheranie, musiał leżeć niedaleko zajazdu Amir Kabir, w którym w drodze do Indii zatrzymał się „Święty". Też znajdował się w samym śródmieściu, między biednym i rozgrzanym jak piec południem miasta a zamożną i elegancką północną dzielnicą Zafaranija, rozpartą wygodnie i oddychającą pełną piersią na dających orzeźwienie zboczach góry Alborz. Mirza nigdy jednak nie słyszał o hotelu Amir Kabir ani nie wiedział, jak go znaleźć. A o hipisach w ogóle nigdy nie słyszał. Dla nich teherański przystanek był może i ważny, lecz w pamięci Irańczyków w ogóle się nie zapisali. Nie został po nich nawet ślad.

Święte miasto Meszhed leży niedaleko afgańskiej granicy. „Święty" z przyjacielem dotarli tam autobusem wiozącym pielgrzymów. Wpadli na nich, a właściwie na ich kierowcę przypadkiem. Pewnego wieczoru, gdy wracali z miasta do hotelu Amir Kabir, zaczepił ich na podwórzu drobny mężczyzna, prosząc o papierosa, a wdzięczny za poczęstunek, zapytał uprzejmie, dokąd się wybierają. Usłyszawszy, że zmierzają do Afganistanu, powiedział, że sam tam jedzie. To znaczy pojedzie, gdy tylko mechanicy uporają się ze szwankującym układem napędowym w jego autobusie.

„Święty" z przyjacielem załatwili już wszystkie urzędowe sprawy, które zatrzymały ich w Teheranie, i w zasadzie sami nie wiedzieli, dlaczego jeszcze tkwią w mieście. Tym bardziej że wszyscy radzili jak najszybciej się z niego wynosić. A Afganistan był już tak blisko. „Byłeś tam może kiedy?" – zapytał „Święty" kierowcę. „Jestem Afgańczykiem. To mój kraj".

„Święty" i Theo umówili się z Afgańczykiem, że poczekają na niego, a kiedy mechanicy z warsztatu przygotują jego autobus do drogi, powiezie ich za darmo do samego Meszhedu. Stamtąd afgańska granica i Herat będą o rzut kamieniem. Przystali na to chętnie. Afgańczyk ofiarował im nie tylko pomoc, ale i czas. W jeden dzień mieli się przenieść aż o tysiąc kilometrów na wschód.

Drogi do Meszhedu „Święty" nie pamiętał wcale. Wyjechali z Teheranu wieczorem. Zmęczenie, a przede wszystkim miarowe kolebanie autobusu sprawiło, że błyskawicznie zasnął, a kiedy obudził się, dojeżdżali już do celu podróży. Niewiele zapamiętał też z samego Meszhedu, bo zaraz, nie do końca nawet oprzytomniawszy po nocnej podróży, opuścili święte miasto, żeby jeszcze za dnia dotrzeć do afgańskiej granicy.

Tak na dobre „Święty" ocknął się dopiero za rogatkami Meszhedu. Miasto szybko znikało za horyzontem, a przed nimi rozpościerała się nieruchoma, martwa pustynia. Kiedy asfaltowa nawierzchnia drogi zniknęła pod zaspami przywianego przez wiatr piasku, kierowca zatrzymał samochód i upuścił powietrza z kół, by nie zapadały się i nie grzęzły w wydmach.

Jechali płaską, zakurzoną, rudawą równiną, pozbawioną niemal cienia, za to z każdą chwilą coraz bardziej rozpaloną przez blade słońce podnoszące się na szarym niebie. Uczepieni blaszanej skrzyni ciężarówki, nadaremnie wypatrywali znaków życia. Nawet nieliczne wsie i miasteczka, jakie mijali, zdawały się wymarłe. Kiedy zbliżali się do miasta, spod piasku na drodze znów przeglądał asfalt. Znikał, gdy wyjeżdżali za rogatki. Dalej droga stawała się zupełnie niewidoczna, „Świętemu" zdawało się, że kierowca pędzi po prostu przed siebie, by wyrwać się z gorącej martwoty. Potem się dowiedział, że na pustyni znakami orientacyjnymi są ledwie widoczne gliniane wieże wzniesione przed wiekami jako znaki drogowe dla wielbłądzich karawan.

W pewnej chwili „Świętemu" przyszło na myśl, że pomylili drogę i nie zbliżają się wcale do ziemi obiecanej, lecz na kres świata, skąd wszyscy uciekli i gdzie nie ma już życia, lecz tylko rozpalona do białości pustynia i powstające nad nią miraże. Pomyślał nawet, że może i Afganistan, a nawet Indie były tylko ułudą, straszną pułapką, z której nie będzie już ucieczki.

Ale Afganistan istniał i czekał na nich cierpliwie w gasnącym powoli dniu.

Pierwszy był Herat, leżący zaraz za granicą, a jeszcze wcześniej celnicy rozparci na sznurkowych łóżkach w cieniu drzew, nieciekawi wcale paszportów cudzoziemców, ich wiz ani zawartości bagażu. Częstowali ich na powitanie czarkami zielonej herbaty i cząstkami słodkich melonów, które ćwiartowali nożami długimi i ostrymi jak szable. A po pierwszych uprzejmościach i przełamaniu pierwszych lodów wciskali im w ręce grudki miękkiego haszyszu.

Herat, pierwsze miasto po jeździe przez pustynię, zdawał się nierzeczywisty, podobnie jak cały otwierający się przed przybyszami nowy świat. Po zakurzonych, brudnych szarościach irańskich pustkowi, nagle, ni z tego, ni z owego, barwy znów odzyskały pełną ostrość. W czystym, chłodnym, przezroczystym powietrzu niebo zgranatowiało, a rysujące się na jego tle górskie wierzchołki raziły w oczy bielą. Wokół po sam horyzont ciągnęły się zielono-czerwone pola maku, z którego miejscowi chłopi wyrabiali opium. Herat wrył mu się w pamięć widocznymi z daleka minaretami, ciszą o zmierzchu i poranku, przerywaną jedynie stukotem końskich kopyt i skrzypieniem drewnianych wozów. Przez cały pobyt w mieście nie widział ani jednego samochodu, nie słyszał warkotu silnika.

W gospodzie przysiadł się do niego profesor literatury z miejscowego uniwersytetu. Był wykształcony, zamożny i światowy. Bywał w Teheranie, Stambule i Kairze, a kilka razy zdarzyło mu się odwiedzić Londyn i Rzym. Mówił po angielsku i francusku. Nosił turban, szal obszerny jak koc i nierzadko za koc służący. I szarawary. Zresztą w całym mieście „Święty" nie widział nikogo ubranego na zachodnią modłę. Przysiadłszy się, profesor przejął na siebie rolę gospodarza, zamawiał kolejne potrawy, zachwalając rodzime przysmaki i zachęcając do spróbowania wszystkich. Nie przerywając uczty, z nieskrywaną ciekawością wypytywał „Świętego" o powód i cel jego wędrówki. Kiwał uprzejmie głową, wsłuchując się w jego słowa, uważnie, żeby nie uronić niczego. Na koniec zaś powiedział, że czegoś tu nie rozumie. Czy to roztropne zapuszczać się w nieznane, chcąc odnaleźć drogę? Czy nie należy się obawiać, że człowiek pogubi się jeszcze bardziej, straci do reszty rozeznanie i będzie się błąkał jak po pustyni, nie wiedząc ani gdzie jest, ani dokąd tak naprawdę zmierza? Podróż, jak wszystko w życiu, powinna mieć swój powód i cel. Wędrówka na oślep, byle dalej, jest jak ucieczka. Wyrusza w nią tylko ktoś nieszczęśliwy, ktoś, komu w życiu jest tak źle, że wszystko wydaje mu się lepsze niż trwanie w tej niezmienności, niewoli.

„Czy nie przypominacie aby właśnie takich nieszczęśników? – zapytał uczony z Heratu, podsuwając »Świętemu« talerz z kawałkami baraniny. – Kiedy człowiek zgubi drogę, dobrze jest zwrócić się o pomoc do jakiegoś przewodnika. Nie macie u siebie takich dobrych przewodników?" „Ci, co byli, bardzo nas zawiedli, a nowych jeszcze nie mamy, dopiero ich szukamy. Ja nie myślę zmieniać świata, ale wielu takich jak ja bardzo tego pragnie" – odpowiedział „Święty". „I dlatego przyjechaliście aż tutaj? Chcecie zmieniać swój świat, ale przyjeżdżacie do nas?" „Nie wiem jak inni, ale ja szukam po prostu miejsca dla siebie, takiego najlepszego ze wszystkich. Tam dopiero będę mógł po swojemu żyć i być taki, jaki jestem naprawdę, niczego nie udawać". „I uważa pan, że wystarczy znaleźć takie miejsce, żeby zmienić całe swoje życie?" – dopytał się profesor, jakby chcąc się upewnić, że wszystko dobrze zrozumiał.

„Święty" uznał jednak jego słowa za zaprawioną ironią pobłażliwość, jaką okazuje się dziecku wygadującemu głupstwa. Pomyślał o ojcu zmieniającym bez końca kraje i adresy. Czy odrzucając ojcowski świat – tak przynajmniej myślał, że odrzuca, buntuje się przeciwko jego porządkowi i wartościom – nie naśladował go we wszystkim? Czy było mu aż tak źle w Amsterdamie? Albo w Stambule? Dlaczego nie osiadł w Iranie, skoro tak dobrze się tam poczuł? Ale nie przyznał się do nagłej rozterki przed profesorem i sam ją odpędził jak natrętną muchę. „Na początek dobre i to. Od czegoś trzeba zacząć" – rzucił dobitnie, zamykając nieodwołalnie rozmowę.

Z Heratu przez Kandahar i Pustynię Śmierci dotarli do Kabulu, skąd „Święty" już się nie ruszał. Wyjątkiem była tylko kilkudniowa wyprawa do doliny Swatu po pakistańskiej stronie granicy. Nie dołączył do innych, którzy wyprawiali się na północ, przez góry, do Bamjanu, żeby na własne oczy zobaczyć największe na świecie posągi Buddy i wykąpać się w turkusowych wodach jezior Band-e Amir. Nie wybrał się nawet do podkabulskiego Paghmanu, dokąd mieszkańcy położonej w kotlinie stolicy uciekali przed upałami. W Kabulu miał wszystko. Święty spokój, utrzymanie za garść drobniaków, towarzystwo, które wydawało mu się najlepsze z możliwych, i pierwszorzędny haszysz, którego zawsze było w bród. I wolność, pełną i absolutną, żadnych nakazów, zakazów, żadnego nadzoru, żadnych zobowiązań i oczekiwań do spełnienia. Czego więcej do szczęścia potrzeba?

Mieszkał w przerobionym na pensjonat domu z ogrodem, w śródmiejskiej dzielnicy Szar-e Nau. W hotelu, którego nazwy nie pamiętał – mógł to być popularny wśród hipisów Mustafa, ale raczej nie ukochany przez nich hotel U Ziggy'ego, bo ten powstał dopiero parę lat później – mieszkało ich kilkunastu. Spędzali dnie w hotelowym ogrodzie, wśród ozdobnych krzewów i kwiatów na rozmowach i milczeniu, paląc skręty i zapadając się w sobie i własnych myślach, a czasem w bezdennej pustce, jaka się w ich miejsce pojawiała. Wtedy ich uwagę przykuwały zwykle ogromne szachy, które właściciel hotelu zbudował w ogrodzie. Szachownica była ułożona z wielkich kamiennych płyt pomalowanych w czarne i białe kwadraty, a wyrzeźbione w drewnie figury królów, królowych, laufrów i pionków przewyższały wielkością człowieka. Żeby przestawić je z jednego pola na inne, gracze musieli brać je pod pachy i dźwigając, przesuwać się wraz z nimi zgodnie z wymyśloną strategią.

„Święty" wychodził z hotelu tylko na posiłki i zakupy na pobliską ulicę Kurzą, sławną z kupieckich kramów z kosztownościami, dywanami, futrami, skórzaną galanterią i starociami. Zaglądał też do wszystkich śródmiejskich zajazdów, o których wiedział, że zatrzymują się w nich cudzoziemcy, i pytał, czy nie przyjechała Amerykanka o imieniu Nancy i czarnych włosach, takich jakie mają Indianki.

Nie musiał wracać do hotelu przed zmrokiem, mógł włóczyć się po mieście do późnej nocy. W Kabulu i całym kraju było bezpiecznie, panował porządek i spokój. Wojny nie widziano od prawie pół wieku. Ostatnia wybuchła, gdy niechętni cudzoziemskim modom i nowinkom mułłowie i plemienni wodzowie zbuntowali się i obalili dobrego króla Amanullaha, który próbował upodobnić Afganistan do krajów Zachodu. Tamte zamierzchłe czasy wspominano coraz częściej, bo następca Amanullaha, król Zahir Szah, pomny przykrych doświadczeń poprzednika, wprowadzał podobne reformy i zmiany, tyle że znacznie ostrożniej i wolniej. Tak jak on próbował żyć ze wszystkimi w zgodzie i dla korzyści kraju pozwalał, by zabiegające o jego przyjaźń mocarstwa prześcigały się w obsypywaniu go podarkami. Afgańskich studentów zapraszano do Ameryki, Londynu i Berlina, a także do Moskwy. Rosjanie budowali Afgańczykom elektrownie i fabryki, Amerykanie – szkoły i labirynty kanałów irygacyjnych nawadniających pola, ogrody i sady, Niemcy szkolili im urzędników i policjantów. Patrząc na to, sprytni Afgańczycy zacierali ręce, a tych, którzy przepowiadali, że król skończy jak jego poprzednik, nazywali czarnowidzami, życzącymi w dodatku źle ojczyźnie.

„Święty" ujrzał kiedyś afgańskiego króla na własne oczy. Wracał któregoś dnia z bazaru nad rzeką, gdzie u miejscowych handlarzy wymieniał dolary na afgańskie pieniądze. Przechodząc koło najlepszego w całym kraju liceum imienia Niepodległości, ujrzał wielki tłum, a jeden z Afgańczyków powiedział mu, że szkołę odwiedził król i zaraz będzie z niej wychodził. „Święty", który nigdy na własne oczy nie widział króla – nawet holenderską królową Julianę oglądał tylko w telewizji – postanowił poczekać. „Mignął mi tylko przez chwilę, ale go zapamiętałem – wspominał tamto spotkanie. – Miał szczupłą, ciemną, zmęczoną twarz, a ubrany był w wojskowy mundur. Mieszkał po sąsiedzku. Za bramą hotelu trzeba było skręcić w lewo, dojść do głównej ulicy i skręcić w prawo, dalej spory kawałek drogi prosto, a jak się minęło ulicę Kwiatową, w którą przechodziła Kurza, trzeba się było trzymać prawej strony i wypatrywać pałacowych bram. Pamiętam dobrze to wszystko. Mógłbym i dziś trafić tam z zamkniętymi oczami".

– A ty gdzie mieszkałeś w Kabulu? – zapytał kiedyś „Święty".

Ja, chociaż odwiedziłem Afganistan kilkanaście razy i w sumie spędziłem w nim ze dwa lata, ilekroć przyjeżdżałem do miasta, za każdym razem uczyłem się go od początku.

Pierwszy hotel, w którym zamieszkałem, nazywał się Spinzar i stał nad rzeką, naprzeciwko bazaru, gdzie „Święty" wymieniał dolary. Przywieźli mnie tam czołgiem z lotniska żołnierze, którzy obalili prezydenta i poddali stolicę wrogim mu partyzantom, licząc na to, że w dowód wdzięczności podzielą się z nimi władzą. Kłótnia o wojenne łupy doprowadziła do nowej wojny, która wybuchła kilka miesięcy później. Spinzar znalazł się na linii frontu i legł w gruzach zaraz na początku. Podobnie jak mój następny hotel Kabul, na którego dach spadły rakiety, którymi oblegający miasto partyzanci ostrzeliwali je z okolicznych gór. Mniej ucierpiał Intercontinental, w którym mieszkałem kilka razy podczas wojny domowej i kiedy po wygraniu jej władzę w kraju przejęli talibowie. W czasach gdy przez Afganistan przetaczały się karawany podróżnych, a nie pancerne kolumny najeźdźczych wojsk, Intercontinental był w Kabulu pierwszym nowoczesnym hotelem z basenem, salą gimnastyczną i kilkoma restauracjami, uchodził za luksusowy, niemal zbytkowny, ostatni krzyk mody, ulubione miejsce odpoczynku i zabawy stołecznej elity. Wojna nie zniszczyła go jak inne może dlatego, że leżał nieco z dala od śródmieścia, które stało się głównym polem bitwy, pogromów i grabieży. Ale i on nie wyszedł z wojny bez szwanku. Z dwustu pokojów do użytku nadawała się najwyżej jedna trzecia. Pozostałe, podziurawione pociskami i rakietami, straszyły wypalonymi oknami. Kabulska elita znów zaczęła bywać w Intercontinentalu, kiedy na Afganistan najechali Amerykanie i odebrali władzę talibom. W odwecie talibowie posłali do ataku na hotel oddział zamachowców samobójców. Wysadzili się w powietrze w lobby, w korytarzach i restauracji, a wcześniej, strzelając na oślep do hotelowych gości, dokonali masakry.

W taki sam sposób i w podobnym celu zaatakowane i zburzone zostały inne hotele i restauracje, w których zatrzymywałem się podczas podróży do Afganistanu. Zamachowcy samobójcy wysadzili w powietrze Marriott w Islamabadzie i włoską knajpkę Luna Caprese, hotel Pearl-Continental w Peszawarze i libańską Tawernę w Kabulu.

Kiedy w Kabulu rządzili talibowie, nocowałem w Klubie Niemieckim, a kiedy na Afganistan najechali Amerykanie, zatrzymywałem się zwykle w małym zajeździe Nawin w śródmiejskiej dzielnicy Kolola Puszta. Wieczorami, siedząc wygodnie w różanym ogrodzie urządzonym na tyłach zajazdu, lubiłem wsłuchiwać się w tęskne wołanie muezzinów wzywających wiernych na modlitwę. Ich przejmujące smutkiem zawodzenie przerywał czasami ogłuszający warkot śmigłowców, które przelatując nisko nad miastem, wiozły żołnierzy na którąś z nocnych bitew.

Raz czy dwa zajrzałem do Mustafy, drugiego po U Ziggy'ego najpopularniejszego wśród dzieci kwiatów hotelu. U Ziggy'ego nie odnalazłem i nie przekonały mnie zapewnienia jednego z moich afgańskich przewodników, że willa, którą kupił i przerobił na oberżę niemiecki włóczykij Siegfried Zuern, i Klub Niemiecki to jedno i to samo. Mustafa, zamknięty gdy Afganistanem rządzili Rosjanie i talibowie, zmartwychwstał, kiedy w Kabulu wylądowali Amerykanie. Ale choć wskrzeszony, nie przypominał już dawnego hotelu. Ruchliwy i gwarny wciąż był ulubionym miejscem spotkań przebywających w Afganistanie cudzoziemców, tylko teraz byli to żołnierze, dyplomaci i korespondenci wojenni. Lecz to właśnie w Mustafie wpadłem na Afgańczyka, który nie tylko pamiętał czasy, gdy jedynymi cudzoziemcami w Afganistanie byli hipisi i podróżnicy, ale zawdzięczał im życie.

Książę Abdul Ali Siradż zgłosił się do wyborów prezydenckich i odwiedzał Mustafę, wiedząc, że do hotelowego baru zaglądają zagraniczni dziennikarze. Liczył na to, że zawierając z nimi znajomość, zyska na popularności i uwiarygodni w oczach świata i rodaków swoje pretensje do władzy nad Afganistanem. Sam nie miał najmniejszych wątpliwości, że ma do niej prawo. Pochodził z królewskiej dynastii Barakzajów, którzy panowali w Afganistanie prawie przez całe dziewiętnaste i dwudzieste stulecie. Jego przodkami byli wielcy afgańscy emirowie Dost Mohammad, założyciel dynastii, i Abdurrahman, który rządząc bezwzględnie i okrutnie, doprowadził jednak do zjednoczenia afgańskiego państwa w jego współczesnej postaci. Był książę również potomkiem i kuzynem postępowych królów Amanullaha Chana (to on przestał tytułować się emirem, a zaczął królem, malikiem) i Zahir Szaha. Dotąd polityką się nie zajmował, ale uważał rodzinne koneksje za wystarczające kwalifikacje do sprawowania władzy.

Kiedy jego krewniak, dobry król Zahir Szah panował w Kabulu, wykształcony w Ameryce książę Abdul Ali Siradż zajmował się interesami i odnosił spore sukcesy. Założył dochodowe biura podróży, reklamy i pośrednictwa pracy, był właścicielem pierwszej w kraju firmy taksówkarskiej, kilku restauracji, w tym działającego do dziś i specjalizującego się w chińskiej kuchni Złotego Lotosu, a także pierwszej w Afganistanie dyskoteki Godzina Dwudziesta Piąta i pierwszego klubu nocnego.

Prowadząc interesy, zwłaszcza w branży rozrywkowej, poznał wielu cudzoziemców, w tym przyszłą żonę. Poznał też wielu hipisów, którzy przychodzili do jego dyskoteki, restauracji i klubu nocnego, posłuchać muzyki i się zabawić. Nie rozumiał ich, nie rozumiał, jak można tak żyć, ale nie przepędzał ich ze swoich lokali, a zdarzało się nieraz, że stawiał im, zwłaszcza dziewczynom, na koszt firmy obiady i drinki.

Szczodrość i życzliwość, jaką okazywał długowłosym znajomym z barów, zwróciły mu się po tysiąckroć, kiedy afgańscy komuniści obalili najpierw króla, a potem także opowiadającego się za republiką premiera, który początkowo trzymał ich stronę. W kraju zaczęła się tlić wojna, a rosyjskie wojska najechały Afganistan, żeby ratować władzę komunistów. Wkrótce potem do księcia doszły słuchy, że jako przedstawiciel królewskiego rodu został wpisany przez komunistów na listę osób wyznaczonych do natychmiastowego rozstrzelania.

Od śmierci uratowali go hipisi z Australii i Wielkiej Brytanii. Inwazja czerwonoarmistów zaskoczyła ich w Kabulu. Bujając w chmurach haszyszu, nie zauważyli dziejowej burzy zbierającej się nad Afganistanem. Teraz, ponaglani przez rosyjskich żołnierzy, pakowali się do swoich autobusów i szykowali w drogę do Indii. Na zimę i tak zresztą wyjeżdżali z Afganistanu na południe, tyle że zwykle uciekali przed chłodami i śniegiem. Zgodnie z przywleczoną z Zachodu najnowszą modą książę nosił długie włosy i brodę. Hipisi kazali mu się przebrać w ich kolorowe ubrania, usiąść z tyłu autobusu, wcisnęli w ręce gitarę. Nie miał pojęcia, jak się na niej gra, ale podpowiedzieli, żeby po prostu uderzał lekko w struny, kiedy usłyszy, że śpiewają. W ten sposób przejechali bez kłopotów przez wszystkie posterunki na drodze z Kabulu do pakistańskiej granicy i zostali przez nią przepuszczeni. Książę wyjechał do

Europy, a stamtąd za ocean, do Ameryki. Wrócił, kiedy z Kabulu przegnani zostali komuniści i Rosjanie, mudżahedini i talibowie, a nowi gospodarze, Amerykanie, zapowiadali nadejście nowych porządków i nowych, lepszych czasów.

„Wszystko będzie dobrze, wszystko się ułoży, jeśli postawi się znów na wielkie rody, na plemienną starszyznę. I na tradycję, tak jak to kiedyś było" – tłumaczył w hotelowym barze książę napotkanym zagranicznym dziennikarzom. Słuchaliśmy tego z niedowierzaniem. Odkąd obalono w Afganistanie monarchię, wszystkie kolejne rządy, komuniści, watażkowie, muzułmańscy fanatycy talibowie, wszyscy walcząc między sobą o władzę, zgodnie tępili tradycyjną starszyznę, widząc w niej zagrożenie dla swoich rządów. Nawet Amerykanie, którzy nastali jako ostatni w Kabulu i ustanowili przychylnego sobie prezydenta, krytykowali go, że próbuje zawrócić czas, a zamiast nowoczesnej demokracji wskrzesza dawną dworską politykę. „Nie ma już wielkich rodów" – powiedziałem powątpiewająco, kiedy książę przerwał na chwilę wygłaszanie wyborczego manifestu. „Nie ma? – uśmiechnął się dobrotliwie. – A ja to co?"

Kiedy talibowie czmychnęli z Kabulu przed bombardującymi miasto Amerykanami, mieszkałem w Kabulu w wynajętej willi w najlepszej dzielnicy Wazir Akbar Chan. Nigdy nie byłoby mnie na to stać, gdyby nie wojenne okoliczności, które sprawiły, że większość mieszkańców uciekła ze stolicy, pozostawiając domy pod opieką tych, którzy uciekać nie chcieli albo nie mogli. Od jednego z takich opiekunów wynajęliśmy w kilka osób piętrową, ogrodzoną murem willę z ogrodem i garażem. Piętro zajęliśmy dla siebie, na parterze mieszkał zarządca domu, który za dopłatą zgodził się nam gotować. Wprowadzili się do niego także nasz kierowca Duży Said oraz tłumacz i przewodnik Mały Said.

Wieczorami, po kolacji i nadaniu codziennych korespondencji, siadywaliśmy na fotelach na tarasie i paląc skręty z haszyszem, przyglądaliśmy się amerykańskim samolotom przelatującym nad miastem nad Góry Białe nad pakistańską granicą, gdzie w wyrytych w skale labiryntach twierdzy Tora Bora ukrył się Osama ibn Ladin. Siedzieliśmy tak, niewiele rozmawiając, każdy pogrążony we własnym milczeniu, kiedy na taras wbiegł zdyszany Mały Said z wiadomością, że w Kunduzie Amerykanie wzięli do niewoli białego taliba z Kalifornii. „Tylko jednego?" – mruknął ktoś.

Amerykański talib nazywał się Johnny Walker i rzeczywiście pochodził z kalifornijskiego miasta San Anselmo. Położone nad szmaragdową zatoką, wśród łąk, lasów i gór, cieszyło się opinią raju na ziemi, który w epoce Wodnika ściągnął hipisów i wszystkich, którym obrzydł wielkomiejski wyścig szczurów, a zamarzył się powrót do natury. Rodzice Johnny'ego też byli hipisami, ale przybyli do Kalifornii z Waszyngtonu dopiero w czasach, gdy dzieci kwiaty postarzały się, a wiele z nich pogodziło się ze światem i zachowując liberalne poglądy i przywiązanie do wolności, zdobyło wspaniałe wykształcenie, porobiło kariery jako prawnicy, uczeni, dziennikarze i artyści, zbiło majątki.

Rodzice Johnny'ego nie powędrowali jak inni do Indii, by tam znaleźć odpowiedzi na pytania, kim są naprawdę i co znaczy dobrze żyć. Nigdy nie byli w Afganistanie. Zgodnie z wyznawanymi przez siebie poglądami zachęcali jednak swoje dzieci, by same poszukiwały własnej drogi w życiu. Matkę Johnny'ego zawsze pociągały religie, mistyka i spirytualizm. Przeszła zauroczenie judaizmem i wierzeniami północnoamerykańskich Indian, odnalazła się w buddyzmie, zajmowała się astrologią. Ojciec, katolik, potomek irlandzkich osadników, w którym nigdy nie zgasło przywiązanie do tradycji, po dwudziestu latach małżeństwa odkrył w sobie homoseksualistę, wyprowadził się z domu i rozwiódł z żoną. Ale kiedy szesnastoletni Johnny oznajmił, że postanowił przyjąć islam i wywędrować do Afganistanu, oboje byli zachwyceni i dumni z samodzielnego wyboru syna i tego, że w epoce komiksów i komputerów odnalazł się w sferze duchowości.

Kiedy opowiedziałem mu o amerykańskim talibie „Jasiu Wędrowniczku", „Święty" wyprostował się i odparł, że z powodu podobnej historii musiał porzucić plaże Goa i nigdy już tam nie wróci.

– Tamta dziewczyna nazywała się Scarlett, miała piętnaście lat, a jej matka też była hipiską i żyła na Goa – powiedział. – Nie pamiętam jej, ale kto wie, pewnie nieraz, nie wiedząc o sobie, mijaliśmy się na plaży w Andżunie.

Czekałem, myślałem, że powie coś więcej. Ale tego dnia już w ogóle nie rozmawialiśmy, choć było dopiero południe i mieliśmy przed sobą cały długi dzień.

W pamięci Kamal wszystko przesuwało się prędzej i prędzej, pozostawiając po sobie coraz mniej śladów. Wspomnienia stawały się rzadsze, jak telefony do domu. Wyjeżdżając z Warszawy, obiecywała, że będzie pisać z drogi, dzwonić. Na początku dotrzymywała słowa, ale im była dalej, tym rzadziej wracała myślami do tego, co zostawiła za sobą, coraz mniej ją łączyło ze starym światem, coraz bardziej zagłębiała się w nowym, który się przed nią otwierał. O tamtym zapominała. Po prostu przestawał jej dotyczyć. „Nie mam o czym opowiadać" – tłumaczyła przez telefon matce w czasie, kiedy jeszcze przypominała sobie o swoim milczeniu, a ono rozbudzało w niej poczucie winy.

O tym, że nie ma za bardzo o czym opowiadać, mówiła nawet wtedy, gdy odnalazła się po podróży do Afganistanu i zadzwoniła do domu. „Naprawdę aż tak długo to trwało? – Wydawała się szczerze zdziwiona, a nawet rozbawiona, gdy matka przez telefon robiła jej wyrzuty i opowiadała o przygotowaniach do niedoszłej wyprawy ratunkowej, którą miałem poprowadzić. – Nie zdawałam sobie sprawy. Czas tutaj inaczej biegnie, a ja przestałam go mierzyć starym sposobem".

Po powrocie z Afganistanu, znów w Peszawarze, zerknęła do paszportu i zauważyła, że indyjska wiza, którą wstemplowano jej jeszcze w Warszawie, straciła ważność. Dopiero wtedy uświadomiła sobie, że jest w drodze już od ponad pół roku.

Do Afganistanu, powiedziała matce, pojechała trochę przypadkiem, nie po to, żeby szukać przygód. Wiedziała doskonale, że to nie był już ten sam kraj, który tak bardzo upodobały sobie dzieci kwiaty, jej poprzednicy w wędrówce na Wschód. Od tamtych lat Afganistan zmienił się nie do poznania. Nieustanne wojny przewalały się przez jego doliny, przełęcze i pustynie, czyniąc z nich pola śmierci. Kiedy Kamal wędrowała do Indii, górę w afgańskiej wojnie wzięła właśnie nowa zbrojna partia, muzułmańscy fanatycy, którzy sami nazywali siebie talibami, czyli uczniami. Rozgromili wszystkich przeciwników, zdobyli stolicę i przejęli władzę w kraju, a uznając swoich wioskowych mułłów za jedynych przewodników i wodzów, zamierzali zaprowadzić w Afganistanie państwo Boże, urządzone w każdym szczególe według zaleceń Proroka zapisanych w Świętej Księdze i hadisach.

Kamal była ciekawa Afganistanu, ale wojna jej nie pociągała. Podobnie jak nie pociągało jej ryzyko, przygoda czy możliwość przyjrzenia się z bliska talibom. Ominęłaby pewnie Afganistan, gdyby w Czitralu nie poznała irańskiego dziennikarza, który się właśnie wybierał na afgańską stronę, żeby nakręcić film o mudżahedinach, rycerzach świętej wojny. Zgodził się ją z sobą zabrać, miało nie być daleko, na przeciwległym zboczu góry. Nalegał tylko, żeby na czas podróży ubrała się tak jak większość afgańskich kobiet, w długą do ziemi szatę, burkę, zakrywającą całe ciało, głowę i twarz. Przebranie na nic się nie zdało, bo Afgańczycy z łatwością odgadywali, że pod zasłoną kryje się cudzoziemka. Rozpoznawali ją po gestach, ruchach, sposobie, w jaki chodziła, jak trzymała ręce, po sylwetce. Kamal była wysoka, znacznie przewyższała wzrostem Afganki.

Powiedziała matce, że partyzanckie obozowisko, będące celem ich wyprawy, znajdowało się zaraz za grzbietem góry, którym biegła granica między Afganistanem i Pakistanem. Ale gorące źródła Garam Czaszma, o których również mówiła, w rzeczywistości znajdują się w górach Czitralu, po pakistańskiej stronie. Wątpliwe też, by jechała z mudżahedinami do Kandaharu, ojczyzny i twierdzy talibów, odległej o setki kilometrów i leżącej na południu Afganistanu. Matka, a może sama Kamal, musiała pomylić Kandahar z Nangarharem, położonym na wschodzie, niedaleko Czitralu. To by się zgadzało ze składanymi matce zapewnieniami, że nie spotkała po drodze żadnego taliba. Wschodnie afgańskie prowincje Badachszan i Nuristan, położone przy granicy z Czitralem, górzyste i bezludne, były królestwem wrogich talibom i właśnie przez nich rozgromionych partyzantów, którzy przeprawiali się zapewne przez góry, by wraz z innymi mudżahedinami bezpiecznie przezimować w dolinie Pandższiru. Starymi, zniszczonymi i psującymi się co chwila wojskowymi ciężarówkami i terenowymi toyotami afgańscy partyzanci, Kamal i jej irański towarzysz podróży przemierzali pusty, groźny, zniszczony wojną kraj, kamienistą pustynię, surową dla swoich mieszkańców, ale bezlitosną dla wszystkich bez wyjątku obcych najeźdźców, którzy próbowali ich pokonać i podbić.

Jakiś czas potem, zupełnie niezauważalny dla Kamal, a niepokojąco długi dla matki i brata, mudżahedini przywiedli ją z powrotem starą drogą przez góry, którą od wieków wędrują przez Pamir karawany kupców, przemytników i partyzantów na przełęcz Dorah, nad granicę z Pakistanem.

Po pakistańskiej stronie już na nią czekali. Wojskowi i kilku cywilów, najwyraźniej wyższych rangą, bo żołnierze słuchali ich poleceń i stawali przed nimi na baczność. Przedstawili się jako oficerowie wywiadu. Kazali jej iść z sobą, ale nie byli nieprzyjaźni. Przeciwnie, prześcigali się w uprzejmościach, chociaż nie miała ani wizy afgańskiej, ani nowej, pakistańskiej na powrót do Czitralu. Powieźli ją do Peszawaru, do wojskowego garnizonu zajmującego połowę miasta, gdzie miał na nią czekać jeszcze jeden ważny cywil ze stołecznego Islamabadu. Spóźniał się, więc żeby nie przykrzyło się jej czekanie, zabrali ją na mecz polo, zabawiali rozmową. Kiedy powiedziała im, że od dzieciństwa jeździ konno, rozkazali żołnierzom, żeby przyprowadzili wierzchowca i namówili ją, by dołączyła do uczestniczących w grze zawodników. Nie kryli podziwu, a ona bawiła się świetnie.

Przybyły w końcu z Islamabadu najważniejszy z oficerów wyjaśnił, że zostali powiadomieni o jej zaginięciu przez jedną z zagranicznych ambasad i że miała wiele szczęścia, bo nie wszyscy wracają z afgańskiej strony. Powiedział, że jest wolna i może jechać, dokąd zechce, choćby i do Indii. Poradził jednak, by nie zbaczała już więcej z drogi, a pozostałą część podróży odbyła jak inni, autobusem lub koleją.

Zrobiła, jak mówił. Nazajutrz autobusem z Peszawaru pojechała do Rawalpindi, a stamtąd do Lahore, dawnej stolicy wielkiego Pendżabu, gdzie zatrzymała się na noc. Następnego dnia motorową rikszą kazała się zawieźć na indyjską granicę, a przekroczywszy ją, wynajęła taksówkę, którą dojechała do Amritsaru i Złotej Świątyni, największej świętości sikhów.

Postanowiła, że pierwszą noc na indyjskiej ziemi spędzi właśnie tam, na ciepłym, nagrzanym słońcem dziedzińcu z białego marmuru, nad świętym stawem, pośrodku którego na maleńkiej wysepce połączonej groblą z resztą sanktuarium stała rozświetlona i lśniąca złotem świątynia. Wpatrzona w nią uklękła i bezgłośnie poruszała ustami, nie mogąc znaleźć słów dość dobrych na dziękczynną modlitwę. Wieczorem wraz z tysiącami innych pielgrzymów poszła na wieczerzę do największej na świecie darmowej świątynnej jadłodajni, w której codziennie rozdawane są setki tysięcy posiłków wszystkim przybyszom, bez względu na wiarę, pochodzenie, kolor skóry czy płeć. Na pamiątkę pierwszego guru sikhów Nanaka, który nauczał, że ludzie są jednością, są sobie równi i powinni okazywać sobie solidarność i współczucie, dzielić się z innymi i w ten sposób tworzyć z innymi wspólnotę.

Długo nie mogła zasnąć tej pierwszej nocy w Indiach. Nazajutrz miała zobaczyć Delhi, kres swojej wędrówki.

Kiedy Kamal z oddziałem mudżahedinów wędrowała przez góry Czitralu i Nuristanu, byłem niedaleko, w dolinie Pandższiru. Pojechałem tam, żeby zobaczyć się z Ahmadem Szahem Massudem, najsławniejszym z afgańskich komendantów, który jako minister wojny nie potrafił obronić Kabulu przed talibami. Nie chcąc toczyć ulicznych walk, które obróciłyby miasto w pustynię, porzucił stolicę i zaszył się w rodzinnej dolinie, od lat służącej mu za niezdobytą skalną twierdzę. Żadnemu z jego wrogów – a miał ich zawsze bez liku – nie udało się zdobyć Pandższiru. Wysadzając w powietrze skały u jej wejścia, zabarykadował drogę ścigającym go wrogom.

„Nigdy nie zdobędą Pandższiru. Połamali sobie na nim zęby Rosjanie i to samo spotka talibów" – powiedział ze zwykłym niewzruszonym spokojem, kiedy wieczorem przyjął mnie w przerobionym na dowódczą kwaterę rodzinnym domu w mieścinie Bazarak. Z werandy, na której rozmawialiśmy, widać było płynącą w dole turkusową rzekę i groźne, pionowe skalne ściany, mury obronne Pandższiru. „Co mi mogą tu zrobić? Nawet bomb nie mogą zrzucać. Mają wszystkiego cztery samoloty, ale ich jedyni dwaj piloci przeszli na naszą stronę. Kiedy się tu broniłem przed Rosjanami, jeden karabin przypadał na trzech partyzantów. A dziś mam tu wszystko, co potrzebne na wojnę".

Talibowie zaatakowali następnego dnia o świcie, kiedy ruszyłem w drogę powrotną do Kabulu. Do doliny przeprowadził mnie znajomy, który pochodził z Pandższiru i znał wszystkie górskie ścieżki między posterunkami talibów i polami minowymi, które na zboczach kazał założyć Massud. Miejscowi, którzy wciąż przeprawiali się do leżącego u wrót doliny miasteczka Gulbahar w interesach i po zakupy, wiedzieli, jak je obchodzić. Ale teraz na wierzchołkach gór wznoszących się nad Gulbaharem byli już talibowie, odcinając nam drogę do Kabulu. Pociski sypiące się z góry ze świstem uniemożliwiały jakikolwiek ruch, roztrzaskiwały przydrożne głazy, wzbijały w powietrze słupy skalnego kurzu i dymu, a skaliste ściany potęgowały kanonadę. Cała dolina huczała i drżała od wybuchów.

Szturm talibów został odparty, ale u wlotu do doliny wciąż toczyły się walki. Najkrótsza droga powrotna do Kabulu, ta, którą przybyłem do Pandższiru, była odcięta. Pozostawała jeszcze tylko jedna, prawie dwustukilometrowa droga nad rzeką, na drugi koniec Pandższiru i dalej do Talokanu przez przełęcz Chawak, przez którą przed wiekami na czele armii i podróżnych karawan zmierzali do Kabulu i Indii Aleksander Wielki, Tamerlan i Ibn Battuta.

Przyłączyłem się do niewielkiego oddziału Nur Alama. Dobrze się złożyło, bo czas gonił go tak samo jak mnie. Podczas jazdy łamanym angielskim i rosyjskim, a głównie na migi, wyjaśnił, że wraz z sześcioma żołnierzami – tylu ich tylko zostało z całego oddziału po ostatnich walkach z talibami – postanowił zdezerterować i uciec do Rosji. Ukradzionym w Kabulu samochodem wiózł worek zrabowanych w banku afgańskich banknotów i mówił, że ma już wojny powyżej uszu.

Pierwszego konia kupiłem od Nur Alama za trzysta dolarów. Był to olbrzym karej maści. Partyzanci, z którymi uciekałem z Pandższiru, kiwali z uznaniem głowami, że za takiego rumaka nie była to wygórowana cena. Początkowo wcale nie myślałem o kupnie konia. Nur Alam i jego żołnierze wędrowali pieszo. Zamierzałem dotrzymać im kroku. Zerkając na nich, uznałem, że nie ustępuję im ani siłą, ani wytrzymałością. Kiedy jednak już pierwszego dnia po sześciu godzinach nocnej pieszej wspinaczki nogi odmówiły mi posłuszeństwa, a przed oczami zaczęły latać czerwone płaty, poddałem się i kupiłem konia. Przyszło mi to tym łatwiej, że Nur Alam wyznał, iż góry właśnie się zaczynają. Przed nami stały wysokie na pięć tysięcy metrów ośnieżone szczyty. Dalej rozciągały się grzbiety Pamiru, Hindukuszu i Nuristanu.

Kary olbrzym ochwacił się na przełęczy. Musiałem go zostawić pasterzom, a od Nur Alama kupić nowego wierzchowca. Tym razem dowódca przyprowadził mi srokatego chudzielca, bardziej przypominającego zabiedzonego osła niż konia. Zażądał za niego stu dolarów. Nawet jego żołnierze odwrócili z zażenowaniem głowy, słysząc, jakiej ceny żąda dowódca.

Nur Alam miał mnie w garści. Tylko on znał przejście przez górskie bezdroża. Nie miałem już afgańskich pieniędzy, a chłopi w dolinach nie chcieli dolarów, które uważali za pieniądze szatana. Nur Alam, pobożny muzułmanin, modlił się pięć razy dziennie, ale nie widział nic zdrożnego w zamianie uczciwych afgani na bezbożne dolary. Zauważyłem też, że im bardziej byłem wyczerpany wędrówką, tym bardziej spadał kurs dolara wobec afgani.

Pięć lat później znów jechałem przez te góry. Tym razem jednak z północy na południe, z Pamiru przez Hindukusz do Kabulu. I nie przez przełęcz Chawak, lecz Andżoman. I nie w pojedynkę, ale w składającej się z ośmiu samochodów dziennikarskiej karawanie. Massud nie żył, zabity w samobójczym zamachu w swojej własnej kwaterze. Został zgładzony na polecenie tych samych ludzi, którzy dwa dni później wydali rozkaz innym straceńcom, by porwali pasażerskie samoloty i zaatakowali Nowy Jork i Waszyngton. Spodziewano się, że lada dzień amerykańskie wojsko, jako kolejna obca armia, w odwecie najedzie na Afganistan. Spieszyliśmy się, by zdążyć przed inwazją i znaleźć się jak najbliżej Kabulu, kiedy upadnie w nim rząd talibów. Naszym celem było miasteczko Dżabal-us Seradż, zajęte przez partyzantów Massuda z doliny Pandższiru i leżące zaledwie pięćdziesiąt, sześćdziesiąt kilometrów od bombardowanego Kabulu.

Z ośmiu samochodów, które wynajęliśmy w pamirskim Fajzabadzie, do Pandższiru dojechało tylko pięć, a między przyjazdem pierwszego i ostatniego upłynęły prawie dwa dni. Ja, zanim dotarłem do celu, musiałem aż trzykrotnie zmieniać pojazdy. Pierwszy był rosyjski terenowy gazik. Jego kierowca Ahmad Fahim podający się za mistrza kierownicy obiecał przewieźć mnie przez doliny, przełęcze i skaliste rumowiska za tysiąc dolarów. Targi, prośby i przekleństwa na nic się zdały. Widząc potok cudzoziemskich dziennikarzy, kierowcy i właściciele samochodów terenowych w Fajzabadzie skrzyknęli się i nie schodzili z ceny nawet o dolara. Wyprawa gazikiem skończyła się pierwszej nocy, gdy Ahmad, przywykły do zgrabnej kierownicy toyoty, ale nieobeznany z przypominającą koło młyńskie kierownicą gazika, zbyt późno wszedł w ostry zakręt i samochód, koziołkując, wpadł do lodowatej rzeki Kokczar. Przemoczonego do cna uratowali mnie i zabrali do swojej toyoty Serbowie Miodrag i Bodan, pracujący dla włoskiej telewizji RAI.

Wszystkie pojazdy, do których wsiadałem, psuły się po kilku godzinach. Toyota Serbów popsuła się w połowie wspinaczki na przełęcz Andżoman. Do gospody, która miała stać na jej szczycie, wdrapałem się pieszo, żwawo, bo sił dodała mi przestroga przygodnych wędrowców, że nocą grasują tam wilki. Poznany w zajeździe kierowca ciężarówki zgodził się zabrać mnie na przyczepie z przełęczy i przewieźć przez całą dolinę Pandższiru aż do Dżabal-us-Seradż. Pech, którego ściągałem na kolejne samochody, unieruchomił jednak także ciężarówkę. Składana i rozkładana po drodze skrzynia biegów odmówiła w końcu posłuszeństwa, a samochód wyzionął ducha przy kolejnej oberży, u wlotu do Pandższiru. Tam czekał już przebiegły Amrullah z bielmem na lewym oku. Polował właśnie na takich jak ja, rozbitków, umordowanych wędrówką i zdanych na jego łaskę. Zdzierał z nich skórę, a potem wioząc swoją żółtą wołgą przez dolinę, zrzędził, że nie powinien się godzić na tak nikczemną zapłatę, że skazuje tym siebie, żonę i dzieci na biedę i poniewierkę, ale niech już będzie jego strata i jego krzywda.

Rano znów zajrzałem do Szafiego, ale wciąż nie było go w biurze. Na jego miejscu siedział jeden z bratanków, chyba Jusuf, który na mój widok zerwał się na równe nogi, jakbym przyłapał go na jakimś przestępstwie.

– Stryjowi się już poprawiło i pewnie będzie wieczorem – zapewnił. – A jutro to już przyjdzie na pewno. Proszę do nas wstąpić! Koniecznie!

Wracając do hotelu, przypomniałem sobie o znajomym mojego gospodarza Kulwanta Singha, mającym sklep zaraz obok jego hotelu. Nazywał się Bridż Mohan Sethi i kiedyś zadawał się z dziećmi kwiatami. Poprosił, żebym zaszedł do niego wieczorem, teraz nie mógł rozmawiać, spodziewał się ważnego gościa.

– Interesy... – rzucił przepraszająco.

Czekając, aż nadejdzie zmierzch, ruszyłem w miasto. Bez pośpiechu, nie próbując nawet zapamiętywać drogi powrotnej, za to powoli dostrajając się do rytmu, pulsowania i nastroju ulicy. Lubiłem błąkać się zaułkami, po placach i bazarach, poddawać nurtowi miejscowego życia, porwać ulicznemu tłumowi, nie wiedząc dokąd zaprowadzi. Na modlitwę? Wesele? Marsz przeciwko niesprawiedliwemu, złemu rządowi? Dawało to złudzenie prawdziwego udziału w życiu miejsca, w którym było się tylko gościem.

Wędrowałem tak po Tbilisi, po Baku, Duszanbe, Teheranie, Kabulu, Peszawarze, Rawalpindi, Benares, Katmandu, Delhi. Wszędzie tam, gdzie chciałem przynależeć bardziej, niż to się należało zwykłemu przejezdnemu, gdzie chciałem, żeby uznano mnie za swojego. Choć gubiłem się natychmiast w labiryntach uliczek i zaułków, nigdy nie bałem się, że nie odnajdę drogi powrotnej. Wiedziałem, że w ostateczności zaczepię pierwszego rikszarza czy taksówkarza, a oni odwiozą mnie w znane mi miejsce, skąd odnajdę drogę z łatwością.

Delhijską dzielnicę Pahargandż najbardziej lubiłem o rześkim poranku, gdy dopiero wstawała wraz z nowym dniem. I tuż przed zmierzchem, kiedy cichł zgiełk i robiło się chłodniej. Prawdę powiedziawszy, lubiłem Pahargandż o każdej porze roku i dnia, niezależnie od pogody.

Nie znosiłem tu przyjeżdżać jedynie w środku nocy, bo przypominał wtedy bezludną krainę ciemności i śmierci, z której wyzierały nędza i brud. Na ziemi wzdłuż rynsztoków spali bezdomni żebracy. Bezpańskie psy, skowycząc, skakały sobie w mroku do gardeł, a stada krów snuły się samopas na opuszczonym targowisku, pośród odpadków i śmieci.

O świcie czerwone słońce wskrzeszało jednak zawsze Pahargandż, przywracało mu dawną, dobrze znaną, hipnotyzującą postać. Lubiłem mu się przyglądać z kafejek i restauracji, urządzonych na dachach i balkonach. Podglądałem, jak mieszkańcy kamienic po przeciwległej stronie ulicy, na swoich dachach, antresolach, powtarzając te same, co zawsze czynności, szykowali się na spotkanie z tym, co miał przynieść dzień. Wpatrywałem się w kłębiący się w dole tłum przechodniów i przekupniów, wsłuchiwałem się w nawoływania straganiarzy, przeraźliwe klaksony i warkot riksz, chrzęst starych rowerów.

Wydawało mi się, że jest wieczny i zawsze już będzie tak trwać w niezmienionej, znanej postaci, a więc pewny, oswojony, bezpieczny. Ostatnimi czasy zaczął się jednak zmieniać, a nawet odniosłem wrażenie, jakby się skurczył i powoli znikał.

Ktoś powiedział, że żadne miejsce na świecie nie działa tak jednocześnie i niebezpiecznie na wszystkie zmysły jak Indie. Wieczny zgiełk i przeciskająca się uliczkami ludzka ciżba zawsze dawały poczucie przynależności i wspólnoty albo – jeśli ktoś tego pragnął bardziej – ucieczki, całkowitego zatracenia się w anonimowym tłumie.

Żeby otrząsnąć się z rozleniwiającego letargu, ruszałem czasami główną aleją bazaru na dworzec kolejowy i dalej, szeroką ulicą przez wiadukt nad torami kolejowymi do Starego Delhi. Wędrując zaułkami za Bramą Adżmerską, szukałem drogi do Piątkowego Meczetu, żeby z jego kamiennych schodów podglądać ludzi i ich codzienne życie.

Takie podglądanie wydawało mi się ważną częścią każdej podróży. Zbliżało do miejsc, w których się zatrzymywałem, a nawet w jakiś sposób pozwalało nawiązać więź z ludźmi. Czasem spotykało się kogoś, z kim dawało się wspólnie podglądać świat, z dachu czy meczetowych schodów, bez zbędnych słów, z kim milczenie nie było krępujące. Ktoś taki nadawał się na towarzysza na dalszą drogę.

Z Piątkowego Meczetu uliczkami tak wąskimi, że żaden samochód nie próbował się w nie zapuścić, szedłem aż pod Bramę Kaszmirską, gdzie nad rzeką Jamuną przed laty rozbijali namiotowe obozowiska hipisi, pierwsi przybysze, którzy odkryli Pahargandż dla świata.

Pahargandż wyznaczał koniec wędrówki, kres szlaku. Wszystkie dalsze drogi były już drogami Wschodu. Nikt nie wie, jak wielu przybyszów, uciekinierów z Zachodu przewędrowało tą drogą na Wschód. Kiedy „Święty" przyjechał tu po raz pierwszy, wyczytał w miejscowej gazecie, że w Indiach przebywało wtedy kilkanaście tysięcy dzieci kwiatów. Według autora napisanego w triumfalnym tonie artykułu tak wielka liczba przyjezdnych dowodziła znaczenia Indii i tego, jak wiele mogą zaoferować współczesnemu światu. Po wizycie Beatlesów w Riszikeszu kilkanaście tysięcy wędrowców z Zachodu co tydzień przekraczało indyjskie granice. W końcu zjechało ich tak wielu, że indyjska premier Indira Gandhi, która najpierw witała ich z otwartymi ramionami i zapewniała, że Indie jak przybrana matka przygarną do serca zbiegów z Zachodu, zaczęła się domagać od zachodnich rządów, żeby zabrali uciekinierów z powrotem do ich krajów.

Dla tych, którzy odrzucali pogoń za karierą i pieniądzem, a sensu życia upatrywali w pustelniczym wyrzeczeniu się dostatków mającym ułatwić odkrywanie duchowych głębi, Pahargandż był dobrym miejscem na początek. Położony w sercu indyjskiej stolicy, tuż przy dworcu kolejowym, w labiryncie targowisk, kramów, tanich restauracji i hotelików, oferował dach nad głową i wytchnienie przed dalszą podróżą. Na Pahargandżu krzyżowały się drogi. Ta z zachodu, z Hindukuszu i pustyń Radżasthanu krzyżowała się z północną z Himalajów, a szlak ze wschodu, ze świętego miasta Benares nad Gangesem, przecinał się z południowym, wiodącym na rajskie plaże Goa.

Przez długie lata Pahargandż był największym bazarem w Delhi, położonym poza murami Starego Miasta, za Bramą Adżmerską. Jego znaczenie jeszcze wzrosło, gdy Brytyjczycy postanowili wznieść tu nowy dworzec kolejowy. Zdecydowali się jednak przebudować całe miasto, zburzyli część starych dzielnic, wytyczyli nowe, które swoją nowoczesnością i przepychem miały zadziwić świat.

Niewiele brakowało, a zrównany z ziemią zostałby i sam Pahargandż, by zwolnić miejsce pod nowe miasto i nowiutką handlową dzielnicę. Brytyjski wicekról Indii przestraszył się jednak kosztów, jakie musiałby ponieść na wykup gruntów od miejscowych sklepikarzy. Ocalił w ten sposób Pahargandż, który tak oto stał się pomostem między Starym i Nowym Miastem.

Bliskość dworca, bazar i tanie hoteliki sprowadziły na Pahargandż zachodnie dzieci kwiaty. Sława Pahargandżu jako przystanku na drodze do krainy Szangri-La lotem błyskawicy rozniosła się po całym Zachodzie i z każdym rokiem cudzoziemców pojawiało się coraz więcej. Zwietrzywszy zarobek, kupcy otwierali nowe kramy, a hotelarze nowe zajazdy i wkrótce cały Pahargandż zaczął żyć z przybyszów.

Zanim ruszyli dalej, na skrzyżowaniu dróg, na Pahargandżu, o zmierzchu, najlepszej na to porze, popijając herbatę z masalą lub pociągając skręty z marihuaną, przybysze z Zachodu nabierali sił na dalszą podróż, naradzali się, wymieniali opowieściami, doświadczeniami, a nierzadko także towarzyszami wędrówki i życia, dobierali w karawany, a czasami w pary.

„A jakże! Pamiętam ich doskonale!" Ilekroć ponaglany pytaniami Bridż Mohan Sethi wracał wspomnieniami do tamtych czasów, jego siwobroda twarz rozjaśniała się tkliwym uśmiechem. „Wszystko, do czego doszedłem, zawdzięczam właśnie im. Na nich dorobiłem się pierwszych pieniędzy, oni odkryli przede mną wielki świat".

Uciekali na Wschód, by się uwolnić od dławiącej ich na Zachodzie tyranii pieniądza, a mieszkańcy Wschodu skwapliwie im w tym pomagali. „Przyjeżdżali tu, by wyrzec się kultu gromadzenia bogactwa, a my marzyliśmy tylko o tym, by zostać jego najgorliwszymi czcicielami. – Sethi lubił rozmawiać o dawnych czasach, gdy jeszcze prawie całe życie było przed nim. – Dzisiaj nikt w Indiach nie uważa pieniądza za potwora, którego należy poskromić, ale w tamtych czasach rzeczywiście nie brakowało u nas takich, co wierzyli, że człowiek nie powinien posiadać więcej, niż potrzebuje, a gromadzenie dóbr ponad własne potrzeby uznawano za oznakę szaleństwa". Wierzyli w to święcie przybywający z Zachodu włóczędzy. A jeszcze bardziej wierzyli, że gdzie jak gdzie, ale na Wschodzie znajdą zrozumienie i sprzymierzeńców.

„Przyjeżdżali tu ze świata w tych swoich kolorowych ubraniach i koralikach, z długimi włosami, z cudacznymi jak dla nas zwyczajami i muzyką, no i z narkotykami, z którymi nie musieli się tu kryć – opowiadał Sethi w swoim biurze. – Mieliśmy ich trochę za dziwaków, ale byli przyjaźnie nastawieni do świata. W kółko gadali o pokoju i wolnej miłości. Wszystkim i ze wszystkimi się chcieli dzielić. Nawet kobietami".

Skwapliwie korzystał z praktykowanej przez przybyszów wolnej miłości. „Miałem w życiu tyle kobiet, ile jest dni w roku. Nigdy nie musiałem ich do niczego zmuszać ani im płacić – wspominał. – A raz zdarzyło mi się kochać jednego dnia aż z trzema. Raniutko z dziewczyną, którą przywiozłem do hotelu z dworca kolejowego, w środku dnia z inną, której pomogłem załatwić wizę do Nepalu, a nocą kochałem się jeszcze z jedną, którą przywiozłem na Pahargandż z lotniska".

Miał wtedy osiemnaście lat i właśnie wyrobił sobie prawo jazdy i licencję na prowadzenie rikszy. Indie były w tamtych czasach „bogatym krajem biednych ludzi". Tak nazwał je Nehru, towarzysz i uczeń Mahatmy Gandhiego, który swoją nieustępliwością i siłą woli rozpalił wyobraźnię ludzi na całym świecie, zapowiadając, że dowiedzie, iż Dawid może pokonać Goliata. To także z powodu Mahatmy ciągnęli nad Ganges pielgrzymi z Zachodu, wyrzekający się przemocy, bogactwa i wiecznej konfrontacji. Tego nauczał Mahatma, w którym widzieli swojego guru, nauczyciela i kapłana.

A także w Nehru. Dystyngowany i łagodny, przypominał raczej mędrca niż polityka. Tak go zresztą nazywano – *pandit*, nauczyciel. Kierował się w polityce ideami i jak marzyciel, odkrywca poszukiwał trzeciej drogi pomiędzy zachodnią, kapitalistyczną demokracją i komunistyczną satrapią Wschodu.

Pochłonięci swoim wyobrażeniem szczęśliwości i zajęci bez reszty sobą długowłosi włóczędzy nie dostrzegali niczego innego. Uciekając przed swoimi wojnami, nie dostrzegali – bo i widzieć nie chcieli – cudzych wojen. Zdawali się nie pamiętać, że narodzinom Indii, w których widzieli krainę pokoju i duchowości, towarzyszyły morze przelanej krwi oraz tułaczka milionów nieszczęśników. Indie powstały z rozdarcia kraju na dwie części. Jedna została oddana muzułmanom i zaraz ruszyła do niej z Indii rzeka wyznawców Mahometa. W przeciwną stronę potoczyła się równie wielka i niespokojna rzeka hindusów i sikhów, a oba szlaki znaczone były pogorzeliskami i cmentarzami, na których pogrzebano prawie milion ludzi.

W ten sposób na miejsce muzułmanów pomordowanych lub przegnanych do Pakistanu, z rozerwanego na dwoje Pendżabu przybyła do Delhi i na Pahargandż hinduska rodzina Sethich. Tak też przywędrowała tu rodzina sikha Kulwanta Singha.

„Mnie się zdaje, że najbardziej przyjechali tu przez Beatlesów – snuł rozważania Sethi. – To od nich się zaczęła na Zachodzie moda na jogę, medytację, sitar i kadzidełka. Młodzi słuchali muzyki Beatlesów i w ogóle wielbili ich jak bóstwa. Nic dziwnego, że pociągnęli za nimi i do Indii".

Czekał na przybyszów z Zachodu w swojej rikszy przed dworcem kolejowym. A kiedy zapamiętał rozkład przylatujących z zagranicy samolotów, czekał na nich także na położonym za miastem lotnisku.

„Słyszałem o nich, zanim zobaczyłem na własne oczy. Nazywałem ich w myślach Szczęśliwymi Ludźmi. *Happy*! Rozumie pan? *Happy*! Szczęśliwy! Kiedy pierwszy raz o nich usłyszałem, myślałem, że tak się właśnie nazywają! Dopiero potem wyjaśniło się, że się przesłyszałem, że wcale nie byli *happy*, tylko *hippie*! Co jak co, ale szczęśliwi to oni nie byli. U nas dopiero tego szczęścia chcieli szukać. Chcieli się wyzbyć dawnego życia i pieniędzy, a ja ich bardzo potrzebowałem, żeby swoje jak najlepiej przeżyć – wspominał z pełnym czułości uśmiechem. – Jestem poniekąd ich dłużnikiem. Ale kiedy się dorobiłem, uważałem za swój obowiązek pomagać innym. To była moja karma".

Z lotniska i dworca kolejowego zabierał przybyszów w dalszą podróż i najmował się im na przewodnika. Woził rikszą, pokazywał miasto i jego zabytki, pomagał w znalezieniu dachu nad głową, załatwiał wizy w zagranicznych ambasadach, bilety na pociągi, autobusy i samoloty, wymieniał ich dolary i podróżne czeki na miejscowe rupie, przywoził im do hoteli marihuanę, haszysz i opium, które w tamtych czasach sprzedawano w aptekach.

Czasami nie brał nawet pieniędzy za przysługę. Oswajał przybyszów, nęcił, owijał sobie wokół palca, wpajał im przekonanie, że bez niego nie poradzą sobie w nieznanym i tajemniczym świecie Wschodu, on zaś zapewni im wszystko, czego potrzebują.

Kupował od przybyszów i odsprzedawał z zyskiem rzeczy, które przywozili. Niektórych się pozbywali, bo w Indiach przestawały im być potrzebne. Inne zwozili specjalnie na handel, by zarobić na życie i podróż. Kupował od nich butelki whisky, aparaty fotograficzne, magnetofony, radioodbiorniki, tranzystorowe telewizory, a nawet elektryczne żelazka i suszarki do włosów. Po latach, handlując już z nowymi przybyszami, Polakami, rozkręcił ten interes na masową skalę i dorobił się wielkich pieniędzy, założył firmę importowo-eksportową, pobudował własne hotele.

Dolara dziennie kosztowała prycza w wieloosobowym pokoju w hotelu na bazarze albo opłata za rozbicie namiotu w obozowiskach nad Jamuną, w pobliżu Bram Kaszmirskiej i Adżmerskiej. Drugi dolar wystarczał na całodziennie wyżywienie. Żyjąc w miejscach takich jak Pahargandż, nie musieli się ruszać z Indii całymi miesiącami. Dawali jednocześnie zarobek miejscowym, drobnym straganiarzom, rikszarzom, krawcom, szewcom, właścicielom hotelików i kafejek. No i dostawcom marihuany czy opium.

Pan Sethi dobrze pamiętał, że gdy zaczynał wozić pasażerów swoją rikszą po Delhi, na Pahargandżu było może kilkanaście hoteli, ale z powodu długowłosych pielgrzymów z Zachodu wkrótce wyrosło ich kilkaset.

Legenda dzieci kwiatów i rozgłos, jaką dzięki nim zyskał Pahargandż, jeszcze przez długie lata miała przyciągać w jego zaułki młodych ludzi z Zachodu. Upodabniali się do pierwszych przybyszów, hipisów. Tak jak oni nosili długie włosy i brody, przebierali się w miejscowe ubrania i ozdoby. Ale nie szukali już krainy Szangri-La, prawdy i sensu życia. Szło im raczej o włóczęgę bez końca i celu, przygodę, pociechę.

Młodzi Żydzi z Izraela zjeżdżali tu, by nacieszyć się życiem przed przymusową służbą wojskową i wojną, albo po jej zakończeniu, by odbić sobie stracony na niej czas. Albo o wszystkim zapomnieć.

Potem przyjechali Polacy, którzy na Pahargandżu odkrywali w sobie kupieckie talenty i okazywali się arcymistrzami w dziedzinie kontrabandy między Bangkokiem, Singapurem, Katmandu i Delhi. Wielu z nich pan Sethi też pomógł się wzbogacić. Nieraz z własnej kieszeni wykładał dla nich na bilety lotnicze i szmuglowane towary. Miał z tego udział w zyskach, ale korzystali i inni.

Pochłonięty nowymi interesami, klientami i znajomościami stracił hipisów z oczu, choć nadal widywał ich na Pahargandżu, na targowiskach i w bazarowych zaułkach. Czasami zdawało mu się, że zrobiło się ich jakoś mniej, a innym razem – że odmłodnieli. Ale łapał się często na tym, że za dawne dzieci kwiaty bierze tych, którzy przywędrowali za nimi sprowadzeni legendą Szangri-La. Tylko wyglądali podobnie. Ci starzy, prawdziwi, jakby rzeczywiście zniknęli. Rozjechali się w cztery strony świata, jedni w Himalaje, inni na plaże Goa, pozamykali w aśramach nad Gangesem, jeszcze inni, rozczarowani rozpaczliwą niezmiennością świata, powracali do domu. Nic dziwnego – Pahargandż był dla nich jedynie przystankiem.

Ale spotkałem jeszcze hipisów na Pahargandżu, kiedy przed trzydziestu laty przyjechałem do Indii po raz pierwszy. Pan Sethi mówił, że zdążyłem na sam koniec. Było to w czasach gdy puste, porośnięte palmami plaże Goa nie zostały jeszcze zabudowane hotelowymi miastami, nepalskiej wioski Pokhara pod Annapurną nie zamieniono w kurort, a porośniętych dzikimi konopiami brzegów pobliskiego jeziora Phewa Tal nie wyłożono granitową kostką dla wygody wycieczkowiczów.

Włócząc się potem po Indiach, coraz rzadziej spotykałem dawne dzieci kwiaty. Nie było w nich już młodzieńczej beztroski. Najwyżej przyćmiony tęsknotą, pogodny spokój, właściwy ludziom pogodzonym z losem, ale i przekonanym, że dokonali słusznego wyboru, przeżyli dobrze swoje życie.

Spotykałem jeszcze starych hipisów w Marrakeszu, na wyspach andamańskich, a pewnego razu na festiwalu literackim w kolumbijskiej Cartagenie poznałem miejscowego dziennikarza o imieniu Rainbow. „Rzadkie imię. Niewielu ludzi odważyłoby się nazwać swojego syna Tęczą" – zauważyłem. „Tak, wiem – odparł nieco zakłopotany. – Nadała mi je matka, która żyła tu w komunie hipisów".

Pan Sethi uśmiechał się dobrotliwie, kiedy wspominał dawne czasy. Miał już siódmy krzyżyk na karku i poczucie, że przeżył swoje życie dobrze. Nikomu nie wyrządził krzywdy, przynajmniej nie wyrządził świadomie. Za to pomagał, jak potrafił, i pomógł wielu. Dorobił się majątku, ale nie zabiegał o wiele więcej, niż potrzebował. Dzięki tym pieniądzom wykształcił i wyprowadził na ludzi obu synów i córkę. Zapewnił im lepsze życie niż jego własne. Dopełnił swojej karmy. Dlatego z sentymentem wracał do czasów, gdy jako nastolatek woził swoją rikszą hipisów po Pahargandżu.

„Nie wiem, czy znaleźli szczęście, którego przyjechali tu szukać – mówił. – Wiem za to, że mnie je przynieśli".

Dopiero później, spotkawszy Kamal, odkryłem, że w przeciwieństwie do niej, „Święty" lepiej zapamiętał drogę do Indii niż całe swoje życie w Goa, prawie pięćdziesiąt lat, przerywane krótkimi wyjazdami za miedzę, żeby odnowić wizę, albo trochę tylko dłuższymi, ale pełnymi napięcia, niepokoju i rozczarowania podróżami do Europy. Z łatwością i ochotą przywoływał szczegóły wędrówki na Wschód, większość ważnych i pomniejszych wydarzeń, które jej towarzyszyły, imiona i twarze napotkanych ludzi. Pół wieku, jakie zeszło mu w Indiach, głównie na goańskich plażach, było natomiast wspomnieniem ogólnym, raczej wrażeniem, rozmytym i zatartym w czasie, pozbawionym wyraźnych kształtów. Z trudnością przychodziło mu powiedzieć, co robił przez ten czas.

Nie łudził się, że wszystko jest jeszcze przed nim, że najlepsze dopiero przyjdzie. Wiedział, że nie przyjdzie. Ale nie był też swoim życiem rozczarowany. Może dlatego, że nie miał wobec niego żadnych wielkich planów ani przesadnych oczekiwań, a większość tych nielicznych, które miał, udało mu się spełnić. Nawet jeśli mu czegoś brakowało, żył, jak chciał. Zgodnie ze swoimi pragnieniami i prawdziwymi potrzebami, a nie tymi wmawianymi mu przez innych i spełniając innych oczekiwania. I nie uważał, że życie zeszło mu na niczym.

No i żył, gdzie chciał. Plaże Goa od pierwszej chwili wydały mu się miejscem najlepszym, tym właściwym. Nie miał co do tego żadnych wątpliwości i natychmiast wyrzucił z pamięci Kapadocję, Iran, Afganistan, dolinę Swatu. Sądził, a może raczej czuł, że właśnie Goa jest końcem jego wędrówki. Ale kiedy go spotkałem w Delhi, wiedział już, że się mylił.

– A dolina Swatu? – zapytał wieczorem. – Kiedyś było tam jak w raju. A teraz? Jak jest? Dałoby się tam żyć?

Należał do tych nielicznych, którzy utknąwszy w drodze do Indii na afgańskim postoju, znaleźli jeszcze dość sił, wyobraźni, cierpliwości i nienasycenia, żeby zboczyć z głównego szlaku. Dla większości pobyt w Afganistanie był spełnieniem ostatniego, koniecznego warunku przed zanurzeniem się w Indie. Po pokonaniu afgańskiego odcinka czuli się nawet zwolnieni z przykazania, by podróżując, nie płacić ani grosza. W Kabulu ładowali się do autobusów jadących przez Przełęcz Chajberską do Peszawaru. Zostawali tam na noc, nieciekawi nawet tamtejszych bazarów, a nazajutrz pędzili dalej, na dworzec kolejowy, żeby złapać pociąg do Rawalpindi, a najlepiej od razu do Lahore, trzecią klasą, za dolara. Z Lahore za parę rupii można było już dojechać dwukołową bryczką do samej indyjskiej granicy. Niektórzy planowali podróż tak, by wyjechawszy z Kabulu o świcie, nocnym pociągiem dojechać do Lahore. Pakistańskie terytorium, ostatnią ziemię, jaka dzieliła ich od Indii, należało przejechać jak najszybciej. Takie przekonanie panowało wśród wędrowców z ludu Wodnika.

„Święty" nie spieszył się jednak ani do Indii, ani donikąd. Opóźniał wyjazd z Kabulu, zwłóczył, głównie dlatego żeby dać jak najwięcej czasu Nancy, która miała dołączyć do niego w Afganistanie. Z Przełęczy Chajberskiej i Peszawaru nie tylko nie pojechał więc z innymi na południe, ku gorącym równinom, ale skierował się na północ i północny wschód, gdzie wznosiły się pokryte wiecznym śniegiem góry i zagubione wśród nich krainy Swatu, Malakandu, Hunzy i Czitralu. A kiedy się ich już napatrzył, zawrócił z powrotem do Kabulu. I nie żałował ani godziny.

Na południowych zboczach gór zastał bowiem świat jak ze snu albo z marzeń. Dziewiczy, nietknięty nowoczesnością, żyjący według własnych praw, z dala od wszystkiego i wszystkich. Ukwiecone łąki poruszane ciepłym wiatrem, zielone wzgórza, a nad nimi ośnieżone wierzchołki gór, odgradzające dolinę od świata. Przestrzeń zdająca się nie mieć kresu i bezbrzeżne, oniemiałe, niczym niezakłócone piękno. I cisza. Całkowita cisza, nakazująca zniżać głos do szeptu i rozdzierana tylko krzykami szybujących po czystym niebie orłów. Na „Świętym", urzeczonym już Afganistanem, nowa dolina wywarła niezwykłe wrażenie. Ciągle zdawało mu się, że śni. Afganistan był surowy, skalisty, pustynny. Dolinę Swatu porastała zaś zielona puszcza, poprzecinana górskimi rzekami i strumieniami, gorącymi źródłami i pastwiskami, na których pasły się stada bydła, owiec i kóz.

Dolinę zamieszkiwali Jusufzajowie, lud dumny, twardy, pobożny i gościnny jak wszystkie plemiona pasztuńskie, choć nie tak dziki, podstępny i mściwy jak ich bracia z zachodnich dolin Mehsudzi czy Wazirowie, a nawet nie jak najbliżsi sąsiedzi z Przełęczy Chajberskiej Afrydzi, przemytnicy i rabusie. Uzbrojeni w stare flinty i kindżały, przepasani bandolierami, w szarawarach i wielkich turbanach, wyglądali jak bohaterowie baśni, jakie na Zachodzie rodzice czytali dzieciom na dobranoc. Dzieciom kwiatom wydali się dodatkowo bliscy, bo tak jak ich pobratymcy z Afganistanu uważali haszysz i opium za zioło dane im przez Opatrzność dla lepszego życia.

Osady Jusufzajów, ulepione ze zbielałej na słońcu gliny, były nieliczne i tak oddalone od siebie, że cała dolina sprawiała wrażenie bezludnej. Przede wszystkim nie było w niej żadnych obcych, jeśli nie liczyć pasterzy, którzy przyganiali tu swoje stada z sąsiednich dolin, i przemytników, którzy popędzając karawany, wieźli z Afganistanu szmaragdy, by sprzedać je kupcom z peszawarskich bazarów. Wszystko to razem sprawiało, że ten, kogo droga przywiodła do zielonej doliny, czuł się jej jedynym mieszkańcem, wybrańcem, na którego czekała, by mógł się cieszyć jej nieskazitelnym spokojem i pięknem.

Ja przyjechałem do doliny Swatu w orszaku weselnym przebrany za gościa pana młodego Ghulama Nabiego, Pasztuna poznanego w Rawalpindi. Inaczej bym do doliny nie wjechał. Odkąd wybuchła w niej wojna, a władze posłały tam wojsko, by stłumiło rebelię, do Swatu nie wpuszczano cudzoziemców. Nie pozwalali na to także partyzanci, który w obcokrajowcach widzieli wrogów i niewiernych.

Osmalone domy i leje po bombach znaczyły wszystkie niemal drogi w dolinie, a kiedy przybyliśmy do miasta Mingora, stolicy Swatu, przed jednym z hoteli mężczyźni sprzątali gruzy i szkło po zamachu z poprzedniego dnia. Wielki lej po bombie wypełniony brudną wodą po nocnej ulewie przypominał spory staw. Wybuch zniszczył całe skrzydło hotelu, który zajęli na kwaterę żołnierze przysłani tu przez pakistańskie władze, aby pilnować bezpieczeństwa podczas zarządzonych właśnie wyborów. „A przecież prosiliśmy żołnierzy, żeby trzymali się z dala od miasta, od domów, od bazarów – zrzędził właściciel zburzonego hotelu, odgarniając gruzy przed wejściem. – Jak miałem im odmówić gościny? A gdzie tylko się pojawią, tam partyzanci zaraz podkładają bomby".

Na błagania mieszkańców Mingory i okolicznych wiosek żołnierze przenieśli się w końcu na wzgórza ciągnące się wzdłuż rzeki i głównej drogi. Stamtąd śledzili sunące nią nieliczne samochody. W góry umknęli też partyzanci i z górskich kryjówek dokonywali teraz nocnych wypadów na zagubione posterunki albo podkładali bomby na drogach, którymi zwykły przejeżdżać wojskowe patrole. Tego dnia, gdy przyjechaliśmy do Thany na wesele Ghulama Nabiego, na minie na drodze w pobliżu miasteczka Matta wyleciał w powietrze inny weselny orszak. Zginęło kilkanaście osób.

Wojna w dolinie Swatu wybuchła, gdy w stołecznym Islamabadzie wojsko przypuściło szturm na zbuntowany przeciwko rządowi

Czerwony Meczet. W odwecie mułłowie z pogranicza wezwali pasztuńskie plemiona, by chwyciły za karabiny i kindżały, i ruszyły bronić wiary. Jako pierwsi do walki stanęli sławni z wojowniczości Wazirowie i Mehsudzi, ale do świętej wojny przystali także spokojni Jusufzajowie, uważani wśród Pasztunów za najbogatszych, najlepiej wykształconych i najodporniejszych na wszelkiej maści fanatyzm.

Prawdę mówiąc, faktycznym początkiem wojny w dolinie Swatu był najazd Amerykanów na Afganistan. Pasztunowie z Afganistanu i Pakistanu nigdy nie przestali uważać się za braci. Nigdy też nie uznali rozdzielającej ich i ich ziemie granicy między tymi państwami. Ilekroć jednym działa się krzywda, drudzy szli pobratymcom na pomoc, zapominając o starych waśniach i wendettach. Tak było, gdy podbić Afganistan próbowali Rosjanie. Tak było również, gdy najechali nań Amerykanie.

W zapadającym zmierzchu na ciemniejącym niebie wciąż widać było wiszące nad doliną i pobliskimi przełęczami wojskowe śmigłowce Cobra wypatrujące partyzantów. Po zmroku w dolinie zaczynała się godzina policyjna, która obowiązywała aż do brzasku.

Nazajutrz po weselu pan młody Ghulam Nabi zawiózł mnie do nieodległej wioski Sakhakot, żeby przedstawić mnie serdarowi Zahirowi Szahowi Chanowi, pokłonić mu się i złożyć wyrazy szacunku.

Wioska leżała u podnóża stromej przełęczy wiodącej do kamiennej twierdzy Malakandu, gdzie przed stu laty brytyjski garnizon odpierał zaciekłe ataki pasztuńskich wojowników, a Winston Churchill jako korespondent wojenny opisywał dla londyńskich gazet bitewne dzieje. Wieczorami zaułki Sakhakot tonęły w słodkich oparach haszyszu i opium, a na bazarze, jak w wielu innych miasteczkach i wioskach na pasztuńskich ziemiach, zwłaszcza po pakistańskiej stronie, w Darra Adam Khel pod Peszawarem czy Landi Kotal na Przełęczy Chajberskiej, kowale i rusznikarze wyrabiali karabiny i pociski. „Nasi chłopcy uczą się strzelać, jak tylko zaczną chodzić, a mężczyźni noszą broń, tak jak spodnie" – powiedział Zahir Szah, pokazując z dumą domowy arsenał: dwa rosyjskie karabiny maszynowe, niemiecki pistolet i strzelbę myśliwską. Na bazarze w wiosce, której był władcą i właścicielem, można było kupić każdą broń, używaną i nowiutką, oryginalną i podrabianą. Za używany, ale prawdziwy rosyjski karabin maszynowy trzeba było zapłacić prawie pół tysiąca dolarów, ale miejscowe podróbki, choć czasami zawodziły w godzinie próby, można było dostać nawet za połowę tej ceny. Pociski kosztowały tyle, co orzeszki ziemne.

„Myśmy tu toczyli wojny od zawsze i nieprzerwanie. Rodowe wendetty, o pastwiska, stada, kobiety, między dolinami, rodami i plemionami. To były nasze wojny i o nasze sprawy, nie niepokoiły obcych przyjezdnych, a nawet im się podobały. Prosili, żeby im opowiadać o bitwach, rabusiach, wendettach, które nie dość, że krwawe, to potrafiły się ciągnąć przez całe pokolenia. Dla nich te nasze wojny były tylko ciekawostką ubarwiającą jeszcze przygodę i podróż. Choć najprawdziwsze, ich nie dotyczyły. Podnieśli lament dopiero gdy z powodu naszych wojen nie mogli więcej do nas przyjeżdżać, bo i im zaczęły zagrażać – powiedział serdar Zahir Szah Chan. – A wojny, cóż, są przecież jak przemoc i śmierć nieodłączną częścią życia, jakie przyszło nam tu wieść. Pokoju wiecznego doczekają tylko ci, którzy zasłużą sobie na zbawienie".

„Święty" nie doczekał się na Nancy w Kabulu, nie spotkał jej także w Delhi. Nie zastał żadnych od niej wieści.

Pociągiem z Delhi, razem z Theo pojechali do Bombaju, a stamtąd do Goa, żeby na własne oczy zobaczyć plaże, o których opowiadano, że są rajem na ziemi. Po krótkich wakacjach, zamierzali wrócić samolotem do Europy z afgańskim haszyszem, ukrytym w walizkach wyposażonych w podwójne dna i specjalne schowki. Bombajscy kaletnicy uchodzili w tej branży za mistrzów i przemytnicy zaopatrywali się u nich w walizki i torby podróżne. W tamtych czasach europejscy celnicy nie przetrząsali jeszcze bagażów pasażerów wracających z Indii. Musiało minąć parę ładnych lat, a narkotykowy szmugiel rozkręcić się na masową skalę, żeby na lotniskach w Londynie, Paryżu, Rzymie, Amsterdamie i Kopenhadze każdego wracającego z Indii podróżnego zaczęto uważać za potencjalnego przemytnika.

Do tego czasu wielu włóczęgów z Zachodu przemieniło się w ekspertów od wszelkiej kontrabandy pozwalającej im zarabiać na utrzymanie w Indiach. Przemycano wszystko, od jedwabiu po elektronikę i złoto, ale największe zyski przynosił szmugiel narkotyków. Tym, którzy potrzebowali pieniędzy jedynie na życie, wystarczało raz na rok wypuścić się na przemytniczą wyprawę do Bangkoku, Singapuru czy Europy. Wielu jednak poświęciło życie dzieci kwiatów na rzecz bogactwa i wygód, jakie zapewniały pieniądze z przemytu narkotyków.

Z Bombaju „Święty" i Theo wrócili samolotem do Amsterdamu. Celnicy nawet nie popatrzyli na walizki, w których przewozili afgański haszysz. Theo sprzedał towar i uczciwie podzielił się ze „Świętym" zyskiem.

W Amsterdamie „Święty" nie mógł znaleźć sobie miejsca. Myślał tylko o tym, żeby jak najszybciej wrócić do Indii i odnaleźć Nancy. Sprzedał wszystko, co miał i na co znalazł kupców. Używane meble, które kupił kiedyś na targu, żeby urządzić mieszkanie, ciepłe ubrania, książki, gramofon, płyty, także te nagrane przez Dylana. Mieszkanie wynajmował od staruszki ciotki, za pół darmo. Teraz, nie mówiąc jej o tym, odstąpił je za opłatą znajomemu. Umówili się, że czynsz będzie przesyłać do Indii, a „Święty" liczył, że wystarczy mu to na indyjskie utrzymanie. Pieniądze, przypadającą na niego część zysków z rodzinnych knajp, obiecał przesyłać mu także brat. W Holandii były to grosze. W Indiach wystarczały na całkiem wygodne życie. No i miał jeszcze pieniądze, jakie zarobił wraz z Theo na przemycie afgańskich narkotyków. Czuł się finansowo zabezpieczony. W porównaniu z Europą życie w Indiach nie kosztowało wiele, prawie nic.

Przekonał się też szybko, że wyrzekając się dawnego życia i wybierając nowe, bez trudności i żalu wyzbywa się przyzwyczajeń, potrzeb i rzeczy, które dotąd wydawały mu się nieodzowne. Teraz okazywały się zupełnie zbędne. Im mniej oczekiwał, tym rzadziej czuł się rozczarowany. Im mniej potrzebował do szczęścia, tym częściej go zaznawał. Nie odnosił wrażenia, że z czegoś rezygnuje, że się ogranicza, staje się życiowym minimalistą. Po prostu pragnął i potrzebował czegoś innego niż dotąd. Doświadczył tego już podczas podróży lądem do Indii, kiedy wyrzucał z plecaka zabrane na drogę rzeczy. Zdawało mu się, że wybiera tylko te najpotrzebniejsze, konieczne. Z każdym dniem przekonywał się, że się bez nich doskonale obywa.

Jako pierwszych pozbył się mocnych, ciężkich butów i książek, potem zapasowych spodni, kurtki, swetrów, koszul. Jedne uznał za całkowicie zbędne, inne wyrzucał, uznawszy, że nie będzie dźwigał rzeczy, które mogą, ale nie muszą mu się przydać. Coraz lżejszy bagaż ułatwiał wędrówkę. Czuł też, że dopiero pozbywając się rzeczy, które zabrał z domu, zaczął naprawdę zmierzać naprzód.

Rozdał wszystko, co miał, postanowił uwolnić się od wszelkiego przywiązania, które przynosi tylko cierpienie. „Jeśli nie masz nic, nie masz też niczego do stracenia". Znowu Dylan. Aby nie ograniczać niczym swojej wolności, nie powinien też zatrzymywać się w jednym miejscu zbyt długo. To też groziło przywiązaniem. Najlepszym wyjściem byłaby nieustanna wędrówka. Zrobił jednak wyjątek, małe odstępstwo. Osiadł w Goa i nie zamierzał się już stamtąd ruszać. Postanowił za to, że będzie sam, przynajmniej na początku, przez jakiś czas. Obawiał się, że przebywając z innymi ludźmi, chcąc nie chcąc, będzie się do nich dopasowywać, naginać, ustępować, ich towarzystwo będzie go rozpraszało i nie pozwoli mu skupić się wyłącznie na sobie, i nigdy nie odkryje, czego tak naprawdę potrzebuje i jak chce żyć. Zdecydował, że w Goa nie zamieszka z innymi hipisami na plaży w Andżunie, ale w pobliskiej rybackiej wiosce Kalangut, w której w tamtych czasach żyli tylko miejscowi. W tamtych czasach w Goa w ogóle nie było zbyt wielu ludzi.

Dawna portugalska kolonia, a raczej faktoria na wybrzeżu Morza Arabskiego dopiero co została włączona do Indii, jej mieszkańcy, wyznający katolicyzm, uważani byli przez wielu tubylców za ciemnoskórych Portugalczyków, a cały kraj, najmniejszy ze wszystkich składających się na indyjskie państwo, był niepodobny do sąsiadów. Tropikalne lasy, palmowe gaje na plażach, a zwłaszcza białe katedry, kościoły i klasztory wznoszone przez Portugalczyków na każdym kroku ku Bożej chwale sprawiały, że Goa przypominała raczej Karaiby, na których „Święty" wychowywał się jako dziecko.

Po przyłączeniu Goa do Indii i wyjeździe Portugalczyków cudzoziemców pozostała tam ledwie garstka. Część księży, zakonników i misjonarzy zdecydowała się nie opuszczać swoich wiernych. Dołączyło do nich kilku niemieckich marynarzy ze statków, które zawinęły do goańskiego portu podczas drugiej wojny światowej. Portugalia, która wybrała neutralność, przygarnęła ich i przyznała polityczny azyl. Po wojnie część marynarzy wróciła do Niemiec.

Większość zdecydowała się jednak pozostać w Goa, zamieszkali w rybackich wioskach, pożenili się z miejscowymi dziewczynami, pozakładali rodziny. Następnymi po nich białymi przybyszami, którzy tu zawitali, były dzieci kwiaty.

Maleńkie, zapomniane, zagubione Goa wydawało się ziemią niczyją, bezludną wyspą, do których prawo mają rozbitkowie. Było Indiami i nimi nie było. Leżało na Wschodzie, ale miało w sobie wystarczająco wiele z Zachodu, by ktoś przybywający stamtąd poczuł się swojsko. Przydawało się to, zwłaszcza na początek, nawet tym, którzy tu z Zachodu i przed Zachodem uciekali. Puste, długie plaże, zasłonięte od lądu szpalerami kołyszących się na wietrze palm kusiły, by zrzucić ubranie i żyć w zgodzie z naturą. Raj na ziemi. Lato, które nigdy się nie kończyło, sprawiało, że człowiek nie potrzebował tu nie tylko odzienia, ale i pieniędzy. Za garść rupii, parę dolarów, można było tu żyć całymi tygodniami, żywiąc się owocami, warzywami i rybami z nocnych połowów. Za żywność i dach nad głową (niektórzy z przybyszów uznawali, że w ogóle go nie potrzebują, i spali na plaży, pod gołym niebem) nie płaciło się prawie nic, a brak hoteli, restauracji, sklepów i ubóstwo towarów sprawiały, że człowiek nie tylko nie potrzebował pieniędzy, żeby żyć, ale nie miał ich nawet na co i gdzie wydawać. I niewiele pod tym względem zmieniło się nawet wtedy, gdy osiadli w Andżunie hipisi zaczęli urządzać tam raz w tygodniu uliczne targowisko i założyli pierwsze knajpy.

„Święty", który zamieszkał w wiosce Kalangut, chodził do Andżuny, żeby wśród tamtejszych hipisów i włóczęgów rozpytywać o Nancy. Na delhijskim Pahargandżu niczego się o niej nie dowiedział, w żadnym z tamtejszych hoteli nie zostawiła dla niego wiadomości. Żeby to sprawdzić, w ostatniej chwili wymienił bilety lotnicze i zamiast do Bombaju poleciał do Delhi.

Nikt nie słyszał o Nancy również w Andżunie, zasiedlonej przez ludzi z jej plemienia, którzy zwykle wszystkich znali, o wszystkich wszystko wiedzieli. Nie potrzebowali do tego starych nazwisk. Mówili, że wyrzekając się ich, rodzą się na nowo. Niektórzy przekonywali nawet, że dlatego sprzedają tubylcom paszporty, dowody tożsamości, że jako nowi ludzie nie będą ich już potrzebować. W rzeczywistości robili to dla pieniędzy, bo sprzedawszy stary paszport, prędzej czy później stukali do drzwi ambasad, skarżąc się, że ich okradziono, i prosząc o wydanie nowych dokumentów.

Któregoś razu przy rozpalonym na plaży ognisku ktoś powiedział „Świętemu", że spotkał dziewczynę, która sądząc z opisu, mogła być Nancy. Spotkał ją w Delhi. Opowiadała, jak jechała z Iranu przez Pakistan do Afganistanu z chłopakiem i beludżyjskimi przemytnikami. Mówiła, że głodowała, bo w przydrożnych knajpach, w których zatrzymywali się na postój, przyjmowano tylko mężczyzn, a jej towarzysze podróży zwykle o niej zapominali i nie kupowali niczego na wynos. Potem w Kabulu się rozchorowała, skończyły się jej pieniądze i myślała, że będzie musiała prosić rodziców o pomoc i wracać do kraju. Zbierała się już nawet na odwagę, żeby odwiedzić w Kabulu amerykańską ambasadę, kiedy pod hotel, w którym mieszkała, zajechał kolorowy autobus, a wśród jego pasażerów rozpoznała dawnych znajomych z Amsterdamu i Krety. Powiedzieli jej, że jeśli nie ma nic lepszego do roboty, może jechać z nimi do Indii. Tyle że po drodze chcą się zatrzymać parę dni na Przełęczy Chajberskiej i w dolinie Swatu.

„Święty" miał wątpliwości. Nancy zamierzała wędrować do Afganistanu nie przez Kwetę i Kandahar, ale przez Herat, gdzie mieszkał jakiś afgański uczony, znajomy jej ojca. Obiecała go odwiedzić. Po co miałaby zmieniać plan podróży?

Czy „Święty" na nią czekał? Nie, nie określiłby tego w ten sposób. Chciał ją spotkać, chciał, żeby była, myślał o niej, nie raz, nie dwa. Ale nie wypełniała mu całego życia, nie przesłaniała świata, który dla siebie odkrywał.

Niczego już nie musiał, nie miał już żadnych obowiązków, w ogóle niewiele zajęć, a jednak nigdy nie narzekał na nudę, nadmiar czasu. Żył teraz swoim rytmem, do nikogo i niczego się nie dostosowując. Nie uważał jednak wcale, że nie robi nic. Pomagał rybakom wyruszającym na połów i z niego wracającym, pracował trochę w miejscowej knajpie, dhabie, ucząc się przy okazji, jak się przyrządza potrawy z indyjskiej kuchni. Przyłączył się do jednego z miejscowych guru, przeniósł do jego aśramu. Miał tam posiąść umiejętność rozpoznawania swoich prawdziwych potrzeb, a przede wszystkim przenikania własnej osobowości, rozumienia samego siebie, akceptacji swoich zalet i przywar. Wszystko to miało przynieść mu wewnętrzny spokój i otworzyć drogę ku najwyższej prawdzie. Aśram okazał się zwyczajną pustelnią, a guru szarlatanem i oszustem. Porzucił go i wrócił do rybackiej chałupy, w której wynajmował izbę. Zostawił sobie tylko nowe imię, jakie mu nadał guru. Swami Nahi. Święty Nikt. Spodobało mu się.

Potem wyjeżdżał z Goa tylko po to, żeby przedłużać indyjską wizę, do Kolombo na Sri Lance albo do Katmandu. Po jakimś czasie udało mu się połączyć terminy ważności wiz z porami roku i do Katmandu wyruszał, gdy na południu Indii zaczynały się uciążliwe monsuny. Najgorsze tygodnie, jak inni przybysze z Zachodu, przeczekiwał w Himalajach, ale wracał jako jeden z pierwszych. Parę razy wybrał się też w podróże przemytnicze. Do Bangkoku i do Singapuru. Kupował elektronikę albo złoto, które potem z dużym zyskiem sprzedawał znajomym kupcom w Bombaju. Zwykle ustalał, co ma przywieźć i za ile od niego towary odkupią. W swoim przekonaniu był więc bardziej zaopatrzeniowcem niż przemytnikiem. W tamtych czasach w Indiach brakowało prawie wszystkiego, a każdy towar przywieziony z zagranicy zapewniał zarobek. Narkotyków nigdy już nie szmuglował. I sam powoli przestał po nie sięgać. Przestały mu być potrzebne, by osiągnąć spokój i zadowolenie. W końcu przestał też myśleć o Nancy. Wiedział, że gdzieś jest, ale uwolnił się wreszcie od nawyku wyobrażania sobie, jak mogłoby wyglądać ich wspólne życie w doskonałym miejscu, jakiego szukał i jakie w końcu znalazł.

Aż któregoś razu, kiedy czuł się w nowych koleinach tak pewnie, że przestał je nawet zauważać, spotkał ją. Najpierw przemknęła mu w tłumie kłębiącym się na głównej bazarowej alei na Pahargandżu. Zdarzało mu się to wcześniej, widział kogoś, serce podskakiwało mu do gardła, był pewny, to ona. A potem okazywało się, że się pomylił, wziął za nią kogoś zupełnie innego, nawet nie bardzo podobnego. Wtedy na Pahargandżu serce też zabiło mu żwawiej, ale z trudem zachowując spokój, ruszył za nią, starając się nie zgubić jej w ludzkiej ciżbie. Zatrzymała się przy straganie z jakimiś szmatami i wtedy wiedział już, że to ona. Podszedł niezauważony, stanął tuż obok. To była Nancy.

W pierwszej chwili wydała mu się wymizerowana, zabiedzona, postarzała. Ze zdumieniem dostrzegł w kącikach jej oczu delikatne zmarszczki. Ile to lat? Dziesięć? Piętnaście? Naprawdę aż tyle? Jak to możliwe, żeby nie zauważył nawet, jak upłynęły? Ale wystarczyło kilka dni razem, by znów stała się dawną sobą, Nancy. Tylko włosy nosiła teraz ścięte krótko, jak chłopak.

Powiedziała, że odeszła właśnie od męża, Gruzina, obywatela Wielkiej Brytanii. Jego nazwisko brzmiało jak podzwanianie szabli o szablę. „Święty" poczuł jednocześnie radość, że się rozwiodła, i zdziwienie, że wyszła za mąż. I że urodziła dziecko. Syna, który mieszkał z ojcem w Londynie, kiedy ona przyjeżdżała do Indii. Żyła tu w zasadzie na stałe, w Dharamsali. Pojechała tam, żeby zobaczyć Dalajlamę i w nadziei, że znajdzie jakiś sposób, by pomagać Tybetańczykom, o których nieszczęściu dawno temu przeczytała w ojcowej gazecie. Na początek, a raczej dlatego że nic lepszego nie przyszło jej do głowy, wstąpiła do jednego z klasztorów, zapisała się na naukę tybetańskiego i jogi, potem przeszła na buddyzm. To pomogło jej znaleźć zajęcie. Cudzoziemcy z całego świata przyjeżdżali do Dharamsali, żeby pomagać tybetańskim wygnańcom. Jedni zbierali po prostu dla nich pieniądze, inni uczyli angielskiego, budowali szkoły, prowadzili kursy przedsiębiorczości, zakładali biblioteki i fundacje. Nancy, znająca tam wszystko i wszystkich, stała się kimś poszukiwanym i pożądanym. Szwedzi, Kanadyjczycy i Włosi przekazywali ją sobie z rąk do rąk, jako osobę prawie miejscową, która mogła zarządzać pomocową działalnością, mieć na wszystko oko. Ona zaś miała dzięki temu dach nad głową, środki na utrzymanie i zajęcie, któremu zawsze chciała się poświęcić.

Po śmierci matki ojciec sprzedał dom w Indianie i przeniósł się do Waszyngtonu. Nancy za swoją część spadku kupiła dom na Alasce i mieszkała tam, kiedy opuszczała Indie. Wtedy zabierała do siebie syna. Uwielbiał wędrówki po górach i wspinaczkę, więc czuł się u niej jak w siódmym niebie. Właśnie odstawiła go do ojca do Londynu, a sama przyleciała do Indii. Wracała do Dharamsali, do domu. Zapytała „Świętego", czy z nią pojedzie, a on powiedział, że tak, że jasne, głosem tak pewnym i spokojnym, jakby się na tę podróż od dawna umawiali.

Pomyślał też wtedy, że widocznie tak musiało być. Nie umawiali się przecież, nie szukali się, nie za wszelką cenę. A jednak znów się spotkali, znów ich coś połączyło. Przecież gdyby wyszedł z hotelu parę minut później albo wcześniej, nie dojrzałby jej w tłumie. Ba! Wystarczyło, żeby nie spojrzał w jej stronę, a przemknęłaby, zabierając z sobą to mgnienie, które mogło o wszystkim zadecydować. Wyglądało na to, że rzeczywiście było im to pisane. Że byli sobie pisani. Wyjechał właśnie z Goa, żeby uciec przed nadciągającym monsunem i w Katmandu załatwić nową indyjską wizę. Nancy miała teraz brytyjski paszport i mogła jeździć do Indii, kiedy chciała. Zdecydowali, że do Nepalu pojadą razem.

Katmandu było kolejnym miejscem, o które mnie pytał „Święty", gdyśmy się spotykali na Pahargandżu.

– Bardzo dawno tam nie byłem i zupełnie nie wiem dlaczego. Lubiłem przecież Katmandu. Musiało się sporo pozmieniać... – mówił, ni to stwierdzając fakt, ni to poddając się wspomnieniom. – Pamiętam, że w hotelu, w którym mieszkałem, na parterze działała regularna palarnia opium.

Hotel nazywał się Sugat, a kiedy przyjechałem do Katmandu po raz pierwszy, palarnia działała w najlepsze. Przyjechałem o świcie po całonocnej podróży przez góry autobusem z indyjskiej Patny. Był początek grudnia, może koniec listopada. W dolinie Katmandu zaczynała się zima i chłody. Szarzało, gdy z plecakiem dowlokłem się na plac Basantapur w starej części miasta i znalazłem wolny pokój w Sugacie.

Zziębnięty i na ostatnich nogach ruszyłem w poszukiwaniu jakiejś czynnej o tej porze gospody czy kafejki, gdzie można było coś zjeść. Znalazłem ją zaraz za rogiem, na Freak Street, ulicy Dziwolągów. Miejscowi nazywali ją tak z powodu dziwacznych cudzoziemskich podróżnych, którzy przywędrowali przed laty do Nepalu i upodobali sobie właśnie śródmiejską starówkę i położoną tuż przy placu uliczkę. W tamtych czasach niewielu zagranicznych gości zapuszczało się tak daleko i kiedy królowi z Katmandu doniesiono o dziwnych, długowłosych i brodatych białych przybyszach, monarcha pchnął umyślnych, żeby zaprosić wodza nieznajomych do pałacu, ugościć go, wywiedzieć się, co zamierzają. Kiedy przyjechałem do Nepalu po raz pierwszy, miejscowi zdążyli już przywyknąć do obcych, a ci uznali nepalską stolicę za swoje miejsce.

Dopiero świtało, miasto było jak wymarłe, a pustymi ulicami zimny wiatr pędził gazetowe płachty, na których poprzedniego dnia uliczni sprzedawcy rozłożyli swoje towary. Gospoda nazywała się Key Key's, a do wejścia położonego jakby w podziemiu prowadziły strome schody. Chowając się przed wiatrem i zacinającą mżawką, pchnąłem masywne, zbite z grubego drewna drzwi. Ze środka uderzyło ciepło i przyćmione, żółtawe światło. Nie pamiętam, czy przy drewnianych ławach odgrywających rolę restauracyjnych stolików siedzieli jacyś ludzie. Pamiętam za to, że izdebkę wypełniały płynące z głośników nad barem dźwięki pieśni *Shine on You Crazy Diamond*.

Potem włóczykijów i pielgrzymów przegoniono z głównego rynku do pobliskiej dzielnicy Thamel, a kiedy przyjechałem tam ostatnim razem, żeby odwiedzić hotel Sugat i przespacerować się dawnym szlakiem po starówce, musiałem kupić specjalny bilet. Sprzedawano różne – jednorazowe i całodobowe, jak do metra. Na ulicy Dziwolągów nie znalazłem już gospody Key Key's. Zaułek zmienił się nie do poznania.

„Nie ma jej. Zamknięta. Już dawno – powiedział szynkarz, którego zagadnąłem o dawne dzieje. – Teraz jest tam pralnia chemiczna. A może zakład fotograficzny?" Zamówiłem herbatę i zapytałem, czy mogę zapalić. „Nie ma sprawy. – Kiwnął przyzwalająco głową. – Byle papierosa".

Katmandu się rozrosło i dusiło się w ulicznych korkach. Przedmieście Bodnath, gdzie mieszkali tybetańscy wygnańcy i dokąd droga wiodła kiedyś przez ryżowe pola, niespodziewanie dla jego mieszkańców znalazło się prawie w środku miasta. W dzielnicy ambasad wzdłuż wysokich murów stały cierpliwie długie szeregi mężczyzn. „Wszyscy chcą stąd wyjechać za chlebem. Do Londynu, do Dubaju, bez różnicy. Byle na Zachód" – mówił wiozący mnie taksówkarz, były żołnierz. Też próbował urządzić się za granicą, liczył, że po służbie w brytyjskim wojsku dostanie emeryturę i paszport. Emeryturę, skromną, dobrą na Nepal, ale nie na Londyn, dostał, ale paszportu już nie. „Tutaj nie da się żyć" – powtórzył.

Miasto aż buchało gorącem i wściekłością. Upały coraz bardziej dawały się ludziom we znaki, a życie dodatkowo uprzykrzały strajki ogłaszane przy byle okazji przez maoistowskich partyzantów, którzy wygrali właśnie wojnę domową i szykowali się do wyborów. „Wygrali" to zresztą za dużo powiedziane. Wymusili na królu i jego generałach ustępstwa w zamian za rozejm i przerwanie wojny, w czym pomogli im uczestnicy antyrządowych ulicznych rozruchów w Katmandu, wcale niepodzielający podglądów partyzantów na życie i świat.

Rebelia zaczęła się tlić jeszcze za życia poprzedniego króla, kiedy partyzanci zniecierpliwieni niechęcią do reform, korupcją i politycznymi intrygami stołecznych polityków postanowili rozpocząć w dżungli rewolucję. Wojna wybuchła z całą siłą, gdy stary król, lubiany i szanowany przez poddanych, którzy widzieli w nim wcielenie boga Wisznu, został zamordowany wraz z całą rodziną podczas kolacji w pałacowej jadalni. Zabójcą okazał się syn i następca tronu, który pod wpływem whisky i narkotyków wystrzelał rodzinę z karabinu maszynowego, a potem odebrał sobie życie. Nowym monarchą został młodszy brat króla, który jako jedyny z całej rodziny nie uczestniczył feralnego dnia w kolacji. Nowego władcę Nepalczycy od początku traktowali nieufnie i wrogo, podejrzewając, że to on, jedyny ocalały z masakry w pałacu, ukartował zbrodnię, by sięgnąć po koronę. Starego króla pewnie by bronili przed partyzantami. Za nowym ani myśleli się ująć, a maoiści chcieli nie tylko odebrać mu tron, ale w ogóle obalić monarchię i zastąpić ją komunistyczną wspólnotą.

Jechałem na spotkanie z jednym z komendantów partyzanckich, który po wojnie nie zgłosił się do rządowego wojska, jak inni jego towarzysze broni, ale został przez partyjne władze oddelegowany do Ligi Młodych Komunistów, która oddała mu pod komendę dolinę Katmandu. „Sagar", bo taki partyzancki przydomek wybrał trzydziestoletni Czandra Bahadur Thapa, wyznaczył mi spotkanie w gorzelni w dzielnicy Buddanagar, gdzie rozłożyli obóz jego ludzie. Na wieść o przybyciu „młodych komunistów" właściciele gorzelni wynieśli się bez słowa protestu. „Sagar" ze swym sztabem zajął biura dyrekcji. Podlegli mu bojownicy w czerwonych chustach i czapkach z czerwonymi gwiazdami zajęli halę fabryczną, a na dziedzińcu ćwiczyli musztrę, gimnastykę i wschodnie sztuki walki.

O Lidze Młodych Komunistów mówiono w mieście, że maoistowscy przywódcy oddelegowali do niej swoich najlepszych komendantów i partyzantów, by w razie potrzeby stali się awangardą ulicznej rewolucji, już nie w dżungli, ale w Katmandu. Gdyby na przykład zdarzyło się tak, że przegrają wybory.

„Młodych komunistów" przyrównywano czasami do Czerwonych Khmerów, których na początku lat dziewięćdziesiątych spotkałem w Kambodży, w Angkorze, dawnej stolicy wspaniałego imperium Khmerów. „Sagar", niski i krępy, o lekko skośnych oczach nieco mi ich przypominał. Na wielkim kalendarzu wiszącym w jego biurze partyzant w polowym mundurze i z czerwonym sztandarem w garści deptał koronę nepalskich królów. „Sagar" chełpił się, że ma pod sobą pięćdziesiąt tysięcy ludzi gotowych zrobić wszystko, co im każe. Na razie posyłał ich ciężarówkami do miasta, by pilnowali, żeby nikt nie wyłamywał się ze strajków, które ogłaszał najwyższy przywódca, dawny nauczyciel Puszpa Kamal Dahal, o rewolucyjnym przydomku „Praczandra", „Groźny". „Sagar" rozsyłał też swoje brygady, żeby zaprowadzać porządek. Najpierw aresztował łapówkarzy, oszustów i przemytników. Ale odkąd się zorientował, że przekupując państwowych urzędników i sędziów, wychodzą na wolność, postanowił sam wymierzać sprawiedliwość. Zwykle wyznaczał grzywny, które jego ludzie ściągali od ukaranych. Czasami jednak zarządzał publiczne chłosty, a najzatwardzialszych w okolicy rojalistów kazał oprowadzać po ulicach z wysmarowanymi na czarno twarzami. Zdarzało mu się też umarzać długi biedaków, a raz czy dwa rozdzielić majątki ziemskie między bezrolnych chłopów. Od świtu do zmierzchu przez gorzelnię płynęła rzeka interesantów. Ludzie przychodzili ze skargami na sprzedajnych urzędników i sędziów, niesprawiedliwych policjantów, miejscowych bogaczy, którzy dorobili się majątków nieuczciwie lub na ludzkiej krzywdzie. „Sagar" wysłuchiwał wszystkich, po czym wysyłał swoich ludzi, by sprawdzili, czy skargi są zasadne, czy też są jedynie donosami zawistników.

„Jak tylko przejmiemy władzę, powywieszamy wszystkich zdrajców i wyzyskiwaczy – powiedział, a w jego głosie i twarzy nie było ani nienawiści, ani pragnienia zemsty za krzywdy. – Żeby zbudować coś nowego, trzeba najpierw zburzyć wszystko, co stare. Odmienimy ten kraj, tak że będzie nie do poznania".

– No i co? Udało się im? – zapytał „Święty".

– Przejęli w końcu władzę, ale niczego nie zmienili. A w zeszłym roku doszło tam do trzęsienia ziemi i wszystko się zawaliło.

– O tym słyszałem – powiedział „Święty".

„Świętemu" było dobrze w Dharamsali. Zwłaszcza w małym domku Nancy nad urwiskiem. Całe miasto wyglądało jak przylepione do górskich zboczy, jedna chatka nad drugą, dach tej z dołu był tarasem albo podwórkiem tej ponad nią. Wiodące do nich alejki bardziej nadawały się do wspinaczki niż spaceru. Ale przycupnięte na górskim wierzchołku miasteczko bardzo mu się spodobało. Dobrze się czuł w jego krasnoludkowym, bajkowym wymiarze. Wszystko było w nim malutkie, tycie. Na całe miasteczko składały się niewielki rynek i cztery główne uliczki, wąziutkie, obsiadłe tybetańskimi gospodami, sklepikami, świątyniami i chałupami.

Nancy była w miasteczku wprost zakochana i czuła się tu chyba naprawdę szczęśliwa. W kółko powtarzała, że Dharamsala jest miejscem, gdzie kończy się droga. Miała na myśli to, że znalazła w niej swoje miejsce i niczego nie musiała już szukać. Ale droga rzeczywiście się tu kończyła. Dalej nie było już dokąd pojechać. Do wioski Bhagsu prowadziła polna dróżka nad górskim urwiskiem, a do drugiej, Dharamkotu, ścieżka przez góry i lasy, które rosły tu wszędzie. Wyżej i dalej były już tylko łańcuchy Himalajów, mury warowne końca świata. Dharamsala, a w zasadzie górna część miasta, leżała u ich stóp. Żeby zawrócić i odnaleźć którąś z dróg na południe, zachód lub wschód, trzeba było zjechać do dolnej części miasta. Dopiero ona była połączona z resztą świata.

„Święty" lubił chodzić przez las do Dharamkotu i Bhagsu. I pod wodospady. Nie przeszkadzała mu nawet pogoda, bardzo zmienna, deszczowa. Lubił tybetańskie świątynie i klasztory, w których można było spokojnie posiedzieć i pomyśleć. Wyobrażał sobie nawet, jak spędza w Dharamsali słotną i chłodną jesień, a nawet zimę, śnieżną i mroźną. W chatce na zboczu byliby bezpieczni. Sień z urządzoną w niej kuchnią, dwie maleńkie izby ogrzewane ogniem z kominka i taras, z którego roztaczał się widok na całą dolinę Kangry i górujące nad nią białe łańcuchy Himalajów.

Wszystko to psuł mu jednak nastrój obowiązkowego uduchowienia i wzniosłości unoszący się nad miasteczkiem niby oblepiająca wilgotnym chłodem chmura. Drażnili go biali przybysze z Zachodu klepiący mantry o oświeceniu, absolucie i jedności. Namówiony przez Nancy zapisał się na kurs jogi i medytacji, ale wytrzymał tylko dwa tygodnie. „Wszyscy tam udają przed wszystkimi i przed sobą. Ja nie mam zamiaru niczego udawać" – rzucił ze złością, kiedy Nancy pytała, dlaczego zrezygnował. „To, że czegoś nie czujesz czy nie widzisz, nie znaczy, że nie istnieje" – powiedziała. Dzień wcześniej pokłócili się, gdy po powrocie z głównego klasztoru w miasteczku „Święty" kpił z zachodnich pielgrzymów, którzy z nabożnymi minami wsłuchiwali się w kazanie Dalajlamy, choć nie rozumieli po tybetańsku ani słowa.

Nancy nie tylko nie widziała w tym żadnego fałszu, ale sama szczerze i gorąco wierzyła, że dobra droga przez życie wiedzie przez nieustanną i ciężką pracę nad sobą, że tylko ciągłe doskonalenie się przyniesie wyzwolenie i szczęście. Według „Świętego" ten wymuszony reżim doskonałości niewiele w istocie różnił się od wyścigu do kariery i majątku, przed którym uciekli z Zachodu. Tam celem było najwyższe miejsce w piramidzie usypanej z bogactwa i sukcesu. Tutaj za budulec piramidy służyły wyobrażenia i sny o doskonałości i duchowości.

„Świętemu" daleko było do doskonałości. Wiedział o tym, ale nie zamierzał nic z tym robić. Nie pragnął być doskonały. „Dlaczego miałbym to robić?" – droczył się z Nancy, gdy przekonywała go do konieczności pracy nad sobą, swoim ciałem i osobowością. „Inaczej nigdy się nie dowiesz, kim naprawdę jesteś, nigdy nie osiągniesz absolutu" – tłumaczyła z początku cierpliwie. „Znam siebie wystarczająco dobrze, żeby wiedzieć, za co mogę się lubić i za co nie znosić" – odpowiedział najpierw żartem, ale widząc jej powagę, również spoważniał. – „Nie chcę nic zmieniać. Ani siebie, ani nikogo, ani niczego. Staram się brać życie i ludzi takimi, jacy są. Nie chcę, żeby się przeze mnie zmieniali i czuli nieszczęśliwi, jeśli im się to nie uda". „Mnie to nie wystarcza" – rzuciła krótko.

Nie doczekał w Dharamsali zimy ani nawet jesieni. Kiedy skończyły się monsuny, a ziemia zaczęła obsychać i zielenieć, zapytał, czy pojedzie z nim do Goa. „A po co? Co miałabym tam robić?" – zapytała zdziwiona. „Żyć. Ze mną żyć" – odparł również zdziwiony. – Dlaczego nie możemy żyć z sobą tutaj?" „To nie jest moje miejsce". „Nie od tego, gdzie człowiek jest, zależy, czy jest szczęśliwy" – mruknęła. „A mnie się jednak zdaje, że to ma znaczenie".

Parę dni później odprowadziła go wieczorem na przystanek autobusowy. „Kiedy się zobaczymy?" – zapytał. Wzruszyła ramionami.

Niczego nie postanawiał i nie zamierzał się z nią rozstawać. W ogóle niczego nie planował. Chciał tylko wrócić do rybackiej wioski na plaży i chciał, żeby pojechała tam razem z nim. Ale nie prosił jej o to, licząc, że wszystko samo się ułoży, popłynie z nurtem rzeki.

Popędzany przez konduktora wsiadł do nocnego autobusu i zajął miejsce z tyłu. Zanim rozświetlone miasteczko zniknęło za zakrętem w ciemności, „Świętemu" zdawało się, że widzi Nancy machającą do niego na pożegnanie. Pojechał drogą w dół, ona została na górze.

Choć wracam tam od ponad trzydziestu lat i wydawało mi się, że znam na Pahargandżu każdy zaułek, nie miałem pojęcia, że w jego sercu, pośród straganów, sklepików i sklepów, rozkrzyczanych, rojących się od świtu do zmierzchu od przekupniów, otoczony wysokim murem leży chrześcijański cmentarz. Nie wiedziałem o jego istnieniu, póki nie powiedziała mi o nim Kamal.

Zadzwoniła z samego rana, zanim jeszcze wyszedłem z hotelu na miasto, na codzienną, wciąż tę samą wędrówkę.

– Co słychać? – zapytała.

Powiedziałem, że odchodzę od zmysłów, bo nie mogę wydostać się miasta, nikt nie wie, ile to jeszcze może potrwać, wciąż szukam sposobu, jak dojechać do Dharamsali, ale nie znalazłem nikogo, kto zgodziłby się mnie tam zawieźć.

– Dzwoni pani z Dharamsali? – Przez głowę przemknęła mi myśl, że mogła się rozmyślić, zmienić plany, wyjechać w góry albo wrócić na południe.

– Siedzimy tu na razie, rozglądamy się. Pogoda jest paskudna, zimno i deszcz, chociaż prawdę powiedziawszy, pada tu prawie zawsze. Ale mamy za to ciszę i lasy. W mieście o tej porze robi się już pewnie nie do zniesienia. Jeśli będzie pan miał już wszystkiego dość, proszę iść na cmentarz. Od razu zrobi się lepiej. Mnie to zawsze pomagało. A Lhamo zawsze się tam świetnie bawił.

– Podoba mu się w szkole?

– Nie znosi jej. Nie wiem… może pojadę z nim znowu na parę dni do Riszikeszu. Bardzo dobrze się tam czuje.

– Do Riszikeszu? Mieliśmy się spotkać w Dharamsali.

– No i się spotkamy. Niech się pan nie denerwuje i idzie na cmentarz.

Poszedłem tam razem ze „Świętym". Też nie wiedział o istnieniu cmentarza, chociaż na Pahargandżu bywał od pół wieku.

Niewielka, sklepiona łukiem brama, schowana za straganowymi budami, prowadziła na szeroki, przestronny dziedziniec. Dalszą drogę wskazywały wąskie, wyłożone chodnikowymi płytami alejki, rozbiegające się między rzędami niewielkich nagrobków z marmuru i kamienia, a czasami znaczonymi jedynie żeliwnymi lub zwykłymi drewnianymi krzyżami.

– Spokojnie tu, prawda? – zaczepił nas niewysoki mężczyzna w białej koszuli. – Panowie pewnie w sprawie kwatery?

– Nie, nie szukamy noclegu.

– Miałem na myśli wieczny odpoczynek. Jestem tu duszpasterzem.

– Jeszcze się nań, chwalić Boga, żaden z nas nie wybiera.

– Nieznane są wyroki boskie.

Cmentarz na Pahargandżu należał do najstarszych miejsc pochówku wyznawców Chrystusa w Delhi. Dziesięć tysięcy mogił wypełniło całą jego przestrzeń opasaną wysokim murem. Na nowe groby miejsca zabrakło już dawno i zgodnie z rozporządzeniem władz rodziny miejscowych chrześcijan jeździły grzebać swoich zmarłych do Burari, w północnej części miasta. Ci, którzy upierali się chować bliskich na starym cmentarzu, musieli wpierw wykopać z grobu jakieś szczątki złożone tu przed laty. Prawo stanowiło, że między jednym a drugim pochówkiem w danym grobie musi upłynąć co najmniej dziesięć lat. Wydobyte z grobu stare szczątki można było umieścić w urnach, w specjalnych skrytkach w cmentarnym murze.

– Nie potrzeba na nie wiele miejsca. Po dziesięciu latach w grobie z człowieka niewiele zostaje – wyjaśnił cmentarny duszpasterz. – Potrzeba, jak powiadają, jest matką wynalazku. Najtrudniej nam jednak przychodzi przekonać naszych wiernych, by po śmierci godzili się na spopielenie ciała, tak jak wszyscy w Indiach.

To by pozwoliło znaleźć miejsce dla wszystkich. Ale naszym wiernym zależy, żeby zachować miejsce wiecznego spoczynku, ślad, jaki pozostaje po życiu, które dobiegło kresu. Lecz ja pewnie zanudzam, a panowie przyszli tu, żeby zaczerpnąć powietrza, nabrać sił.

Szliśmy w milczeniu główną aleją pośród starych, rozłożystych, dających cień stuletnich drzew. W ich koronach uwijały się sokoły. A więc tutaj chowały się po całodziennym szybowaniu nad dachami Pahargandżu.

– A może pojechałbyś ze mną do Dharamsali? – zapytałem, nie patrząc na „Świętego".

Po wyjeździe z Dharamsali pojechał prosto do Goa. W Delhi tylko się przesiadł z autobusu na pociąg. Czekał na ekspres do Bombaju, gdy na peronach zapanowało poruszenie, a wrzawa, i tak ogłuszająca, jeszcze się wzmogła. Siedział obojętnie na plecaku, kiedy przebiegający obok chłopak wrzasnął w jego stronę: „Zabili Indirę! Sikhowie zabili Indirę Gandhi!".

Kiedy czekał na peronie na pociąg, żołnierze ze straży przybocznej zastrzelili Indirę Gandhi w jej własnym domu. Zabójcy byli sikhami i zamachu na panią premier dokonali w zemście za to, że rozkazała swojemu wojsku, by wzięło szturmem Złotą Świątynię w Amritsarze. Zabarykadowali się w niej uzbrojeni buntownicy domagający się oderwania od Indii Pendżabu i utworzenia niepodległego państwa sikhijskiego, Chalistanu. „Święty" uświadomił sobie, że w noc poprzedzającą podróż do Bombaju przejeżdżał przecież przez Pendżab. Autobus, którym jechał z Dharamsali, zatrzymał się tam na krótki postój w przydrożnej dhabie, żeby podróżni posilili się i rozprostowali kości. Noc była zimna, ale jasna i pogodna.

Wieczorem, gdy w radiu podano wiadomość o śmierci Indiry Gandhi, w Delhi wybuchły rozruchy i doszło do pogromów miejscowych sikhów. Ogarnęły one też Pahargandż, gdzie motłoch rzucił się do palenia i grabieży sikhijskich domów, sklepów i hotelików. Gdyby sprawy toczyły się swoim zwykłym trybem, utrudzony po nocnej podróży z Dharamsali „Święty" jak zawsze zatrzymałby się na Pahargandżu na odpoczynek i nocleg. Nie zdawałby sobie pewnie sprawy, że za chwilę znajdzie się w samym środku krwawych rozpraw i mordów, wśród zgliszcz. Nie zajmował się indyjską polityką, słyszał coś o niepokojach w Pendżabie i buncie sikhów, ale nie miał pojęcia, że sprawy miały się tak źle.

Choć żył już tam tak długo, nie miał wrażenia, że miejscowe sprawy dotyczyły go osobiście. W Bombaju na dworcu kupił poranną gazetę. Czytał relację z wojennej zawieruchy, której uniknął tylko dzięki przypadkowi, ale nie czuł żadnych emocji. Wydawało się, że opisywane wydarzenia rozgrywają się gdzieś daleko. Owszem, kiedy w gazecie napotykał nazwy miejsc, które dobrze znał, wprawiało go to w swego rodzaju zdumienie, rejestrował hotele, które zostały spalone, próbował przypomnieć sobie znajomych sikhów. Ale to wszystko jakoś go nie poruszało.

Myślał o Nancy, Dharamsali i zdaniu wyczytanym kiedyś w niewielkiej książeczce, które sobie przypomniał podczas podróży pociągiem do Bombaju. To był chyba Mark Twain, z pewnością on, a książka nosiła tytuł *Pamiętniki Adama i Ewy*. „Gdziekolwiek była ona, tam był raj…" Tak, tak to chyba szło.

Nie lubił Twaina, pewnie więc przeczytał to w podróży, w jakimś hotelu czy knajpie, gdzie skazany na czekanie i nie mając nic lepszego do roboty, wziął do ręki pierwszą lepszą książkę z zostawionych tam przez innych wędrowców. Nie przepadał za książkami. Tylko kilka poruszyło go naprawdę i uważał je za ważne i prawdziwe. Większość wydała mu się wydumana, fałszywa, napisana przez ludzi w równej mierze zakompleksionych, jak próżnych i pysznych, takich, co to mają się za Bóg wie kogo, ale ich opowieści nikt nie jest w stanie do końca wysłuchać. Może dlatego, że o czymkolwiek by mówili, zawsze opowiadali o sobie. A może trafiał na złe książki, tak jak się trafia na złych i dobrych ludzi.

„Gdziekolwiek była ona, tam był raj..."

Nie, nie brał tego do siebie.

Co było potem? Potem wrócił do swojej rybackiej wioski, ale sprawy w Goa zaczęły iść marnie, coś zaczęło się psuć. Tak zaczął je postrzegać. Nie miało to nic wspólnego ze spotkaniem z Nancy ani z Dharamsalą, tak mu się przynajmniej zdawało. Może po prostu po tak długiej, ponad półrocznej nieobecności, zaczął widzieć rzeczy, których będąc tu na co dzień, nie zauważał. Nie dostrzegał tych drobnych, nieustannych zmian, prawie niewidocznych, a więc lekceważonych. Nie sposób je zauważyć, tak jak trudno wypatrzyć we własnej twarzy, oglądanej codziennie w lustrze, oznak nadciągającej i nieuchronnej starości. To prawda, postarzał się, to na pewno. Kiedy przyjechał do Goa po raz pierwszy, miał dwadzieścia parę lat. Wracając tu z Dharamsali, zbliżał się do czterdziestki. Teraz stuknęła mu siedemdziesiątka. Inaczej patrzy się na świat i inne dostrzega w nim barwy, mając przed sobą całe życie i żadnych życiowych doświadczeń, a inaczej gdy czasu pozostało niewiele, a doświadczeń ma się aż nadto. Tak czy siak, od powrotu z Dharamsali zaczął widzieć rysy i cienie w czymś, co dotąd wydawało mu się doskonałością.

Dotarło do niego na przykład, jak wiele się zmieniło, odkąd do rybackich wiosek, do których sprowadziły się dzieci kwiaty, podłączono prąd. Wcześniej spędzali czas na plaży, rozmawiając, opowiadając, śpiewając i grając na gitarach, bębenkach, fletach. Byli odcięci od świata, ale i on nie miał do nich dostępu. Kiedy podciągnięto prąd, wszystko się zmieniło. Pojawiło się światło, ale wraz z nim także radio, a muzyka popłynęła z gramofonów i magnetofonów. Głośna i brzmiąca bez przerwy, zagłuszyła gitary, przerwała rozmowy przy ogniskach. Ludzie przestali opowiadać, wymieniać się przeżyciami, myślami. Na plaży zbito z desek sceny, na których poustawiano głośniki i wzmacniacze. Akurat przeciwko temu „Święty" nic nie miał. To był czas wielkich festiwali. Monterey, wyspa Wight, farma Woodstock. Młodzi ciągnęli na nie całymi tysiącami i z całego świata, żeby posłuchać ulubionych zespołów, ale przede wszystkim żeby spotkać innych, podobnych do siebie.

Lecz koncerty na plaży wkrótce ustąpiły miejsca potańcówkom przy głośnej, dudniącej muzyce, dyskotekom pod gołym niebem, popijawom i narkotykowym bachanaliom. Wraz z prądem, światłem i muzyką zmieniły się też i narkotykowe upodobania. Haszysz, opium, grzybki i opłatki LSD ustąpiły pola dropsom ecstasy i innym wynalazkom, a przede wszystkim kokainie i heroinie. Sięgano po nie już nie po to, żeby odkrywać nieznane stany świadomości, szukać nowych przeżyć i doznań, ale dla zabawy.

Na plażach robił się ścisk. Poza starymi bywalcami, odkrywcami, pierwszymi osadnikami, do Goa zjeżdżali kolejni młodzi, zwabieni legendami o dziewiczym raju na ziemi. Z każdym rokiem na niedawnym odludziu stawało się coraz tłoczniej i gwarniej, czasami wprost nie do zniesienia. Ale czyja to była wina? Czyż to nie oni sami, opowiadając o swoim niezwykłym odkryciu i przechwalając się nim, wydali na swoje goańskie przytulisko wyrok?

O miejscach wyjątkowych, magicznych, które chce się zachować dla siebie niezmienione, do których się wraca lub wrócić zamierza, lepiej jest nie opowiadać. Takie miejsca to skarby, których należy strzec. Opowieść niesie bowiem w sobie ryzyko zdrady największej z tajemnic. Wystarczy, by usłyszał ją ktoś niepożądany, a nieświadomie i zupełnie wbrew sobie można sprowadzić na ukochany zakątek zagładę. Ciekawi nowości przybysze, zwabieni wieścią o jego wyjątkowości, zadepczą go, zakrzyczą, a czyniąc dostępnym i modnym, obedrą z niezwykłości.

Młodzi, którzy przyjechali tu śladem pionierów, starali się ich we wszystkim naśladować. Ubierali się jak oni, zachowywali i mówili jak oni, słuchali podobnej muzyki. Przyglądając się im, „Święty" odnosił czasami wrażenie, że przebierając się za nich, starych, młodzi się z nich śmieją. Że wcale nie był to z ich strony dowód podziwu, ale szyderstwo, w dodatku z domieszką wzgardy, bo skrywane niedbale. „O nic im nie chodzi. Tylko o przygodę. I o dobry ubaw" – mawiali o nich starzy z wyższością i pobłażaniem.

Ale rozniesiona przez nich samych sława tamtejszych plaż sprawiła, że z ustronia, zacisza na końcu świata, Goa przeradzało się w turystyczne zagłębie, a starzy hipisi w ich naturalnym środowisku byli jedną z jego głównych atrakcji, jak dzikie tygrysy czy nosorożce w dżungli Teraju. Pokazywano ich sobie palcami, fotografowano. Tak samo jak tygrysom i nosorożcom w Teraju, upychanym w parkach narodowych, im również odbierano po kawałku ich królestwo.

Każdego roku więcej ludzi przyjeżdżało do Goa na wakacje, niż mieszkało tu na stałe. Widząc w letnikach interes łatwiejszy, pewniejszy i bardziej dochodowy, rybacy zarzucali połowy, a swoje chałupy przerabiali na pensjonaty albo w ogóle sprzedawali wraz z ziemią pod hotele, których właściciele pogrodzili plaże, poustawiali na nich leżaki, parasole, pootwierali knajpy, bary i sklepiki. Między plażami, ryżowiskami, palmowymi zagajnikami i chałupami krytymi strzechą wykwitły nowoczesne, drogie, luksusowe hotele, nocne kluby, dyskoteki, klimatyzowane galerie handlowe, korty tenisowe i pola do gry w golfa. Pojawiły się nawet kasyna. Miejscowe prawo surowo zakazywało hazardu, ale sprytni przedsiębiorcy kupili za bezcen tuzin starych, nieczynnych już statków pasażerskich, kazali przyholować je do goańskiej zatoki i tam rzucić kotwicę. Statki przerobili na domy gry, a swoich klientów dowozili na nie prosto z plaż w rybackich łodziach. Rozbudowano miejscowe lotnisko, by czarterowe samoloty mogły przywozić z Zachodu jeszcze więcej letników i podróżnych.

Przyjeżdżali nie tylko z Zachodu, ale i ze Wschodu, z Rosji. I nie byli to już drobni bazarowi handlarze i przemytnicy, lecz prawdziwi bogacze, w dodatku rozrzutni. Przyjeżdżało ich tak wielu, że na plażach rosyjski rozbrzmiewał donośniej niż angielski. W Andżunie otwarto knajpy Natasza i Gagarin, w których jadłospis sporządzono również po rosyjsku i cyrylicą. Jak dawniej hipisi spędzali w Goa jesień i zimę, a wyjeżdżali na czas monsunów. Hipisi w Himalaje, Rosjanie – do siebie, do Moskwy i Petersburga. Nowi przyjezdni z początku bardzo przypadli tubylcom do serca. Lubili się zabawić, dobrze zjeść, wypić, szastali forsą. Nie to co hipisi, którzy sami obywali się bez pieniędzy, więc nie dawali też żadnej nadziei na zarobek. Miejscowe władze poważnie rozważały nawet pomysł, żeby przegnać biedaków i włóczęgów, którzy, co prawda, rozsławili Goa, ale sami nie przynosili zysku, a na ich miejsce zaprosić bogaczy i oddać im plaże na wakacyjny odpoczynek i zabawę.

Bogatych gości nie brakowało. Wśród zagranicznych wielu było takich, którzy w młodości przyjeżdżali tu jako włóczędzy, a dorobiwszy się, wracali do Goa odgrzebać wspomnienia, zawrócić czas. Przyjeżdżało też coraz więcej zamożnych i zapatrzonych w zachodnie mody Hindusów. Indie zmieniały się nie do poznania.

Dziesięciolecia poszukiwań trzeciej drogi pomiędzy Zachodem i Wschodem okazały się nie tylko nadaremne, ale doprowadziły gospodarkę niemal do bankructwa. W końcu władze ogłosiły kapitulację, zrezygnowały z eksperymentów z niezależnością i uznały wyższość zachodniego sposobu gospodarowania i życia.

Ci, którzy w nowych czasach szybko dorobili się majątków i chcieli użyć życia, przyjeżdżali do Goa na wakacje albo kupowali tam domy. Wszędzie indziej w Indiach, nawet w epoce kształtującego wszystko i wszystkich wolnego rynku, byliby skrępowani nakazami wiary i tradycji. Maleńkie Goa, które pół tysiąca lat przeżyło pod panowaniem chrześcijańskich najeźdźców z Zachodu, jawiło się w Indiach jako oaza swobody i swobodnych obyczajów, miejsce, gdzie można pofolgować swoim namiętnościom i tęsknotom. Dla „Świętego" było to zaskakującym i zarazem dość przykrym odkryciem, że tego samego szukali i to samo znajdowali tu zarówno uciekinierzy z Zachodu, odrzucający kult pieniądza i kariery, jak i uciekinierzy ze Wschodu, kultowi temu bez reszty się oddający.

Wśród bogatych Hindusów zapanowała moda na wakacyjne rezydencje w Goa, jak kiedyś wśród zamożnych Amerykanów moda na domy w Kalifornii. Posiadanie na własność portugalskiej *casa* na plaży stało się oznaką prestiżu, pozycji społecznej, sukcesu. Pod młotek szły stare domy, pałace, a nawet klasztory i zapomniane katedry, przerabiane teraz na eleganckie hotele i drogie restauracje. Za bogaczami, którzy przyjechali tu żyć jak królowie, przywędrowała biedota, żeby im służyć. Nędzarze z Bombaju i Kalkuty, z Gudżaratu i Uttar Pradeś wędrowali do Goa za chlebem. Wszystkich przyciągał tu zapach pieniędzy, a nie rozgrzanego piasku, nocnej bryzy, smażonych nad ogniskiem ryb ani haszyszu palonego o zachodzie słońca.

Goańczycy, dobrzy chrześcijanie, którzy dotąd każdego przybywającego do nich gościa witali z otwartymi ramionami, zaczęli narzekać, że obcy wykupują ich ziemię, ich domy, odbierają pracę, zarobek. O wszystkie nieszczęścia, całe zło obwiniali tych, których wpuścili do siebie jako pierwszych. Póki było ich niewielu, nie przeszkadzali. Owszem, gorszyła ich nagość, rozwiązłość, nieobyczajne zachowania, ale nie wchodzili sobie w drogę. Wystarczyło pilnować dzieci, by nie pędziły na plażę podglądać białych dziewczyn. Obecność dziwacznych przybyszów urozmaicała jednak monotonne rybackie życie, rozbudzała ciekawość, bawiła, dawała pretekst i temat do rozmów z sąsiadami, do tak miłych wszystkim plotek.

Kiedy jednak przyjezdnych zrobiło się więcej niż miejscowych, kiedy zaczęli kupować ziemię i się na niej osiedlać, cierpliwość pobożnych i przywiązanych do swojej tradycji i odmienności Goańczyków została wystawiona na próbę. Z plaż, z których dotąd prawie się nie ruszali, biali przybysze rozeszli się po całym Goa. Wszędzie ich teraz było pełno. Rozjeżdżali się na swoich motocyklach, półnadzy paradowali po ulicach miasteczek, a nawet zaglądali do kościołów i świątyń, wzbudzając zgorszenie. W barach, które otwierali, sprzedawali piwo, whisky i dżin, wodząc na pokuszenie miejscowych mężczyzn. Narkotykami, po które dzieci kwiaty sięgały kiedyś, by zgłębiać swoją świadomość, teraz handlowano na każdym kroku. Dawały największy zarobek, więc ściągnęły do Goa także prawdziwe kartele, szmuglujące i sprzedające haszysz, kokainę, heroinę, korumpujące polityków, posłów, urzędników, policjantów i sędziów.

Podczas wyborów do parlamentów krajowego i stanowego głosy Goańczyków zaczęli zbierać politycy, którzy obiecywali, że przywrócą dawny porządek, pozbędą się obcych, a przynajmniej nie pozwolą im dłużej siać zgorszenia, zabronią im kupować goańską ziemię, odbiorą licencje na prowadzenie hoteli i restauracji, przegnają przestępców.

„Święty" przyglądał się temu wszystkiemu z coraz większym niedowierzaniem i niepokojem, ale nie uważał jeszcze, że jego raj na ziemi rozpada się na jego oczach, nie myślał, żeby wyjechać z Goa. Wciąż spotykał tu dawnych braci i towarzyszy, którzy zestarzeli się na goańskich plażach. Jedni mieszkali tu na stałe, niektórzy pokupowali nawet własne domy, rozkręcili interesy. Inni, po staremu, wynajmowali pokoje u miejscowych, narzekając, że z roku na rok przychodzi im płacić coraz wyższy czynsz i że w ogóle życie staje się dużo droższe, nie to co kiedyś. Jeszcze inni przyjeżdżali do Goa z Zachodu, dokąd wrócili po wielkiej ucieczce na Wschód. Takich było najwięcej. Wyprawa lądem z Zachodu na Wschód i życie na Wschodzie okazały się najlepszą szkołą i życia, i przedsiębiorczości. Walka o przetrwanie, konieczność podejmowania decyzji i wyboru dróg, przemyt i handel, drobny i duży, były lepszą akademią niż najlepsze uniwersytety, na które zresztą większość z nich wróciła. Wśród hipisów niewielu było takich jak „Święty", wywodzących się z prostych, niezamożnych rodzin. Większość pochodziła z dobrych, szanowanych i bogatych domów. Mieli dokąd wracać i wracali. Wracali na przerwane studia, robili dyplomy, kariery, majątki, zostawali prawnikami, lekarzami, dziennikarzami, pisarzami. Wielu odnalazło się w biznesie, odkryło w sobie smykałkę do interesów. Taka Marie-Christine, z sąsiedniej wsi Kandolim, którą kiedyś „Święty" poznał na targowisku w Andżunie, gdy kupowała indyjskie starocie, otworzyła w Paryżu sklep z antykami. Albo Tony Wheeler! Ten zbił majątek, pisząc przewodnik podróżniczy na podstawie notatek robionych po drodze na Wschód, dotyczących miejsc, hoteli i knajp leżących na szlaku. Książka cieszyła się takim wzięciem, że Wheeler założył wydawnictwo, które nazwał Lonely Planet i zbił na nim miliony.

„Święty" też musiał zająć się interesami. Otworzył z bratem w Amsterdamie sklep z indyjskimi ciuchami, które kupował za bezcen w Bombaju i wysyłał do Europy. Jeździł do Delhi, gdzie kupował afgańskie dywany na sprzedaż. Założyli też z bratem drugą, maleńką, ale tym razem już ich własną knajpkę z indyjskimi potrawami. „Święty" dostarczał przyprawy, przepisy, a od czasu do czasu także kucharzy. Zyskami dzielili się z bratem pół na pół.

Uważał pieniądze za rodzaj trucizny, która w małych dawkach ma wpływ dobroczynny, w dużych zaś stanowi śmiertelne zagrożenie. To one, pieniądze, pieniądze i narkotyki zatruły i zabiły w końcu tej raj na ziemi, za który miał plaże Goa. Pieniądze były potrzebne, żeby mieć narkotyki, ale posiadanie narkotyków zapewniało też największe zyski. Nie wszyscy potrafili się temu oprzeć. Na początku szmuglowali narkotyki na własne potrzeby, z czasem także dla zarobku. Sprzedawali je głównie ludziom, którzy przyjechali tu ich śladem, żeby ich podziwiać, od nich się uczyć i ich naśladować. „I tak oto z marzycieli i poszukiwaczy skarbów staliśmy się dzieciobójcami" – rzucił kiedyś „Święty", opowiadając o życiu w Goa.

Po raz pierwszy o wyjeździe z Goa pomyślał, gdy dowiedział się o śmierci tej dziewczyny. „Nazywała się Scarlett i przyjechała tu z matką, która kiedyś była jedną z nas – powiedział „Święty". – Parę lat temu przywiozła na Goa swoich siedmioro dzieci, żeby im pokazać, gdzie spędziła swoje najlepsze i najszczęśliwsze dni. Potem zabrała rodzinę w podróż po Indiach, ale Scarlett uprosiła ją, żeby pozwoliła jej zostać w Goa z przyjaciółmi. Nazajutrz po dniu świętego Walentego dziewczynę znaleziono martwą. Upili ją, nafaszerowali narkotykami, zgwałcili i zostawili nieprzytomną na plaży.

Utopiła się podczas nocnego przypływu. Wtedy pomyślałem sobie, że wszystko, przed czym całe życie uciekałem, dopadło mnie właśnie tam, gdzie się próbowałem przed tym schować".

– To co z tą Dharamsalą? – zapytałem. – Jedziesz czy nie?

– Dharamsala? Po co miałbym tam jechać?

– A co masz lepszego do roboty?

– A tam miałbym?

– Pewnie nie, ale siedzieć tu czy tam to żadna różnica.

– Na razie to siedzimy tu obaj.

Zamilkł i popadł w zadumę. Kelner postawił przed nami szklanki z lassi.

– Płacę za podróż – rzuciłem.

– Obstawiasz wszystkie typy, co? Stracisz jedną opowieść, to będziesz miał drugą. Tak czy siak będziesz do przodu.

– A sam nie jesteś jej ciekaw? Nie chciałbyś jej poznać?

– Mówiłeś, że się wybiera do Riszikeszu.

– Możemy jechać i do Riszikeszu.

Znów się zamyślił.

– Ona tam pewnie będzie – powiedział po chwili.

– Kamal?

– Nancy.

Sklep Bridż Mohana Sethiego i kantor na piętrze, gdzie urzędował, stał się kolejnym punktem na trasie mojego codziennego porannego obchodu Pahargandżu. Kulwant Singh nie rozumiał słabości sklepikarza do cudzoziemskich włóczęgów. Szanował go jednak jako sąsiada i uważał za człowieka przyzwoitego i honorowego.

Ich rodziny pochodziły z tych samych okolic, z tej części Pendżabu, która po podziale wielkich Indii przypadła muzułmanom i Pakistanowi. Obaj przyjechali do Delhi jako uciekinierzy, wygnańcy, i na Pahargandżu zajęli domy porzucone przez mahometan, wygnanych do Pakistanu. Bridż Mohan Sethi od początku zajął się interesami, handlem. Rodzina Kulwanta Singha zaczęła od mleczarstwa i na nim dorobiła się pierwszych pieniędzy. Na tyle poważnych, żeby kupić dom w innej, lepszej części miasta, a ten na Pahargandżu przeznaczyć na hotel. Najazd wędrowców z Zachodu sprawił, że dawało się z tego żyć. Na początek wynajmowali osiem pokoi, potem dwadzieścia pięć. Pozostałe pomieszczenia zajmowali ci członkowie rodziny, którzy zarządzali hotelem. Rodzina nieźle zarabiała też na lichwie, chociaż zyskało to jej wielu wrogów.

Cały dom na hotel przerobili na początku lat osiemdziesiątych, kiedy w indyjskiej stolicy odbywały się azjatyckie igrzyska. Spodziewano się tysięcy gości z zagranicy, a to zapowiadało pewny zysk. Wszyscy na tym zarabiali. Dziesięć lat wcześniej na całym Pahargandżu było może ze dwa tuziny nędznych hoteli. Na igrzyska gotowych było już kilkaset. Dopiero wtedy Kulwant Singh nadał swojemu hotelowi nazwę Viraat i wywiesił nad drzwiami stosowny szyld. Wynajmował gościom czterdzieści pięć pokojów. Stali się ludźmi zamożnymi, to prawda, ale doszli do wszystkiego ciężką pracą.

Nie minęły dwa lata, a wszystko mogli stracić. Po zabójstwie premier Indiry Gandhi w Delhi doszło do pogromów sikhów. Na Pahargandżu też pojawił się uzbrojony w pałki tłum, żądny krwi, a przede wszystkim łupów. Na głównym bazarze spalili kilka domów i sklepów. W jednym, farbiarskim, spaliła się żywcem sikhijska rodzina. Bojówkarze byli już pod kinem Imperial i kierowali się pod Viraat, kiedy drogę zastąpił im Bridż Mohan Sethi i inni sąsiedzi. Nie dopuścił ich do hotelu, nie pozwolił spalić. Napastnicy przestraszyli się, nie ośmielili się podnieść ręki na obrońców. Kulwant Singh, którego akurat tego dnia nie było w mieście, wracał samochodem od brata z Czandigarhu, opowiadał, że wśród tych, którzy gromili sikhów na Pahargandżu, prawie nie było miejscowych i że ci, którzy przyszli tu po łupy, to była hołota ze slumsów nad Jamuną. „Ci od Indiry przywieźli ich specjalnie, żeby się zemścić na sikhach" – mówił hotelarz. Bridż Mohan Sethi nie dał skrzywdzić sąsiada, a może po prostu bał się, żeby ogień z hotelu nie przeniósł się na jego sklep. Tak czy siak, to dzięki niemu Viraat ocalał.

W dwa tysiące dziesiątym roku w Delhi urządzono nowe igrzyska, tym razem Brytyjskiej Wspólnoty Narodów. Indie zamierzały zadziwić nimi cały świat, oszołomić swoją nowoczesnością, bogactwem, rozmachem. Igrzyska miały się stać pokazem potęgi i wizytówką nowych, „Świetlanych Indii", dlatego władze postanowiły je urządzić z niespotykanym przepychem. Kraj przemienił się w wielki plac budowy, wznoszono drapacze chmur, całe dzielnice wieżowców, nowe, nowoczesne lotniska, drogi. Urzędnikom kazano dopilnować, by zanim zjadą zagraniczni goście, pozbyli się wszystkiego, co mogło przynieść Indiom wstyd przed światem, popsuć opinię mocarstwa.

Na Pahargandż wjechały buldożery i autobusy z robotnikami. Wyburzając stragany, ganki i balkony, a nawet całe kamienice, poszerzono główne uliczki, wylano je gładziutkim asfaltem. Na bazar podciągnięto metro i przed świątynią Kriszny otwarto nową stację, a całą dzielnicę opasano kolejowymi i drogowymi wiaduktami. Policja przegnała z targowisk żebraków, bezdomnych, ulicznych straganiarzy, watahy bezpańskich psów, a nawet stada świętych krów.

Igrzyska niezbyt się udały. Przerodziły się w orgię pychy, złodziejstwa, wszelkiej maści kantów i skandali, które nastawiły ludzi przeciwko rządzącym. A wysprzątany Pahargandż, z którego wymieciono też jego dawny czar baśniowej krainy z tysiąca i jednej nocy, przestał przyciągać zachodnich włóczykijów. Kiedy ostatnim razem z restauracji na dachu podglądałem wieczorami, jak Pahargandż zwalnia pęd po całodziennej gonitwie, wszystko wydawało się bez zmian, wyglądało jak zawsze. Ale gdy podniosłem głowę, zwabiony krzykiem sokołów, kołujących nad targowiskami na ciemniejącym niebie, w dali, choć wcale nie tak odległej, wyrastał jaśniejący tysiącami świateł las wieżowców. W zapadającym zmroku wydawało się, że zawęża widnokrąg, otacza i napiera na Pahargandż, ściśnięty do kilku przecznic i zaułków, przyduszony, ledwie zipiący, pozostawiony przy życiu jak pamiątka po dawnych czasach, skansen, mający przynosić zyski.

„Konkurencja nas wykończyła – mówił pan Sethi, kiwając głową z rezygnacją. – Gości przyjeżdża coraz mniej, może nie mają pieniędzy, może przestali być tak ciekawi Pahargandżu jak kiedyś. Taniej pokojów wynajmować się już nie dawało, więc właściciele hoteli zaczęli kusić luksusem. Kiedyś hipisom wystarczył dach nad głową i łóżko na noc. Ci dzisiejsi chcą wygód, oddzielnej i czystej łazienki, ciepłej wody, satelitarnej telewizji w pokoju. Wszystko kosztuje, a wyższe ceny pokojów odstraszają starych bywalców, którzy szukali tu czegoś innego. No i przybyło nam konkurentów z innych dzielnic, którzy, jak choćby ci z Karol Bagh, też umyślili sobie dorobić się na turystach".

Synów Kulwanta Singha, dziedziców hotelarskiego interesu, zmiany na Pahargandżu jednak nie martwiły. „Nigdy nie nastawialiśmy się na cudzoziemskich turystów, lecz na tubylców, mniejsza liczba gości z zagranicy nie odbija się więc na naszych interesach – tłumaczył mi Damen, młodszy z synów, który wrócił właśnie z nauki w szkole hotelarskiej w Ameryce. – Marzy mi się, żeby Pahargandż przemienił się w nowoczesną dzielnicę handlową z szerokimi, czystymi ulicami, bogatymi sklepami z przeszklonymi witrynami i porządnymi hotelami z parkingami, które można by urządzić nawet na ich parterach".

Pan Sethi przyznawał, że owszem, słyszał i o takich planach. A także o tym, że główną ulicę bazaru znów mają poszerzyć, wyburzając stojące przy niej domy, tak żeby była szeroka i prosta jak strzelił i żeby z warzywnego targu na niewielkim rynku dało się zobaczyć gmaszysko dworca kolejowego.

Pan Sethi mówił, że żałuje, iż swojej dumy, hotelu Prince Polonia, nie sprzedał przed igrzyskami, kiedy byli chętni do kupna i dawali niezłą cenę. Zgubiła go pazerność, liczył, że przyjdą jeszcze lepsze czasy i wytarguje za hotel jeszcze więcej. A teraz wystawił hotel na sprzedaż dużo taniej, niż mu wtedy oferowano, a kupców wciąż nie może się doczekać. Interesy w handlu też nie idą najlepiej. Recesja, światowy kryzys, nikomu się nie wiedzie jak kiedyś.

Biuro Szafiego na Pahargandżu przypominało niewielką komórkę, wciśniętą między dwie czteropiętrowe kamienice, zajęte przez hotele i restauracje. Szafi i Baszir urzędowali na zmianę w tylnej części ciemnej nory, rozparci wygodnie za biurkiem. W przedniej części siedzieli bratankowie Szafiego, załatwiając pomniejsze sprawy, takie jak zakup biletów na kolej lub autobus czy hotelowe rezerwacje. Poważniejszych klientów, pytających o wakacje w Kaszmirze, wyprawę wielbłądami po pustyniach Radżasthanu albo romantyczną wycieczkę do Agry czy Udajpuru, Szafi i Baszir obsługiwali osobiście. Za drzwiami, na ulicy, pracowali rozmaici pomagierzy i naganiacze, wyławiający klientów prosto z bazaru.

Szafi nieraz powtarzał, że nie chciałby, aby jego synowie skończyli w tej samej norze co synowie Baszira i on sam. „To mali chłopcy, mają jeszcze czas – mówił. – Biuro podróży i domy na wodzie w Kaszmirze to niezły interes, ale wolałbym, żeby moi chłopcy mieli lepsze życie niż ja, żeby wyjechali na Zachód, poznali świat". Chciał, żeby jak najdłużej żyli marzeniami, a jeśli Wszechmogący pozwoli, to jak najwięcej ich spełnili. Sam długo nie umiał pogodzić się z tym, że nigdy nie zostanie lekarzem. Ale teraz już nie narzekał.

Martwiła go tylko polityka. Martwił się, kiedy wąskimi bazarowymi uliczkami, wymachując szafranowymi chorągwiami, maszerowali zwolennicy rządzącej partii, wołając: „*Dżai Śri Rama!* Chwała Panu Ramie!". Słyszał w telewizji, jak mówili, że idzie im jedynie o wolność i o to, żeby przywrócić godność hindusom, niewolonym przez tak długie wieki przez muzułmańskich i brytyjskich najeźdźców.

– Wolność! Dobre sobie! Jeśli tak miłują wolność, to może i innym pozwoliliby się nią cieszyć? Na przykład Kaszmirowi. Mogliśmy tam naprawdę urządzić raj na ziemi. Ale nie! Nam nie wolno. Nas chcą przerobić na swoją modłę. Żeby wszyscy byli jak oni – narzekał Szafi. – Odkąd rządzą, robią wszystko, żeby nam uprzykrzyć życie. Ilekroć sytuacja się uspokaja, ludzie myślą o wakacjach w Kaszmirze i interesy zaczynają iść dobrze, zaraz dzieje się coś, co wszystko wywraca znowu do góry nogami. A to wojsko kogoś zabije, a to partyzanci kogoś uprowadzą, nowe strajki, nowe strzelaniny. Interes cierpi, a my po staremu klepiemy biedę. Teraz też odwołali mecz krykieta między drużynami Indii i Pakistanu, żeby nasi z Kaszmiru nie przyjechali i nie kibicowali Pakistańczykom.

Mecz miał się odbyć na stadionie w Dharamsali, w dolnej części miasta. Pamiętałem, bo chciałem się na niego wybrać. Nie z powodu krykieta w mistrzowskim wykonaniu, ale kibiców właśnie, którzy wywoływali polityczne skandale.

– To zrozumiałe, że przenoszą mecz z Dharamsali gdzie indziej – powiedziałem. – Szkoda, żeby takie widowisko odbyło się przy pustych trybunach. Z Delhi i tak by nikt nie dojechał.

– Dharamsala! Właśnie, właśnie! Jusuf niczego ci nie powiedział? Skaranie boskie z tym chłopakiem! Od jutra droga wolna! Można jechać.

– Był tu i pytał o pana jeden taki – powiedział Kulwant Singh, kiedy wróciłem do hotelu.

– „Święty"? – zapytałem be zastanowienia. – Ten hipis, z którym mnie pan widywał?

– „Święty"? Cóż to za imię? Tamilskie jakieś chyba... Nie, jeden z tutejszych się o pana pytał, młody chłopak...

– Pewnie Jusuf, Kaszmirczyk, z biura podróży. Powiadają, że jutro wszystko ruszy z miejsca.

– Ano, mówią tak, słuchałem w radiu. I po co się było tak zamartwiać?

Przed wieczorem spadł lekki, ożywczy deszcz, który obmył powietrze z lepkiego kurzu i gorąca. Czuło się ulgę.

– A więc jedzie pan do Dharamsali... – mruczał pod nosem Kulwant Singh. Nagle podniósł głowę i spojrzał na mnie. – Ten Kaszmirczyk, co tu pana szukał, mówił, że jeszcze zadzwoni, żeby mu powiedzieć, ile biletów będzie pan potrzebował. Co mam powiedzieć?

– Dwa – odparłem bez wahania.

– W jedną stronę czy także powrotne?

– Powrotne – powiedziałem, ale zaraz się poprawiłem. – Albo nie, jednak tylko w jedną stronę.

KAMAL

Tego roku zabrała Lhamo na północ po raz ostatni, wcześniej niż zwykle. Trzeci miesiąc roku księżycowego dopiero się zbliżał, a góry wydały się odleglejsze niż podczas poprzednich wędrówek, oddzielone wielką, suchą płaszczyzną Dekanu. Nie czekała nawet, aż kobiety we wsi pomalują progi na niebiesko – nieomylny znak, że można wyruszyć w drogę, że na północy ustały przymrozki i śniegi stopniały. Lhamo zmieniał się z dnia na dzień i Kamal bała się czekać dłużej.

Wyszli z domu tuż przed świtem, o tej złudnej, kłamliwej godzinie, kiedy Indie wydają się słabo zaludnionym miejscem. Na ulicach życie już się rozpoczyna, ale nie wygląda na to, by mogło się bardzo rozwinąć. O świcie trudno uwierzyć w to, co nastąpi później, w ten nagły wybuch nieokiełznanej, wszechobecnej żywotności, który zdarza się codziennie, a ma tak niepozorny początek. Odchodząc, nie obejrzała się na domek pustelnika, w którym spędzili prawie dwa lata. Zwykle chętnie wyruszali na północ, wiedząc, że wrócą, gdy tylko ustaną deszcze i rozpoczną się nowe zbiory, a niebo miesiąca *chingom* będzie błękitne. Wyjazdy na północ miały w sobie wakacyjny urok. Oznaczały wypoczynek, chłodne noce, ośnieżone szczyty, pobyt nad wielką, jasną doliną dającą odetchnąć po krajobrazie południa zamkniętym zewsząd gajami palmowymi. Myśl o górskich sosnach i rododendronach obrastających drogi wokół Dharamsali wywoływała dziwną tęsknotę. Czasem niepokoiła ją myśl, czy jadąc na północ, nie podąża za jakimś wspomnieniem, którego nie potrafi rozpoznać. Może chodziło o to, by poczuć dotyk prawdziwego chłodu na skórze albo zobaczyć mury poszarzałe od deszczu, korony drzew ociężałe od wilgoci. Jeżeli nawet tak było, nie potrafiła wyrzec się tych podróży, corocznej zmiany krajobrazu dla jakiejś niesprecyzowanej i być może wydumanej obawy. Wielu ludzi przenosiło się latem w Himalaje, robili to chętnie, umęczeni upałem i nieustającą żywotnością przyrody. Ona również się cieszyła. Z wyjątkiem tego roku, kiedy nie powiedziała Lhamo, że już nie wrócą na południe, odchodzą na północ na zawsze.

Nie przeczuwał, że ta podróż będzie różnić się od poprzednich. Jak zwykle spakowali cały dobytek: skórzane maty, które służyły do spania na ziemi, dwie płócienne torby z ubraniami, naczynie do wody... We wsi mieszkali najdłużej, ale właściwie niczego nie zgromadzili, nie było takiej potrzeby, a może nadal działał nawyk z czasów, kiedy zatrzymywali się w jednym miejscu tylko na parę miesięcy. Mieli nawyki wędrowców – posiadać tylko tyle, ile da się bez trudu ponieść dalej. Idąc do autobusu, przebiegała mimo to w myślach wnętrze przyświątynnej chaty, którą dopiero co opuścili, już czując, jak jej myśli odrywają się od tego życia, które wiedli we wsi, wykruszają się z każdym krokiem. Nie miała ochoty ich zatrzymywać. Tak jak zbędne ubrania, nie były im do niczego potrzebne. Żałowała mosiężnych naczyń pozostawionych w chacie pustelnika, dwóch bardzo porządnych dzbanów na wodę, które dostała od żony bramina, ale obiecała sobie, że w Dharamsali kupi nowe.

Od dworca na przedmieściach Madurai dzielił ich kilometrowy spacer czerwoną drogą przez ryżowiska, jeszcze uśpione o tej wczesnej godzinie. W dzieciństwie Lhamo mówił o takich polach, że są nieczynne. Męczyła go myśl, że nigdy nie odpoczywają, i kazał jej sprawdzać, czy wieczorami nikt na nich nie pracuje. Wychodziła z domu i wędrowała na skraj najbliższego pola, czasem kilka kilometrów, a on czekał cierpliwie, aż wróci, czujny i zaniepokojony tym, co będzie, jeżeli się okaże, że pola pracują całą dobę. Nigdy nie przyszło jej na myśl, że mogłaby go okłamać i nie pójść na ryżowisko. Czasem zmęczona całodzienną wędrówką albo pracą w warzywniku próbowała skierować uwagę dziecka na inne sprawy. Opowiadała mu o królach Pandawach albo o tym, jak Rama uratował swoją żonę Sitę, Lhamo najbardziej lubił historie zaczerpnięte z *Ramajany*. Ale kiedy pytał o pola, zbierała się w drogę. Był dzieckiem Indii – nie martwił się losem ludzi, lecz losem tego, co dawało życie. „Jest stąd", myślała, idąc czerwoną drogą i szukając w tych przejawach indyjskości syna przeciwwagi dla tego, co dostrzegła ostatnio w jego twarzy. Rysy dziecka odnajdywała już właściwie tylko w linii warg, dziecinnych jeszcze uszach i pulchnych dłoniach. Idąc obok niego, bezwiednie przyspieszała kroku, jakby się bała, że ta zmiana zachodząca w nim od kilku miesięcy dokona się, zanim dotrą do gór. Kupiła mu telefon komórkowy w żałosnej próbie zatrzymania tych zmian, licząc na to, że może to wystarczy. Jeżeli coś poświęci, może uda jej się ocalić resztę.

Był nadal podekscytowany posiadaniem telefonu, choć minęły już dwa miesiące, odkąd pojechali do madurajskiego salonu Nokii. Rzadko jeździli do miasta. Nie mieli żadnych potrzeb, których nie mogli zaspokoić we wsi. Kamal już od dawna nie chorowała, a dziecięce przypadłości Lhamo leczyli tradycyjnymi metodami stosowanymi w aśramach i na wsiach, ziołami albo opium, kiedy pojawiały się bóle. Wyjazd po telefon komórkowy był ich trzecią wyprawą do Madurai i Kamal długo biła się z myślami, zanim się na nią zdecydowała. Choć nie mieli pieniędzy, by ulec pokusie posiadania tego, co miasto ofiarowało, Madurai budziło głębsze, bardziej złożone doznania niż te, z którymi radzili sobie na co dzień. Od dawna nie czuła konieczności nazywania czy klasyfikowania uczuć. Używali z Lhamo prostego języka odwołującego się bardziej do tego, co ich otacza, niż do wewnętrznych przeżyć. Był to prosty kod ludzi głęboko wierzących, którzy nie mają wielu pytań ani potrzeby poszerzania świata poza granice, jakie wytycza przygotowanie posiłków, świątynia, kontakt z przyrodą, medytacja i rytuały pozwalające obcować z bogiem. Był to spokojny, harmonijny świat, całkowicie gotowy i wykończony od tysięcy lat. Nie wymagał doskonalenia ze strony człowieka i był tak prosty, że umysł mógł zdać się na to, co zastał. Od tak dawna czuła, że zakończyła poszukiwania i po prostu dryfuje ku czemuś dobremu, o wiele większemu niż ona sama... „O Rama, dzięki ci za to, że mnie doprowadziłeś do tego miejsca, gdzie tak wyraźnie czuję, czym jestem, i wszystko wokół jest razem ze mną..." Ciągle jeszcze odczuwała wdzięczność za ten spokój i zadowolenie, i zdarzały się chwile, jak ta na czerwonej drodze do Madurai, kiedy ta wdzięczność przeradzała się w szczęście.

Więc myślała raczej o tym, co ją otacza i jaki to ma związek z nią i z Lhamo, w ten sposób odnajdywali siebie i innych ludzi, medytując, uprawiając warzywa, doprowadzając do nich wodę kanalikami, hodując nagietki na ofiarę w świątyni. Rytm jej dnia, jak każdej kobiety we wsi, wyznaczała woda, wszystko, co działo się wokół niej i przez nią. Poranne ablucje, wyprawy z mosiężnymi naczyniami do studni – na wewnętrznym dziedzińcu świątyni była najlepsza – pogawędki z kobietami, które przyszły po to samo, wieczorna ofiara nad brzegiem rzeki, pranie na stopniach ghatów. Potrafiła już uderzać ubraniami o kamienne stopnie w ten sposób, żeby nie uszkodzić materiału. Nie miała już tylu pytań co dawniej, nie miała już w zasadzie żadnych pytań.

A teraz znów się pojawiły i musiała odejść gdzieś na bok, zostawić ten główny nurt, gdzie wszystko płynęło z nią razem, ponieważ w tej doskonałej rzeczywistości, której bogowie jej użyczyli, nie było odpowiedzi na pytanie, dlaczego kupiła Lhamo komórkę. Pewnego styczniowego dnia wsiadła do autobusu i pojechała do salonu Nokii. Od lat nie była w centrum handlowym i po raz pierwszy od wielu lat oszukiwała bogów, mówiła im, że nie rozumie, co się dzieje, czy mogliby jej pomóc?

Lhamo zapytał, czy w Delhi pójdą na cmentarz chrześcijan. I czy ten człowiek, z którym są umówieni, pójdzie z nimi.

– Jaki człowiek? – zapytała.

Niepotrzebnie kupiła mu komórkę. Idąc czerwoną drogą przez budzące się ryżowiska, bezskutecznie próbowała zmusić umysł do dawnej jałowej pracy. Dociekanie przyczyny, inne opcje, lepsze rozwiązania... Bronił się, jakby zapędzała go na niepewne, wrogie terytorium, z którego dopiero co się wydostał.

Lhamo nie prosił, by mu kupiła telefon, nie wiedział, że może to zrobić. Taka ewentualność w ogóle nie pojawiła się w jego myślach, ale teraz, kiedy już go miał, niczego tak nie pragnął, jak usunąć go z myśli matki. Czuł jej wątpliwości tak wyraźnie, jakby je niosła razem z podróżną torbą w kratę, nawet kiedy o tym nie mówiła. W jego wyobrażeniu telefony komórkowe były nierozerwalnie związane z ludźmi mieszkającymi w wielkich miastach. Czasem widywał je również u dzieci, które wysiadały ze szkolnego autobusu na skraju wsi, ale nie łączył tego faktu z sobą. Rzadko chodził do szkoły, a ostatnio, odkąd uczył go bramin Rao, wcale. Kiedyś myślał, że też pójdzie, było to w mieście nad oceanem. Chłopcy, z którymi przez całe lato wyławiał małże przy skałkach w zatoce, często mówili o tym, że pójdą do szkoły, kiedy zacznie się monsun. Wiedział, kiedy zaczyna się monsun, nie zdawał sobie jednak sprawy, że wyznaczona jest konkretna data, jedna dla wszystkich, kiedy nikt nie przychodzi na skałki, za to wszyscy zbierają się w innym miejscu i odjeżdżają żółtym autobusem z czarnym paskiem. W Goa do szkoły chodziły prawie wszystkie dzieci i kiedy przyszedł rano do zatoki, zastał tam jedynie Czarnego Alana, który mieszkał w blaszanej budzie przy ujściu rzeki. Jego rodzina żywiła się wyłącznie tym, co udało się jej wyłowić z wody. Lhamo pamiętał, że zazdrościł chłopcom ubranym w granatowe mundurki, i nie rozumiał działania tego prawa, które tak nagle zakończyło zabawę w zatoce i wymogło na wszystkich prócz niego tak ściśle określone zachowanie. Po raz pierwszy poczuł się inny i poszedł spytać o to matkę. Powiedziała, że nie powinien chodzić do szkoły, ponieważ szkoły są na ogół złe, wyprowadzają człowieka na manowce. Zapytał, dlaczego są złe, a ona pomyślała chwilę i odparła, że mogą zupełnie wypaczyć człowiekowi osobowość, a także zabić w nim to, co najwartościowsze.

Matka była dla Lhamo źródłem wszelkiej wiedzy. Aż do tego lata nie miał właściwie styczności z innymi dziećmi, nigdy nie przebywał z rówieśnikami tak długo i nie był nawet pewny, czy ona wie o tych jego obecnych znajomościach. Jej słowa zafascynowały go i jednocześnie wywołały obawę, że tylu ludzi nie wie o szkodliwości szkół. Wie tylko Czarny Alan z budy nad rzeką? A co z resztą jego kolegów, z którymi łowił mięczaki w zatoce? Ich rodzice wiedzą, że chodzą do tych złych szkół? Odparła, że wiedzą, ale wydaje im się, że ich dzieci muszą chodzić, że nie mają wyboru. Ludziom często się tak wydaje i robią wtedy rzeczy, które im szkodzą. Jedzą mięso albo biorą sztuczne leki, takie jak antybiotyki albo szczepionki. Lhamo nigdy nie wziął antybiotyku i nie musiał się szczepić, ponieważ żyli tak blisko natury, że potrafili odnaleźć w niej wszystko, czego potrzebowali w razie choroby. Ludzie, którzy chodzą do szkoły, uczą się sztucznych rzeczy i zapominają, zamiast uczyć się natury.

– Kiedy dowiadujesz się najwięcej? – zapytała, widząc, że nie do końca ją rozumie.

– Kiedy podglądam małpy – odparł natychmiast, z ożywieniem. – Wiem, co jedzą.

Podgląda małpy i dzięki temu wie, jakie listki można zjadać, a jakich lepiej nie. Po niektórych się wymiotuje. Kiedyś zjadł te fioletowe z meszkiem i wymiotował dwa dni. Małpy nigdy nie jadły z tego drzewa. Wiedział, że tego nie robią, i był ciekaw, czy mają rację.

– No właśnie – powiedziała. – Dzieci, które chodzą do szkoły, już nie robią takich rzeczy, uczą się tylko z książek.

Niedługo potem przenieśli się w głąb lądu. A jeszcze później poszedł do szkoły. Ale nie odbyło się to pierwszego dnia monsunu, w ogóle nie miało jasno zaznaczonego początku, tak jak w mieście nad zatoką. Stało się jakby w połowie czegoś innego i może dlatego w ogóle nie zapadło mu w pamięć. Tamto lato nad oceanem rozmyło się już i nie czuł żadnej ekscytacji ani ulgi, kiedy matka powiedziała, że opiekunowie dzieci, które się uczą, nie muszą odnawiać wizy, więc jeżeli trochę pochodzi do szkoły, nie będzie musiała jechać do Europy. Będzie mógł przestać tam chodzić, jeżeli coś mu się nie spodoba. Nie lubił tych jej wyjazdów, ponieważ zostawiała go pod opieką ludzi w Delhi. Z pierwszego okresu nauki pamiętał tak niewiele, że oboje, on i matka, mieli wątpliwości, czy faktycznie się wydarzył. Może tylko planowali, że pójdzie do szkoły? Nie przywiązywali większej wagi do przeszłości; miała znaczenie, dopóki wpływała na ich teraźniejszość, ale kończyła się tak szybko. Matka mówiła, że przeszłość należy do świata duchów i rakszasów. Pełno ich było nocą na polach i w zaroślach przy drogach, nie należało ich drażnić ani przywoływać. A teraz człowiek, który umówił się z nimi w Delhi, będzie ich pytał o przeszłość. Lhamo wiedział to, ponieważ przysłał mu SMS z listą pytań, które chciałby im zadać.

Mimo że czuł na brzuchu ciężar komórki, raz po raz dotykał jej nieznacznie, starając się, żeby Kamal tego nie zauważyła. Cały czas przyspieszała kroku, choć mieli jeszcze godzinę do odjazdu autobusu, i telefon obijał mu się o ciało w rytm jej kroków.

Uczył go bramin, pomyślała. Dobrze im szło. Może jednak nie trzeba było tego zmieniać... W cieniu tamaryndowca prawie nie było widać tych zmian, jakim ulegał Lhamo, wiatr wiał prawie zawsze z południa, spychając dymy w inną stronę...

Bramin Rao dostrzegł je pierwszy, na długo przed nią, choć nigdy nie widział portretów w pałacu na mazowieckiej równinie, powtarzającej się linii ust znamionującej mieszankę rodowej dumy, stanowczości i genu zdobywania, potrzeby nieustannego pierwszeństwa. Przyszedł na platformę medytacyjną pewnego styczniowego dnia, tuż przed świętem Pongal kończącym sezon zbiorów. Wydawał się zatroskany i uznała, że przychodzi z nieprzyjemną wiadomością, może właśnie w sprawie zbliżającego się święta. Siedziała w milczeniu, czekając, aż powie, że muszą opuścić domek pustelnika, który zajmowali od kilku miesięcy, ponieważ na święto zjadą *sadhu* z całej okolicy i będą potrzebowali miejsca do spania.

Wprawdzie domek należał im się jako wędrowcom żyjącym poza społecznością i mieli prawo w nim mieszkać, jak długo zechcą, ale mógł pomieścić więcej niż dwie osoby i właściwie spodziewała się, że z powodu Pongal bramin kogoś im dokwateruje. Usiadł i przez chwilę owijał się szczelnie połami dhoti jak ktoś, kto chce zyskać na czasie albo nie jest do końca pewny tego, co chce powiedzieć. Nigdy dotąd z nimi nie rozmawiał, jeżeli nie liczyć zdawkowych pozdrowień, uznając jedynie ich obecność w budce pustelnika. Nie wiedziała nawet, czy jest to pełne przyzwolenie czy tolerancja wynikająca z obojętności. Bramin jeszcze raz wygładził dhoti na udach i powiedział, że Lhamo może chodzić do szkoły za wodą. Miał na myśli wielkie rozlewisko dzielące wieś od przedmieść Madurai. Jeżeli nie, dodał, widząc wyraz jej twarzy, pełen zaskoczenia i niemal obrazy, może przychodzić na lekcje do niego. Dwa... Trzy razy w tygodniu, poprawił się, obrzuciwszy wzrokiem twarz Lhamo i dostrzegając w niej to, czego ona jeszcze nie widziała. Sanskryt, astronomia, matematyka... To mu nie zaszkodzi, dodał i popatrzył na nią po raz pierwszy. Ku swojemu zdumieniu dostrzegła współczucie w jego oczach.

Miesiąc później obcięła Lhamo włosy. Nie strzygła go jeszcze nigdy, włosy sięgały pasa i Lhamo wiązał je w węzeł na czubku głowy wzorem młodych sikhów. Nie mieli nożyczek i poszła po nie aż do sklepu za wodą, na przedmieścia. Strzygła go tak, jak strzygła lalki w dzieciństwie, jej palce zachowały wspomnienia długich, prawdziwych włosów, które osuwały się pod ostrzem. Jako dziecko nie wiedziała, dlaczego obcina lalkom włosy, tak jak nie wiedziała, dlaczego obcina je Lhamo, po prostu chciała, żeby wyglądały inaczej. Zrobili to na platformie medytacyjnej. Wybrała ósmy dzień miesiąca księżycowego, kiedy skutki karmiczne są zwielokrotnione sto razy w dniu Zielonej Tary; to niemal gwarantowało powodzenie tego, co robiła. Lhamo brał od niej długie ciemne pasma i spuszczał na wodę. Mówił, że wyglądają jak węże wypuszczone na wolność, nie sądził, że są takie długie. Lubił obserwować węże i wiedział, które można dotknąć, a które nie. Potem zapytał, ile miała lalek w dzieciństwie. Zaczęła liczyć, ale było ich wiele. Przyznała, że nie pamięta wszystkich. Zawsze starała się odpowiadać starannie na jego pytania, choć miała wrażenie, że mówi o kimś, kogo słabo zna, i nie była pewna, czy nie zmyśla tych historii albo nie opowiada czegoś, co jej się tylko śniło. Dawne życie miało znamiona snu i wyłowienie go z pamięci przypominało łowienie węży. Obrazy wymykały się, co chwila przyjmując inny kształt, prędkie i śliskie, nie wiedziała, które są prawdziwe.

Lhamo mówił teraz o tym, co zobaczą na cmentarzu chrześcijan. Było to ich ulubione miejsce w Delhi. Nikt inny tam nie przychodził, a strażnicy dobrze ją znali, ponieważ przychodziła bawić się z dzieckiem podczas każdego pobytu w Delhi, w drodze na północ albo południe. Pierwszy raz przyniosła tam Lhamo na plecach owiniętego w chustę. Miał jeszcze zupełnie ciemną skórę, jak inne dzieci z południa...

Kiedy doszli do głównej szosy, ryżowiska zapełniły się ludźmi, a domy po drugiej stronie pól, należące już do przedmieść Madurai, zdawały się zawieszone między niebem a wodą. Odwróciła z niechęcią wzrok od podmiejskiej dzielnicy, którą zachwalał bramin Rao jako odpowiednie miejsce dla niej i dla Lhamo. Nie rozumiał, że nie są ludźmi osiadłymi, są w drodze, i coraz mniej wiąże ich z tym, co zachwalał. Wyruszając w drogę, nadal czuła, jak ogarnia ją to samo radosne oczekiwanie co zawsze. Każda nowa droga oznaczała, że zbliżają się do swojego właściwego świata, ona i Lhamo. Właściwie Lhamo już był na miejscu, doskonale zgrany ze wszystkim, co go otaczało, ona miała poczucie, że do pełnej harmonii potrzebna jest jej jeszcze jedna wędrówka, jeszcze jedno święte miejsce, może jeszcze jedno wyrzeczenie, żeby czuć się w pełni sobą, kimś, na kogo oczekiwania innych nie mają już żadnego wpływu. Bramin Rao kiwał ze zrozumieniem głową, wszystko to było mu dobrze znane, ludzie powinni szukać samorealizacji, są do tego stworzeni, mówił. Do radości i poszukiwań, i do śmierci. Ale może Lhamo pochodziłby do szkoły na przedmieściu.

Czy dlatego odchodzili? Ponieważ bramin Rao nakłaniał ją, by oddała Lhamo do szkoły?

Wolała uczyć go sama, lubiła lekcje, jakie odbywali nad rzeką, na platformie medytacyjnej. Było to dobre miejsce i przez chwilę odczuła żal, że już tam nie wrócą. Południowy wiatr zwiewał popioły ze stosów w drugą stronę, zwykle wiało od południa, a małpy trzymały się z dala, rano szukając nagrzanych płyt po drugiej stronie świątyni.

– Będzie z nami ten człowiek? – Lhamo ponownie zadał to samo pytanie.

Stali na przystanku tak jak miejscowi, z nieskończoną, niepokonaną cierpliwością kogoś, kto wie, że autobus przyjedzie, jeżeli jest mu to przeznaczone.

Dyskretnie, tak by nie widziała, sprawdził, czy ma przy sobie komórkę. Starał się trzymać ją z dala od matki, na sznurku pod koszulą. Nigdy nie słyszał o zasadzie „co z oczu to z serca", ale działał zgodnie z nią.

– Myślę, że zesłali ją bogowie – powiedział na wszelki wypadek. Zresztą był o tym na wpół przekonany, wolał jednak, żeby ona wiedziała to na pewno.

Prócz numerów, które przepisał z telefonu Kamal, miał już kilka własnych. Jeden należał do młodego Francuza, którego poznał, kiedy mieszkali w Amritapuri, to był pierwszy. Drugi cenił sobie szczególnie, ponieważ należał do człowieka, który sam do niego zadzwonił.

Była zła na Lhamo, że kupiła mu komórkę. Chciała powstrzymać to, co się z nim działo, potraktowała telefon jak ofiarę mającą odwrócić nieuchronne zmiany. Ofiara nie została przyjęta, Lhamo zmieniał się potem jeszcze szybciej, jakby zamiast zatrzymać ten proces, jeszcze go przyspieszyła.

Zapowiedź autobusu do Bombaju pchnęła pasażerów ku sobie, jakby z megafonu padła informacja o nadejściu wspólnego wroga, któremu tylko w tłumie da się stawić czoło. Kamal podróżowała lokalnymi autobusami od tylu lat, że poddawała się tej jedności ze spokojem, a nawet wdzięcznością, wiedząc, że tylko ona gwarantuje dostanie się do środka, dla Lhamo zaś taka bliskość innych ludzi, odczuwalna całą powierzchnią ciała była czymś naturalnym. Gdy się urodził, położono go do kojca razem ze wszystkimi noworodkami, które przyszły na świat w szpitalu miejskim w ciągu kilku dni, ciasno jedno przy drugim, w cieple drugiego człowieka, może właśnie z tą myślą, że w gromadzie łatwiej uda im się przeżyć. Miał we krwi tę wiedzę, że ludzie w pojedynkę znaczą tak niewiele, podczas gdy zbici w jednolitą, zwartą masę mogą zdobywać pociągi i autobusy, a nawet okienka w urzędach. Stawał w ten sposób wszędzie tam, gdzie wymagano od nich konfrontacji ze znacznie większą siłą: strażnikami przed urzędem paszportowym, przed przyświątynną jadłodajnią, biurami rezerwacyjnymi, schroniskami dla bezdomnych. To od niego Kamal przejęła tę umiejętność wchodzenia w tłum i stawania się jego bezwolną częścią. Tłum od dawna nie był dla niej wrogiem, z którym trzeba walczyć o własną przestrzeń, lecz sprzymierzeńcem, w którego należy się wtopić.

Byli już na stopniach autobusu i Lhamo podawał konduktorowi pieniądze, kiedy zaczęła się cofać, jakby nagle odkryła swoją odrębność, może nawet chęć wyjścia z tłumu, więc popatrzył na nią z lękiem, ale ona powiedziała tylko, że wysiadają, woli pojechać w jakieś inne miejsce. Z trudem wyplątali się z kolejki, która próbowała stawić opór, niechętna takim zmianom, ale w końcu znaleźli się z bagażami z powrotem na dworcowej platformie. Popatrzył na matkę ze zdumieniem. Nadal trzymał w ręku pieniądze na bilet do Bombaju.

– Może do Gokarny? – zaproponowała lekko zdyszanym tonem, jakby długo biegła. – Dawno nie byliśmy...

To prawda, że zwykle spędzali w Gokarnie jego urodziny, piętnasty dzień trzeciego miesiąca roku tybetańskiego. Lhamo był zdania, że matka dobrze wybrała miejsce jego urodzenia. Lubił Gokarnę także za to, że zjeżdżało się w niej tak mieszane towarzystwo, począwszy od świętych mężów, biznesmenów i ascetów, na hipisach i rozmaitych obieżyświatach skończywszy. Podobała mu się myśl, że urodził się w tak różnorodnym miejscu, jakby dawało mu to większe możliwości na przyszłość.

– Nie masz ochoty? – zapytała, ciągle z tą zachęcającą nutą w głosie.

Patrzył na nią z mieszaniną niedowierzania i ironii, jakby zaproponowała coś absurdalnego, co nie mieściło się w kanonie ich zachowań. A przecież często zmieniali trasy podróży, z błahych albo ważnych powodów.

– Mieliśmy jechać na północ, mówiłaś, że jedziemy na północ!

Rzadko się złościł, może dlatego że niewiele przeszkód stawało im na drodze i rzadko się sobie sprzeciwiali, zamknięci w tej samej przyjaznej bańce, pośród tych samych celów, teraz jednak go rozgniewała, właściwie nie rozumiała dlaczego.

Zarzuciła sobie torbę na ramię i ruszyła w stronę kas, do Gokarny kupowało się bilet w kasie. Lhamo szedł za nią, zdumiony, jeszcze nie do końca wierząc w to, że nie pojadą na północ.

Uśmiechnęła się z ulgą, ponieważ w swoim proteście i buncie był znowu dzieckiem, rozkapryszonym i nieopanowanym małym Hindusem. I wyglądał jak mały Hindus, tak jak się umówili.

– Mieliśmy jechać na północ! – powtarzał raz po raz, jakby to mogło zwiększyć znaczenie słów, jak podczas recytacji mantry.

– Przecież nie musimy, prawda? – powiedziała łagodnie, płacąc za bilety.

Często jeżdżą tam, dokąd chcą, bez planu. Są wolni i nie zależą od innych właśnie dlatego, że nie robią planów. Idą tam, gdzie im podpowiada własna duchowość, jak prawdziwi *sannjasini*. Plany zniewalają ludzi, stają się strażnikami tych, którzy je stworzyli. Ona, Kamal, nie sądzi nawet, by pozwalały przebyć życie w harmonii z dharmą. Harmonia oznacza giętkość umysłu, jesteśmy bardzo giętcy, powiedziała.

– Umówiłaś się! – zawołał takim tonem, jakby mówił „obiecałaś". – I *sannjasini* robią plany – dodał ze złością, nie mogąc się powstrzymać, żeby nie wytknąć jej błędu. – Ci najlepsi idą od źródeł do ujścia, to wymaga planu.

Wiedziała, że tego roku jest już za duży na opowieść o swoich narodzinach, a mimo to chciała pojechać do Gokarny i żeby opowiedzieli ją sobie jeszcze raz. Opowieść o ich początkach była jedną z tych, które zachowali w pamięci nietknięte na tyle, na ile jest do tego zdolny ludzki umysł, nieustannie upiększający ulubione opowieści. Wśród fragmentów życia, którymi wymieniali się najczęściej, była jeszcze historia o tym, jak wiozła go w koszyku na baku motocykla Royal Enfield, jak nadała mu imię i jak mieszkali w jaskini pustelnika. O tym, jak pozbywała się kolejnych bagaży w drodze do swojego wyzwolenia – to była jej ulubiona historia, ale Lhamo też lubił o tym słuchać. Były również historie, których się bali: o tym, jak wyjeżdżała do Europy odnowić wizę, zostawiając go u dawnych znajomych swojej matki, ludzi z Zachodu, którzy mieszkali w Delhi w wieżowcu w nowoczesnej dzielnicy. Kazali mu jeść dziwne potrawy, posługiwać się sztućcami nawet przy śniadaniu i pozwalali korzystać z komputera. Zadawali mu też pytania, których nie rozumiał i nie potrafił nawet powtórzyć matce, kiedy po niego wracała. Ta nieumiejętność męczyła go bardziej niż same pobyty u obcych, ponieważ oznaczała chwilowe zerwanie łączności z Kamal i istnienie świata tak niepojętego, że nie dawało się nawet o niego spytać.

Przestrzenie między tymi opowieściami były niemal puste. Lhamo często dopytywał się o szczegóły swoich ulubionych historii, trzymając się tych ram, jakie wyznaczała data jego urodzin i teraźniejszość, ale tego dnia, kiedy zamiast na północ, w stronę Delhi, pojechali do Gokarny, po raz pierwszy zapytał o to, co było przedtem.

Siedzieli na innym przystanku. Pasażerowie dopiero zaczynali się schodzić, nie tworząc jeszcze żadnej wspólnoty, a niektórzy rozkładali się wśród tobołów, albo spali w najlepsze rozciągnięci na betonie, nieomylny znak, że autobus nie przyjedzie jeszcze przez parę godzin. Lhamo rzucił torbę byle gdzie, zaraz po wejściu na platformę, jakby chciał zaznaczyć, że nie bierze odpowiedzialności za tę podróż i szaleństwo matki. Zwykle kiedy sytuacja wymagała wielogodzinnego oczekiwania, wybierał miejsce starannie, kierując się jakimś nieznanym jej kryterium, a kiedy pytała, dlaczego tu, a nie gdzie indziej, mówił, że po prostu tutaj. Denerwował się, że ona tego nie wie, jakby ponowne odkrycie odmienności kulturowej matki podważało jego poczucie bezpieczeństwa.

– Co było przedtem? – powtórzyła Kamal niepewnie. – To znaczy, zanim pojechałam do Gokarny po raz pierwszy?

Tak, oczywiście, coś musiało być wcześniej. Był oczywiście Pilot Baba... Jeszcze jacyś ludzie, których słabo pamiętała. Murti, ojciec Lhamo. Miała wrażenie, że z początku było ich dużo, potem coraz mniej.

– Wyruszyłam w podróż, kiedy poczułam, że się ruszasz – zaczęła. – Chciałam, żebyś urodził się w dobrym dla siebie miejscu. Każdy człowiek ma tylko kilka takich miejsc. Z reguły ludzie o tym nie wiedzą i rodzą się w niewłaściwych... W szpitalu rejonowym albo w domu.

Dobrze wiedziała, jakie to powinno być miejsce, astrolog opisał je bardzo dokładnie. Lhamo miał się urodzić w trzecim miesiącu roku tybetańskiego, w dniu, w którym powstaje święta Mandala i odprawia się *Kalczakara Tantra*. Miał przyjść na świat w pomieszczeniu wychodzącym na północ i ubierać się na żółto. Był to bardzo dobry dzień na urodziny, w całej swojej karierze astrolog natknął się jedynie na trzy równie dobre dni. Mało kto rodzi się w dniu własnej siły życiowej, w Roku Małpy, powiedział. Długo trzymał Kamal za rękę, przedłużając kontakt z tak pomyślnym przypadkiem, niby naukowiec rozkoszujący się wyjątkowo rzadką bakterią, z którą już może się nigdy nie zetknąć. Z taką datą dziecko powinno urodzić się u podnóża wielkich gór, powiedział, u zbiegu trzech świętych rzek, w jaskini położonej za miastem i z wyjściem na północ, tak byłoby najlepiej. Może Gangotri? Był przejęty, jakby przyszła pomyślność Lhamo była jego osobistym sukcesem. Jeżeli to się nie uda, można spróbować płaskie, otwarte przestrzenie, na przykład nad jakąś większą wodą. Zna jakieś miłe miejsce nad morzem? Zapytała, nad którym, są dwa. I morzem czy oceanem? Powiedział, że to chyba oczywiste. Każdy jest dobry, bo jest zbiornikiem wszystkiego. Ocean to *Samudra*. Niech znajdzie jakiegoś kapłana, który poleje dziecko wodą morską. W Tamilnadu robią to bardzo dobrze. A jak żadnego nie będzie, niech weźmie świeży orzech kokosowy, wydłubie środek i nabierze wody z oceanu. Potem niech powie: „W serce tej wody, o Panie Waruno, w twe złote domostwo". No, niech powtórzy...

Lhamo potrząsnął głową. Był to krótki, szybki gest, który zauważyła u niego po raz pierwszy, a który wywołał jakieś odległe, mgliste wspomnienie innej osoby. Jest do kogoś podobny, pomyślała.

– Nie – powiedział. – Co było przedtem.... – Nie potrafił dobrze nazwać tego okresu, o który mu chodziło, i od razu zaczął się denerwować. – No, na początku...

Prawdę mówiąc, niewiele pamiętała z tego, co Lhamo określał słowem „wcześniej", i również nie potrafiłaby go zdefiniować. Wolała opowiadać o jego narodzinach.

Po wizycie u astrologa przeniosła się na północ do Riszikeszu, żeby wybrać to dobre miejsce, gdzieś poza miastem i z wyjściem na północ. W okolicy było kilka pustelni, ale jakoś nie mogła się zdecydować. Leżały w pobliżu szlaków wspinaczkowych i zaglądali do nich turyści, pielgrzymi i hinduscy nowożeńcy. Natomiast wielkie góry, o jakich mówił astrolog wydawały się zbyt odległe, z miasta w ogóle nie było ich widać. Przeniosła się więc jeszcze dalej na północ, z trudem rozstając się z Gangesem. „Matka Ganga" – mówiła opiekunka aśramu, kiedy o świcie wychodziły razem z domu po schodkach nad rwącą, wąską rzekę. W dzieciństwie Kamal wyobrażała sobie Ganges jako potężną, szeroko rozlaną rzekę, i faktycznie taka była na równinach, w Benares, gdzie zobaczyła ją po raz pierwszy. Wtedy wydała jej się czymś obcym, złośliwym i wrogim wobec ludzi. Zdawała się atakować miasto, odłupując kawałki tynków z murów, rozbijając łodzie o wielkie słupy pod zbiornikami z wodą, wyrywając ludziom koszyczki z ofiarą, którą chcieli złożyć ukochanej rzece. W Riszikeszu wszystko się zmieniło, może dlatego, że rzeka była tu młoda i Kamal od razu poczuła ją w sobie, o wiele wyraźniej niż dziecko. Opiekunka aśramu pokazała jej, jak wchodzić do lodowatej górskiej rzeki, żeby nie czuć chłodu, i kiedy Kamal zrobiła to po raz pierwszy, zanurzona po szyję, nagle się uspokoiła, dotarła do domu i nigdzie dalej nie musiała iść. Boże, Boże, pomyślała dziękczynnie, nie bardzo wiedząc, do kogo się zwraca, ale chyba zwracała się do tej rzeki. Nie chciała wyjść z wody i przytrzymując się betonowego nadbrzeża, patrzyła, jak jej ubranie rwie się gdzieś dalej z prądem, rzeka zabierała cząstkę jej samej. Chciała tak zostać na zawsze, w dziwnym, wewnętrznym cieple, z tą pewnością, że dotarła do domu, gdzie czuwa nad nią ktoś nieskończenie dobry i silny, kto zawsze przedłoży jej dobro nad własne. „No wyłaź – prosiła jękliwie Betty, próbując uchwycić kawałek szala, którym Kamal była okręcona, i wyciągnąć ją na brzeg. – Tyle się tu nie siedzi... Jak nie wyjdziesz, pójdę po Babu!

W aśramie mieszkała dwa miesiące, kąpiąc się co rano, a potem siadała na huśtawce na najwyższym poziomie budynku, skąd miała widok na wiszący most i północną dzielnicę miasta. Czuła się zupełnie szczęśliwa. Betty uczyła ją składać ofiarę i mówiła jej, kim naprawdę jest rzeka. Kamal rozumiała coraz więcej. Właściwie wiedziała to wszystko, zanim Betty zaczęła mówić. Cała ta kosmologiczna indyjska wiedza weszła w nią razem z dzieckiem i rozrastała się z każdym dniem. Trudno to było wytłumaczyć, ponieważ ojciec Lhamo wcale nie był hindusem.

Budziła się jeszcze przed świtem, czekając, aż Betty po nią przyjdzie, pełna napięcia, jakby istniała możliwość, że Betty się nie zjawi. Zdaniem opiekunki to, co jej się przytrafiło, było całkiem naturalne, Matka Ganga często tak działa na ludzi, zapewnia im obfitość, płodność i pomyślność. „Zgadza się, no nie?" – pytała Betty, wcale nie oczekując odpowiedzi. „Ludzie wędrują całe życie, niektórzy trafiają do domu, a niektórzy wędrują aż do śmierci, Rama, Rama, nigdy nie zaznają spokoju ani radości. A teraz patrz, co robię, bo to trudne. Bierzesz kwiat jaśminu, byle był świeży, bogowie nie lubią, żeby coś było zleżałe. W ogóle wszystko musi być świeże..."

Kiedy jej brzuch się zaokrąglił, ruszyła dalej na północ, ku górom. Połowę drogi przeszła pieszo, ponieważ lawina skalna zatarasowała szosę. Minęła Gangotri i próbowała odnaleźć pieczarę, w której mieszkała zaraz po przyjeździe do Indii, po tym, jak uciekła z sekty Pilota Baby. Na drodze trwały jakieś prace budowlane, wszystko wyglądało inaczej, miała nawet wrażenie, że uległo zakłóceniu, ale...

– ... ale przynajmniej turystów już nie było – dokończył za nią Lhamo tonem kogoś, kto próbuje przyspieszyć bieg opowieści, którą słyszał wiele razy. – A na rzece budowali tamę. Nie wolno im było tego robić. Nie wolno majstrować przy świętej rzece. Nie zdążymy na żaden ekspres do Bombaju. – Wyciągnął się na ziemi i zakrył kocem, żeby na niego nie patrzyła. Rozczulił ją, ponieważ robił tak jako dziecko, kiedy był na nią naprawdę zły.

Wróciła więc do Riszikeszu, a Betty zapytała, czy nie mogłaby urodzić dziecka tutaj, nad brzegiem rzeki. Kamal przyznała, że tak będzie najrozsądniej, i znów chodziły razem odprawiać sankalpę, ale kiedy Betty przyszła po nią po kilku dniach, Kamal była już spakowana. Miejscowy *sadhu* rezydujący w kręgu ognia dał jej wskazówki, jak znaleźć dobrą pieczarę w Jammutri, skąd brała swój początek święta rzeka Jamuna. Miała dojść do świątyni główną drogą, wybrać ścieżkę okrążającą budynek od wschodu, a po kilkudziesięciu metrach odbić w las. Jeżeli natrafi na drzewo figowca, to znaczy, że zaszła za daleko. W lesie znajdowała się kolonia pustelniczych budek, które *sadhu* zamieszkiwali jeszcze za panowania Brytyjczyków. Budki nie były w dobrym stanie, ale kawałek dalej znajdowało się kilka suchych, wymoszczonych pieczar o niezwykłych właściwościach, ciepłych zimą, chłodnych latem, a także leczących reumatyzm. Wiedzieli o nich jedynie wtajemniczeni, a znajomy *sadhu* powiedział o nich Betty tylko dlatego, że postraszyła go złą karmą i tym, że wie, czym naprawdę rozpala krąg ognia. W odpowiedzi wymamrotał, że sam zamierza iść do kolonii na wiosnę, a nie lubi tłoku, krąg ognia zaś rozpala, czym chce, nie jego wina, że nie zawsze udaje się bez niczego. Moc ducha nie jest jednolita, czasem słabnie. Obiecała mu, że do wiosny białej dziewczyny już w kolonii nie będzie, z pewnością zejdzie na równiny, jest prawdziwym wędrowcem, będzie wędrować, aż znajdzie właściwe miejsce, by umrzeć. Przejdzie całą trasę od źródeł do ujścia rzeki, co nie każdemu się udaje, dodała znacząco. Nie spytała jej nawet, skąd przychodzi, jakby naprawdę była sannjasinem, sannjasinowie zwykle nie wiedzą takich rzeczy i nie wypada ich o to pytać. Zresztą, jaka tam ona biała. Rzeka od razu ją przyjęła, ona, Betty, jeszcze czegoś takiego nie widziała, a w aśramie miała już niejednego poszukującego.

Betty odprowadziła ją na autobus jadący w stronę Jammutri, Przyznała, że to miejsce jest naprawdę bardzo dobre. Szosa kończyła się trzynaście kilometrów od świątyni, dalej Kamal poszła więc piechotą aż do sanktuarium. Odetchnęła z ulgą, widząc pielgrzymów, którzy gotowali ryż w gorących źródłach, żeby zanieść ofiarę bogini w świątyni. Znalazła bez trudu ścieżkę okrążającą świątynię od wschodu, doszła do drzewa figowca, czyli za daleko, i zawróciła, wypatrując przecinki. Nie bardzo podobała jej się okolica, choć nie potrafiła powiedzieć, co wywołuje jej niechęć. Mogła to być tablica z informacją Instytutu Górskiego o kursach wspinaczkowych i zapisach na spływy kajakowe, choć Lhamo zawsze uważał, że musiało być w tym coś więcej, może zła wola świętego z kręgu ognia, a może jeszcze coś gorszego. Wierzył w duchy, granatowe rakszasy, demony, zamieszkujące lasy i polujące na samotników. I naprawdę nie podobał mu się znajomy Betty z kręgu ognia, powinien rozpalać węgle bez niczego. Żałował, że nie doczekała do porodu u Betty, podobało mu się to miejsce, dom z widokiem na rzekę i wiszący most. Nie rozumiał, dlaczego szukała dalej.

Zapytał spod koca, czy miała wtedy komórkę.

Zastanowiła się, w myślach ustalając fakty.

– Utopiłam ją z rok wcześniej? – powiedziała wolno.

Rzucił się niecierpliwie pod kocem na znak pogardy dla kogoś, kto topi telefony komórkowe i nawet nie wie, kiedy to zrobił. Na dodatek zupełnie niepotrzebnie odeszła od Betty i ruszyła do Dharamsali, nigdy tego nie rozumiał.

W Dharamsali nie było rzeki, ale góry były bliżej, za to w mieście panował gwar, od którego odwykła. Pełno tam było turystów, starych hipisów, sklepików z pamiątkami, działaczy organizacji pracujących na rzecz wolnego Tybetu, restauracji z zachodnią kuchnią. Zastanawiała się, czy astrolog na pewno miał na myśli to miejsce. Z okna pokoju w domu na zboczu rankami widać było ośnieżone szczyty dwóch pięciotysięczników, a dwie ulice dalej mieszkał Dalajlama. Tanie hotele były pełne duchowych poszukiwaczy, których nęciła bliskość przywódcy, przesiadywali całymi dniami w knajpkach z nasłonecznionymi tarasami i czekali, aż spłynie na nich oświecenie. W domku, w którym Kamal wynajęła pokój, nie było ogrzewania, w nocy temperatura spadała poniżej zera, popołudniami grad wciskał się do środka przez szpary w oknach. Pewnego dnia spakowała torbę i ruszyła dalej na północ, drogą do Bhagsu. Nie wyglądała obiecująco, pełna sklepików z odzieżą dla turystów i buddyjskimi malowidłami, ale Kamal wiedziała, że to się zaraz skończy. Las zaczynał się zaraz za zakrętem i ciągnął się aż do linii wiecznego śniegu, piętnaście kilometrów dalej. Była już w szóstym miesiącu i poszukiwanie dobrego miejsca zaczynało ją męczyć. O zmierzchu stanęła przed bramą klasztoru buddyjskiego, na której wisiała kartka z informacją, że klasztor jest zamknięty z powodu remontu. Zainteresowani noclegiem proszeni są o zgłoszenie się w centrum medycyny tybetańskiej, przeczytała. „Na lewo od Głównego Placu", dopisał ktoś długopisem. „Wieczorem nieczynne". Nie była w stanie zawrócić. Mogła tylko iść naprzód. Doszła do świątyni Sziwy przytulonej do zbocza tuż obok drogi. Przysiadła na murku, zastanawiając się, ile naprawdę miesięcy może mieć Lhamo, był ciężki i zajmował całe jej wnętrze. Z ojcem Lhamo była pół roku, od Kalkuty do Puri, kawał drogi, jeżeli wędruje się pieszo i mieszka na plażach, czas wtedy inaczej płynie, jest bardzo przyjazny i taki ciepły, zmieszany z piaskiem i smakiem kokosów. Jak dawno temu to było? Tęskniła za tym okresem, kiedy czas był czymś nieobecnym, a dojmującym doznaniem było uczucie przyjacielskiego, płynnego ciepła. Siedząc na murku okalającym świątynię Sziwy i trzymając między kolanami brzuch z Lhamo, wielki i ruchliwy, myślała o hipisce Clare, z którą wędrowali przez wschodnie Indie. Clare znała się na określaniu wieku płodu, miała taki dar, bardzo rzadki, przyznał guru, wędrujący razem z nimi. Mówiła, że potrafi określić wiek i płeć płodu, u zwierząt z łatwością, ale u ludzi też. Zawsze wiedziała, ile szczeniąt będzie miała jej suka i jakiej będą płci. Tak samo było z jej przyrodnią siostrą i bratową, a jak się upali, to widzi płody u kobiet na ulicy... Palili dużo na plażach Orissy. „Dziesięć tygodni", powiedziała Clare, kiedy Kamal przyszła do niej z Lhamo po wizycie u astrologa. „Jakieś półtora centymetra. Wygląda jak krewetka".

Kamal przyglądała się nieczynnej świątyni skąpanej w przyjaznym zachodnim świetle zalewającym zbocze. W mieście położonym na przeciwnym zboczu zapalały się lampy na straganach, gdzieniegdzie palono ogniska, wieczór był zimny…

Ta część opowieści nie podobała się Lhamo i czasem ją pomijała. Jeśli tego nie zrobiła, pytał, dlaczego nie wróciła do miasta, skoro było tak blisko, że widziała ludzi stojących przy ogniskach. Ona i Lhamo nieraz palili taki ogień, nocując na plaży. Wrzucali do blaszanej puszki trochę mokrego drewna i siadali w kucki. W dużej beczce, jeżeli udało się taką znaleźć, ciepło trzymało aż do rana. Nie bali się również ludzi, którzy nocami palili takie ognie, dołączali do nich na dworcach autobusowych, na głównych placach, w zamkniętych na noc targowiskach. Dobrze znał też to miejsce, o którym mówiła, na drodze do Bhagsu, ponieważ chodzili do świątyni Sziwy, ile razy byli w Dharamsali, wiedział więc, jak blisko jest stamtąd do miasta.

– Ale urodziłem się na południu. – Wyjrzał spod koca z nagłą nieufnością, jakby to, że zmieniła niespodziewanie trasę podróży i jadą do Gokarny zamiast do Delhi, podważało wiarygodność wszystkiego, co mu kiedykolwiek opowiedziała.

– Urodziłeś się w Gokarnie. W Dharamsali nadałam ci imię. Myślę, że był to głos boga.

Śpiewał stary hipis George, od dziesięciu lat dogorywający w Dharamsali na gruźlicę, ale zawsze była przekonana, że George był jedynie pośrednikiem. Z tego miejsca, gdzie siedziała, nie było już widać posągu Sziwy, wniesiono go na noc do wewnętrznego sanktuarium i odgrodzono kratą; droga do Bhagsu nie była bezpiecznym miejscem po zmroku. Biali, którzy mieszkali w Bhagsu, starali się być w domu przed zachodem słońca i widocznie dotyczyło to również bogów.

– Ale i tak wróciłaś na południe – powiedział Lhamo z naciskiem i satysfakcją. – Mimo że usłyszałaś boga.

– Ale najpierw poszłam dalej na północ.

Nadała mu imię na drodze do Bhagsu, przy świątyni Sziwy. W dole George brzdąkał na gitarze i śpiewał w nieznanym jej języku. Ułożyła imię z fragmentów słów, które dobiegały z dołu. Dopiero później dowiedziała się, że jest to prawdziwe tybetańskie imię. Oznacza ulubieńca boga. Był to kolejny znak. Podniosła się i ruszyła dalej na północ, podtrzymując brzuch z Lhamo, który opuszczał się coraz bardziej, gotując się do wyjścia. Pomyślała wrogo o hipisce Clare. Doszła do Bhagsu, małej wioski położonej w kotlinie, trzy kilometry od Dharamsali, a potem jeszcze kawałek, aż do końca drogi. Była najdalej na północ, jak da się dojść, chyba to miał na myśli astrolog z Puri.

Dojechali do Gokarny przed zmrokiem. Lhamo spał na siedzeniu obok, zawsze przesypiał większość podróży. Pomyślała, że w tym świetle wygląda jak każde ciemnoskóre dziecko z południa, Tamilnadu albo Kerali, hołubiony i rozpuszczony męski potomek, który kiedyś podpali pod nią stos pogrzebowy nad brzegiem jakiejś rzeki. Ale zanim to się stanie, spędzą życie, wędrując między Keralą a Dharamsalą, zgodnie z niezmiennym rytmem, jaki narzucały pory roku. To był plan, jaki za niewielką sumę sprzedawał swoim wyznawcom Pilot Baba – przeżyć dobrze życie, idąc za ludźmi mądrzejszymi od siebie, przebyć wszystkie etapy w zgodzie z uniwersalną harmonią wszechświata. Nie wiedziała, czego chce, dopóki nie usłyszała tych słów, a wtedy wszystko się w niej wyjaśniło, jakby Pilot Baba zapalił w niej lampę. Wierzyła, że tak będzie, nawet jeżeli Pilot Baba był sprzedajnym guru, dopóki nie dostrzegła zmian zachodzących w Lhamo, rysów własnych przodków w jego twarzy. Kiedy spał, był nadal synem swojego ojca, irańskiego wagabundy i trubadura, prawdziwie wolnego ptaka, bez jednej ambicji przy duszy, wybrańca wyczuwającego wraz z porami roku własne odejście. Trudno jej było pogodzić się z myślą, że jej syn taki nie będzie, mimo że zapewniła mu wszystkie szanse, doszła nawet do końca drogi wiodącej na północ i nadała mu właściwe imię.

Co jeszcze mogłam zrobić? – myślała.

Nie pozwoliła mu nawet zbliżyć się do tego, co instynktownie rozpoznawała jako opresyjne i ograniczające jego duchowość. Nie chodził do szkoły, nie znał pojęcia rywalizacji, nie potrafił podzielić ludzi na zwycięzców i pokonanych, nie znał żadnych schematów prócz tych, jakie narzucała przyroda, i nigdy nie był oceniany, o ile nie oceniała go natura. Gryzła i parzyła, kiedy postępował źle. Przyprawiała o bąble albo wysypkę, kiedy się mylił. Był to prosty, całkowicie jasny układ, pozbawiony wartościowania, wymagający jedynie doświadczenia.

Gdzie więc popełniłam błąd? – zastanawiała się.

– Pamiętasz, kiedy byłeś mały i podróżowaliśmy motorem? – zapytała, kiedy się obudził. Wjeżdżali już na przedmieścia Gokarny, z każdym rokiem rozrastające się bardziej. Tego roku zdawało się, że w końcu zlały się z otaczającymi je wioskami; nie było już pól ryżowych, które dotąd stanowiły wyraźną granicę między światami.

Lhamo popatrzył na nią nieprzytomnie, potem zobaczyła błysk przypomnienia w jego twarzy; dotknął ostrożnie telefonu, który miał pod koszulą. Wyraz chwilowej ulgi zniknął niemal natychmiast, zastąpiony przez napięcie, jakie widywała na jego twarzy od kilku tygodni. Wyglądał jak ktoś, kogo w niedługim czasie czeka ważny egzamin, do którego już w żaden sposób nie zdoła się przygotować, ale mimo to próbuje.

– Siedziałeś w koszyku na baku z benzyną – Nie wiedziała, czy jeszcze boczy się na nią za zmianę trasy podróży. – Jechaliśmy wtedy z Madrasu do świątyń Hampi w Karnatace. Miałeś zaledwie cztery lata. Często się nudziłeś w drodze. Kazałeś mi stawać. Zatrzymywaliśmy się na poboczu, wyciągałeś zabawki i się bawiłeś, czasem kilka godzin. Zabawki trzymałeś w plastikowej torebce. Nic nam się nigdy nie stało złego. Myślisz, że to, co teraz piszą w gazetach, to prawda?

– Nie pamiętam – powiedział przekornie. – Lepiej sobie przypomnij, co było wcześniej.

– Co się stało z tym motocyklem? – zastanowiła się.

W Hampi spędzili cały rok, wędrując po wzgórzach otaczających ruiny, czasem nawet nie wracali na noc do wsi. Motocykl oddali hotelarzowi w zamian za mieszkanie. Kiedy uznał, że fundusz się wyczerpał, powędrowali dalej. Dokąd?

– To pamiętamy bardzo dobrze – powiedział Lhamo już z wyraźną irytacją. – Zabrał nas ciężarówką Kaszmirczyk bez palców u ręki. Powiedział, że stracił je podczas walk w jakimś mieście. Nie wiem, dokąd pojechaliśmy. Zawsze mówiłaś, że to nieistotne. Całą drogę mówił o lotosach na jakimś jeziorze. Tak ci się spodobały, że mówiłaś o nich przez kilka miesięcy. Bałem się, że tam też pojedziemy.

– Nie jeździmy tam, gdzie ludzie walczą – powiedziała zaskoczona jego uwagą i tym, że się czegoś bał i to przed nią ukrywał.

Bał się duchów, o których opowiedziała mu święta Amma zupełnie niepotrzebnie, nie lubił pająków, ale poza tym był dzieckiem natury, które nie obawia się ludzi, ciemności ani zwierząt. Nie sądziła, że ma w sobie jakiś ukryty lęk.

– Nigdy nie byliśmy w Kaszmirze ani nigdzie, gdzie jest niebezpiecznie. Nie byliśmy na przykład na Sri Lance, chociaż jest tam Kandy i posągi Buddy, i są takie miejsca, gdzie można się kąpać ze słoniami. Nie chciałbyś tego zobaczyć?

Wstał i zabrał z półki ich bagaż – plastikową torbę z uszami, w której mieli wszystko, co niezbędne ludziom jeżdżącym z południa na północ – butelki na wodę, garnek z pokrywką, plastikowe wiaderko, ubrania Kamal. Swoje rzeczy trzymał oddzielnie i nosił razem ze skórzanymi kocami.

– Lepiej sobie przypomnij, co było wcześniej – powiedział ostrzegawczo. – Ten człowiek nie będzie czekał.

– Wcześniej, to znaczy, zanim się urodziłeś? – Nie zrozumiała, o jakim człowieku mówi. O tym dziennikarzu, który chciał się z nimi spotkać w Dharamsali? – Poszłam do astrologa w Puri, poszliśmy wszyscy, trochę dla zabawy, i on powiedział mi, że będę miała dziecko. A potem pojechałam na północ. Twój ojciec wybrał inną drogę. Wiesz, że każdy człowiek ma własną. Nasza prowadziła na północ, a potem tutaj. On był muzykiem, pojechał, zdaje się, do Pakistanu. Tam są dobre szkoły muzyczne.

– A gdzie ty się urodziłaś? – zapytał Lhamo.

Stali na dworcowym placyku, jak ludzie, którzy nie wiedzą, czy zostają, czy jadą gdzieś dalej.

– Gdzie ja się urodziłam? – powtórzyła ze zdumieniem. – Nie rozumiem...

Lhamo przewrócił oczami.

Swoją drogą, pomyślała, patrząc w zadumie na syna, zastanawiające, skąd on to umie. Nie chodzi do szkoły, rzadko ogląda telewizję, przebywa przeważnie z dorosłymi... W indyjskiej telewizji nie robią tego w ten sposób. Wyrażają pogardę inaczej.

Poczuła się zaskoczona i trochę oszukana, widząc samą siebie w tym geście zniecierpliwienia i pogardy, swoją własną twarz w twarzy syna. Przecież umówiła się z bogiem, że Lhamo nie pochodzi od niej, ma geny swojego ojca muzyka wagabundy, tak doskonałego w swojej wierze w wolność wyboru i własne wewnętrzne piękno. Do niedawna sądziła, że naprawdę im się to udało – Lhamo nie wziął od niej nic poza drobną budową i niechęcią do pająków. Wszystko miał z ojca i tak jak on był wolny i czysty, nieskrępowany żadnym schematem myślenia. W pierwszym odruchu miała ochotę odwrócić się i pójść do najbliższej świątyni zgłosić reklamację. Bóg jej obiecał na szosie do Bhagsu: tylko geny irańskich robotników sezonowych i ich syna – wędrownego wolnego ducha, z pominięciem polskiej, a także brytyjskiej arystokracji.

– Nie przewracaj oczami – powiedziała.

– Nie przewracam.

Odruchowo ruszyli w stronę świętego stawu, w swoją zwykłą pielgrzymkę. Zwykle zaczynali od stawu, choć kiedy się urodził, zaniosła go nad ocean. Ocean miał największą moc oczyszczającą, ponieważ wpadały do niego wszystkie święte rzeki. Był *Samudra.*

– To wiesz to, czy nie?

– Człowiek rodzi się wtedy, gdy wkracza na właściwą drogę i zaczyna rozumieć siebie.

– Nie wiesz! – stwierdził z wrogą satysfakcją.

– W tym sensie, w jakim ja to rozumiem, to nie wiem. Może jeszcze wcale. Z pewnością narodził się twój ojciec. Ale jestem dobrej myśli. Jesteś głodny?

– Nie wiesz!

Kiedy wyjęła go ze zbiorczego kojca i wyszli ze szpitala, zaniosła go nad ocean. Szli długo przez zakurzone, obskurne centrum, plaże leżały poza miastem. Zanurzyła go w oceanie, a potem jeszcze dla pewności w świętym stawie w mieście, trzy razy, zgodnie z miejscowym zwyczajem.

– Mój ojciec był muzykiem, a my kim jesteśmy?

Zastanowiła się.

– My jeździmy z południa na północ. To chyba wystarczy?

– Ale chyba nie musimy tego robić zawsze – powiedział z lekkim zniecierpliwieniem. – Inni zostają na miejscu. Wszyscy, których znamy, mieszkają gdzieś na stałe. W przyszłym roku chcę zostać na miejscu, rozwinąć biznes.

Nie zrozumiała.

– Biznes – powtórzył niecierpliwie. – Szedł już bardzo dobrze, kiedy znów kazałaś mi gdzieś jechać. W ten sposób nic nie zrobię. Nie mogę zaczynać co chwila od początku, to chyba oczywiste…

– Od jakiego początku? – Nic nie rozumiała. – Jeździmy z południa na północ… To nam daje ciągłość. Nie czujesz ciągłości? O jakim biznesie ty mówisz?

– Bardzo dobrze czuję. Można coś zrobić tylko wtedy, gdy ma się ciągłość, człowiek siedzi na miejscu i robi to, co najlepiej potrafi. Nie można co chwila przerywać i zaczynać coś nowego. Miałem już tego Radżu prawie w garści, mówiłem ci, stoisko przy wejściu na dworzec, najlepsza lokalizacja. A jak wrócimy, będę musiał zaczynać wszystko od początku. Miejsca trzeba pilnować, bo zaraz ktoś próbuje cię wygryźć. Jeszcze ze dwa tygodnie, a cały teren byłby mój. Już nikt u niego nie kupował, a Lalita wyniosła się ze dwa miesiące temu. Teraz wszystko na nic – zakończył z goryczą.

– Jeździłeś na przedmieścia? – zapytała, czując, że brakuje jej tchu, jakby długo biegła pod górę.

Mieli tam nie jeździć, powiedziała braminowi Rao, że to nie jest dobre miejsce dla poszukujących. Poszukujący bałamucili się w dużych miastach, wracali do tego, z czego wyszli.

– Smażyłem momo na dworcu, mówiłem ci. Tak jak nauczyła nas Betty w Riszikeszu, ale słabo szły. Radżu robił somosy, ale to każdy potrafi. Najpierw przyglądałem się, co robi źle. Sprzedawał trzy, cztery na godzinę. To żaden zysk, bo sporo ciasta się marnuje, zwłaszcza w tej temperaturze. Za szybko przesycha. Trzeba by sprzedawać co najmniej osiem. No i to właśnie robił źle: ciasto mu przesychało.

Dotarli do stawu. Rozpoczęły się już wieczorne ablucje, a woda nabrała zielonkawego odcienia, jakby nad wieczorem silniej odczuwała bliskość okolicznej zieleni. Zwykle bawili się tu z Lhamo. Zanurzali się razem, po trzy razy, zgodnie z rytuałem. Woda oczyszczała umysł, nie tylko ciało. Kamal siadała w pozycji lotosu na stopniach ghatu i pozwalała myślom odpłynąć, woda je zabierała, czuła, jak przez nią przepływa, zielonkawa i gęsta od glonów. Nie słyszała słów, jakie wypowiada, i dopiero Lhamo powiedział, że mówi w kółko to samo: „Przez moje serce święte wody płyną, prowadzą ku wyzwoleniu... Przez moje serce..." – kończyła to zdanie i zaczynała od początku. Sądził, że to mantra, którą dostała od guru, a przecież tego nie mówi się nikomu, mantra otrzymana od guru jest osobistą sprawą. Kąpieli potrzebowali bardziej niż jedzenia. Dopiero potem szli coś zjeść, najczęściej w jakiejś ulicznej jadłodajni. Później zaczynali szukać noclegu. Poza sezonem nie było to trudne, zawsze znalazł się jakiś szałas na plaży, który wynajmowali za kilkadziesiąt rupii. Jeżeli mieli szczęście, trafiał się domek na palach, z betonową podłogą zamiast klepiska. W takich razach zostawali na plaży Om na dłużej.

– Jak przeschnie, to się nie sklejają – ciągnął Lhamo. Nie wszedł od razu do wody. Usiadł obok niej na stopniu. – Trzeba podpatrzyć, jak robią to inni, a potem zrobić to lepiej. Ja trzymałem pół godziny pod wilgotną ścierką.

Powiedziała, że na północy wynajmą jakiś prawdziwy dom, taki z kuchnią i sypialnią, i ze wszystkim. Może nawet będą mieć psa.

Astrolog powiedział, że powinien mieć czarnego psa. W Dharamsali na pewno jakiegoś znajdą, chociaż zazwyczaj są żółte.

– Zawsze mówiłeś, że chcesz mieć psa.

Prawie nie zwrócił uwagi na to, co powiedziała. Był podekscytowany swoją przedsiębiorczością i chciał o tym jeszcze porozmawiać.

– Matka Radżu powiedziała mi, co robi źle. Lalita robiła tak samo, tylko jeszcze wolniej. Poza tym dużo zjadała sama. Zawsze była głupia.

– Kąpiemy się? – zapytała. – Już czas. Pamiętasz tekst?

– „W serce tej wody, o Panie Waruno, w twe złote domostwo..." – wyrecytował machinalnie w sanskrycie.

Wystarczyło kilka miesięcy nauki z braminem Rao, by opanował podstawy sanskrytu. Rao nie chciał uczyć go tekstów ze świętych ksiąg, powiedział, że jest to wiedza zarezerwowana dla najwyższych. Powiedział to, nie patrząc na nią, zwykle omijał ją wzrokiem. Jego słowa zabrzmiały znacząco, a zarazem niepewnie, dawał jej chyba do zrozumienia, że domyśla się, do jakiej klasy zalicza się Lhamo, i zarazem nie chce, żeby dzieliła się z nim tą wiedzą.

Lhamo wskoczył do stawu. Woda sięgała mu do pasa.

– W serce tej wody, o Panie Waruno... – Zaczął brodzić, rozgarniając wodę rękami. Mruczał coś do siebie w sanskrycie. – Nigdy nie powiedziałaś, skąd masz pieniądze, to nie wiem – powiedział nagle, może do niej, a może do siebie. – Wydaje mi się, że za pieniądze można wszystko. Tak mi się wydaje...

Miał trzy dni, kiedy zanurzyła go w oceanie, a potem jeszcze raz w świętym stawie, na wszelki wypadek. Nie mogła znaleźć kokosów, żeby oblać go wodą morską, tak jak kazał astrolog, dopiero zaczynały dojrzewać. Wsadziła go więc całego do wody, mając nadzieję, że to nawet lepiej. Fala była silna, czuła, jak usuwa jej piasek spod stóp i przestraszyła się, że nie zdoła wrócić na brzeg, odległy zaledwie o parę kroków. Ludzie tonęli na plaży Om.

Potem przyjeżdżali tam co roku, odprawiając pielgrzymkę, która miała być zadośćuczynieniem za to, że jednak nie urodził się na północy, w miejscu, które było dla niego najlepsze. Wybrała to drugie w kolejności, ponieważ północ po raz drugi okazała się silniejsza od niej.

– Wiedziałem, że używa przepisu matki – mówił Lhamo. – Więc dowiedziałem się co i jak. A potem przypomniałem sobie, jak to robiła Betty. Więcej masła ghi! Nigdy tego nie jem, to niewegańskie...

Nigdy nie powiedziała mu, skąd ma pieniądze na jedzenie i bilety autobusowe. Bała się, że jest za mały, by to zrozumieć. I sama również wolała o tym nie wiedzieć, udawała sama przed sobą, że nie pamięta. Teraz też uważała, że Lhamo nadal jest za młody. Kiedy był mały, mówił, że pieniądze są w ścianie, ponieważ widział, jak je wyjmowała z bankomatu. Zaczął je zarabiać, ponieważ zrozumiał, że w ścianie ich nie ma?

– Sądzisz, że powinnam zostać na północy, żebyś mógł się tam urodzić?

Wzruszył ramionami.

– Tu też jest dobrze. – Zanurzył się z głową i przez chwilę nie było go widać.

Woda była zielonkawa i wydawała się gęsta, schody porastała rzęsa. Odmalowywali ghaty co roku, ale monsun robił swoje. Farba prześwitywała jeszcze gdzieniegdzie między zielonym nalotem. Lhamo wynurzył się, parskając, z włosami oblepiającymi twarz. Stał, ocierając oczy, i znów wyglądał jak dziecko.

– Ale wolałbym zostać w Madurai. Wyciągałem już dwieście rupii dziennie. Radżu się jeszcze trzymał, ale odkąd zacząłem smażyć po mojemu, nie miał szans. Już prawie wszyscy kupują u mnie.

– To jak to robisz? – Mimo wszystko była ciekawa.

Ożywił się.

– Półprodukty. Trzeba rzucić na gorący olej tylko na dwie sekundy i wyjąć, a kiedy klient zamawia, wrzucić jeszcze raz i dosmażyć. Wtedy ciasto nie przesycha. Klient widzi poza tym, że dopiero co zrobione. Ludzie lubią, kiedy jedzenie nie leży. I nie dotykam byle czym. Wziąłem twoją łyżkę od dobrego urodzenia.

– Dla tych w czepku urodzonych – poprawiła.

– ... w czepku urodzonych – zgodził się. – Ludziom się to podoba.

Myślała, że jest mu potrzebna do zabawy. Nie miał prawie żadnych zabawek i dlatego nie protestowała, kiedy brał coś z gospodarstwa, mimo że miała tylko to, co niezbędne do ugotowania prostych posiłków, dalu, ryżu i warzyw. A łyżki nie było jej żal, nawet się ucieszyła, że zniknęła. Nie potrafiła jej wyrzucić, ale zachować też nie chciała.

Lhamo przyglądał się jej, mrużąc oczy, wyraźnie próbując skojarzyć jakieś fakty, które dotąd wydawały mu się zupełnie niepowiązane.

– Babka ci ją przywiozła, kiedy byłaś w Gangotri? – upewnił się. – Zanim się urodziłem? Po co to zrobiła?

Kamal uniosła jedno ramię na znak, że nie rozumie postępowania babki. Łyżkę dostała od kogoś z rodziny, kiedy się urodziła, chyba na znak pomyślności.

– Jest złota, od razu widać – ciągnął Lhamo. – Mam ją w torbie. Zabrałem bez pytania, ale nie skłamałem. Poza tym mogę ci ją oddać.

Odwróciła głowę, żeby nie dostrzegł, że się uśmiecha. Miał już prawie trzynaście lat, ale nie umiał kłamać. Nie bardzo nawet rozumiał, na czym polega idea kłamstwa, i czasem używał tego pojęcia w niewłaściwym kontekście. Mówił na przykład, że poszedł skłamać na rogu albo że dużo dzisiaj skłamał. Prawdopodobnie było to wynikiem tego, że tak rzadko przebywał z rówieśnikami. Dzieci uczyły się kłamać w przedszkolu, przynajmniej ona tam się tego nauczyła. Lhamo nie musiał kłamać, ponieważ nigdy go nie karała i nie nagradzała. Nie musiał się niczego bać ani o nic zabiegać. Strach był jednym z niewielu wspomnień, jakie zachowała z dawnego życia. Wtedy krępował jej ruchy, teraz wydawał się czymś nie tylko odległym, ale niepoważnym, niby dziecinny lęk przed potworem. Czy bałam się bardziej niż inni ludzie? – zastanawiała się. Te wszystkie drogi, których nie wolno obrać, ponieważ są złe... Ktoś uznał je za złe albo niebezpieczne, więc wywołują strach... Ludzie, których aprobatę trzeba zdobyć. Strach przed tym, że to się nie uda. Co się dzieje, jeżeli człowiek nie zdobędzie aprobaty świata zewnętrznego, a on go określa? Strach przed tym, że określa ją coś, na co nie ma żadnego wpływu. Tak, chyba bała się bardziej niż inni. Mniej też niż inni pasowała do tych dróg uznanych za bezpieczne, a może musiała bardziej zabiegać o aprobatę ludzi.

– Pamiętasz, jak poszedłeś do szkoły i dostałeś ocenę? – zaśmiała się. – Nie wiedziałeś, co to jest.

Miał wtedy dziesięć lat i postanowiła posłać go do szkoły na kilka tygodni, żeby nauczyli go czytać i pisać w hindi. Oboje mówili płynnie, ale nie pisali, nie było takiej potrzeby. Któregoś dnia zobaczyła, jak Lhamo buszuje w straganach z książkami i czasopismami, ciekawiło go wszystko, o czym usłyszał, każda nowość. Kiedy widział coś, co go zainteresowało, podchodził do ludzi na ulicy, na dworcu, w świątyni i pytał, jak to działa albo z czego jest zrobione, skąd to wzięli. Porozumiewał się swobodnie w kilku językach, ale w żadnym nie czytał, uznała więc, że powinien pochodzić do miejscowej szkoły. Czytać i pisać po angielsku nauczyła go sama, jeszcze w Amritapuri.

Rzadko mu czegoś zabraniała, nawet wtedy gdy sądziła, że robi coś, co może być niebezpieczne. Bardzo prędko zrozumiała, że pod wieloma względami jest od niej mądrzejszy, ponieważ jest dzieckiem Indii. Nie szkodziły mu rzeczy, które ją przyprawiały o ciężką chorobę, zwłaszcza przez pierwsze lata: wirusy, bakterie, pasożyty. Lhamo był miejscowy w stopniu, w jakim ona nigdy nie będzie. Pierwszego dnia w szkole przyniósł do domu kartkę z oceną, nie pamiętała nawet jaką. Powiedział, że wszyscy w klasie pisali te same literki alfabetu, ale te znaczki w rogu kartki mają różne. Co to znaczy? Nie powiedziała mu prawdy. Tylko tyle, że nauczycielki też piszą na kartkach, jeśli naprawdę tego chcą.

– To pamiętasz czy nie? – zapytał.

– Co pamiętam?

– Kiedy się urodziłaś! – Uderzył dłonią w wodę. – Od czegoś musisz zacząć. Gdybym miał sobie coś przypomnieć, to zacząłbym od tego.

– Omal nie utonęliśmy tego dnia, kiedy wsadziłam cię do oceanu – przypomniała sobie. – Nie zdawałam sobie sprawy, że fala jest tak silna, morze wyglądało dość spokojnie. Ale przy tych czerwonych skałach robią się wiry, zapomniałam o tym. Ziemia zaczęła mi się usuwać spod nóg, jakby mnie coś wciągało do środka. Wydostaliśmy się ostatkiem sił. Miałam wrażenie, że coś przytrzymuje mnie za nogi.

Po raz pierwszy poczuła wtedy, że jest zupełnie sama, w niewyobrażalny sposób sama w najgęściej zaludnionym kraju na świecie, tak sama, jak ludzie umierający na ulicach albo *sadhu* umazani popiołem i nieoczekujący niczego od innych. Było to dziwne uczucie, strachu, od którego zaparło jej dech, ale i zachwytu, że jest tak silna, że potrafi przetrwać w takiej samotności. Zapamiętała to uczucie na zawsze i może dlatego w końcu pojechała do Amritapuri. Zobaczyła granatową twarz świętej Ammy we śnie, ponieważ nie była już w stanie unieść takiej samotności. Amma przyszła do niej, robiła to często dla tych, którym życie zaczynało ciążyć. Kamal mówiła sobie, że chodzi o bezpieczeństwo Lhamo, ale chyba chodziło o bezpieczeństwo, jakie daje życie w stadzie. Była zmęczona Indiami, a Amritapuri miało swój porządek i swoje struktury, opiekę medyczną i system wsparcia dla ludzi zabłąkanych w Indiach, starych hipisów, uciekinierów i zagubionych między światami. Wtedy jeszcze nie wiedziała, że jest pułapką, miejscem, które omal nie pozbawi jej tożsamości i rozeznania, w którym miejscu w świecie się znajduje.

Wzdrygnęła się, kiedy Lhamo wynurzył się, parskając, tuż obok jej kolan.

– Idę coś zjeść. Gdzie nocujemy? – zapytał. – Idziemy do pustelni czy szukamy hotelu? Tamten bramin mówi, że możemy przespać się w pustelni, o ile nie wejdziemy do świątyni. Zapytał, czy jesteśmy hindusami. Jesteśmy?

Nie zauważyła, kiedy rozmawiał z braminem. Dopiero teraz, idąc za spojrzeniem Lhamo, zauważyła kapłana. Bramin kąpał się kilkanaście metrów dalej, ubrany bardzo przepisowo w nienagannie białe dhoti.

– Prawdziwy? – zapytała.

– No pewnie – obruszył się Lhamo. – Z fałszywym bym nie gadał. – Bezbłędnie odróżniał prawdziwych braminów od przebierańców, którzy kręcili się po Indiach, oferując rozmaite usługi turystom. – To co mu powiedzieć? Jesteśmy hindusami czy nie jesteśmy?

Właściwie nie wiedziała. Rzadko się nad tym zastanawiali, możliwe, że nigdy. Nie potrafiła rozmawiać o religii w taki sposób, jakby dało się ją podzielić na odrębne kawałki. I wolała unikać takiego ścisłego nazywania rzeczy; nazwy tak rzadko do nich pasowały.

– Sądzę, że najbardziej jesteśmy hindusami – powiedziała z namysłem, czując jednak, że coś bardzo upraszcza. – Trochę też jesteśmy buddyjscy. Ja trochę się czuję buddyjska.

– Ale nie katoliczna?

– Katoliczką – poprawiła go.

– Katoliczką – zgodził się chętnie. – Na południu jesteśmy hinduscy, a na północy bardziej buddyjscy?

Zastanowiła się. Na północy poczuła najsilniej Matkę Gangę, więc chyba nie można było podzielić ich religijności terytorialnie.

– Myślę, że czasem tak, a czasem tak, ale chyba nie dzieliłabym Boga na takie części.

– Czyli jesteśmy wymieszani po równo – powiedział z zadowoleniem, takim tonem, jakby jej słowa spełniły jakieś jego oczekiwanie. – Lubię, kiedy jestem buddyjski. Może w tym roku ogolę głowę? Będę jak ten młody mnich, z którym chodziliśmy na medytacje w zeszłym roku. To jaką sevę robimy? – zapytał.

W podróży było o to trudniej niż w stałym miejscu zamieszkania, ale Lhamo nie chciał z tego zrezygnować. Sevy nauczyli się w aśramie Ammy. Mieszkali tam tylko kilkanaście miesięcy, dawno temu, ale był to okres na tyle długi dla Lhamo, by przesiąkł tamtejszymi zwyczajami. Jedynym warunkiem obowiązującym mieszkańców aśramu było wykonywanie sevy – godziny dla innych. Należało zrobić coś, co pomoże albo ulepszy życie innym. W Amritapuri było to łatwe. Można było zamiatać pomieszczenia należące do aśramu, zmywać naczynia w jadłodajniach, myć łazienki, doglądać kwiatów. Lhamo pomagał w kuchni albo grzebał przy komputerach w sali mediów. Zdradzał wyraźny talent, a komputery, z którymi miał rzadko do czynienia, dopóki nie trafili do Ammy, traktował jak coś naturalnego, jak wszystko wokół siebie. Kamal z początku uczyła języków, znała ich kilka jeszcze z dawnego życia. Rodzice uważali, że powinna znać języki swoich przodków, angielskich arystokratów i francuskich intelektualistów, którzy pożenili się w Polsce. Nie lubiła jednak tych zajęć i po dwóch miesiącach zamieniła je na pracę przy warzywach.

– To co robimy? – dopytywał się Lhamo, podskakując na stopniach stawu, żeby wytrząsnąć wodę z ucha. – Wiesz już? Ja idę z braminem. Będę mył garnki w jadłodajni, po pudży, już się umówiłem. Możemy przespać się gdzieś w mieście?

Zazwyczaj szli na plażę Om, tam gdzie kąpali się po raz pierwszy, i wynajmowali jakiś szałas. Ale zwykle przyjeżdżali wcześniejszym autobusem, na długo przed zmrokiem. Ścieżki wiodące na plażę, wzdłuż urwiska, nie były bezpieczne po ciemku. Błądzili nawet miejscowi i zdarzały się napady na samotnych wędrowców.

Tego wieczoru, po pudży i myciu garnków, kiedy już leżeli w łóżkach, w których, jak podejrzewała, rezydowały również pluskwy, Lhamo zapytał, czy jeszcze kiedyś wrócą do Amritapuri.

Byli szczęśliwi w Amritapuri, dopóki nie zobaczyła zdjęcia aśramu z lotu ptaka.

Nie wiedziała, co odpowiedzieć na pytanie guru, dlaczego zmieniła sevę, skoro tak niewiele osób potrafi nauczać francuskiego, a warzywa może okopywać każdy. Bała się zajęć na uniwersytecie, który działał na terenie aśramu. Była to typowa uczelnia z typowym systemem egzaminacyjnym i finansowym, tyle że kampus leżał w dżungli, odgrodzony od Indii białym mostem, po którym chodzili ludzie ubrani w białe szaty i cały teren nazywano aśramem. Mimo że aśram i uniwersytet powstały w miejscu keralskiej wsi, w polu widzenia nie było nic indyjskiego, żadnej wsi ani przejawów miejscowego życia, nic, co pozwoliłoby umieścić to miejsce na mapie. Z dołu, z poziomu wspólnych sal, dziedzińców i restauracji to odizolowanie było niewidoczne. Kamal rzuciło się w oczy dopiero, gdy Lhamo pokazał jej zdjęcia z lotu ptaka, w dziewiątym, albo dziesiątym miesiącu ich pobytu w Amritapuri. Nie lubiła komputerów i nie potrafiła ich obsługiwać, w gruncie rzeczy uważała, że to nic dobrego, jak telefony komórkowe, opuściła zachodni świat, zanim stały się niezbędne do życia, ale Lhamo czuł inaczej i spędzał większość dnia w sali informatycznej. Oglądał filmy, słuchał muzyki i uczył się podstaw programowania.

„To wyspa!" – powiedziała, kiedy w końcu zgodziła się pójść z nim do sali komputerowej. Pokazał jej zdjęcia Amritapuri. Wyglądało jak miasto utopii. Trzy wieżowce sterczące pośród dżungli, otoczone niższymi budynkami o lekko buddyjskim charakterze. Wyszła z budynku, żałując, że uległa namowom Lhamo. Dopiero teraz dostrzegła, gdzie naprawdę się znajduje – w sztucznym mieście o idealnie wymiecionych dziedzińcach, po których chodzili biało ubrani ludzie, tak odlegli od prawdziwych Indii i wszystkiego, czym były, jakby znajdowali się w Nowym Jorku albo Barcelonie. Była to sztuczna enklawa, stworzona dla ludzi, którzy mieli dość pieniędzy, by w luksusowych warunkach zajmować się swoją duchowością, w całkowitym oderwaniu od otoczenia.

Odeszli od Ammy, ponieważ w gruncie rzeczy aśram był miniaturą zachodniego świata, ukrytą w gąszczu palmowego lasu, u wybrzeża Morza Arabskiego. Miała wszystkie struktury Zachodu: władze, hierarchię, system nagród i kar. Trudno to było dostrzec pośród tylu słów o miłości, współczuciu, poszukiwaniu duchowości i obdarowywaniu innych samym sobą, ale chodziło o to samo, co wszędzie – zdobycie wykształcenia i dobrze płatnej pracy. Ludzie przychodzili na *darshan* Ammy ubrani w zwiewne białe szaty, przyjeżdżali z całych Indii, Amma ich przytulała, oddając część tego, czym została obdarowana przez boga, mówili o pokoju i miłości, a potem wracali do nowoczesnych wieżowców, w których mieściły się hotele albo dormitoria, w zależności od tego, kto ile miał pieniędzy. Były tam czyste toalety, bezpieczne jedzenie i wygodne łóżka, a wszystko to pozwalało poświęcać się medytacjom i odkrywaniu własnej duszy bez uciążliwości walki z brudem, biedą i innymi nieprzyjemnymi aspektami Indii. Była to wygodna pułapka, w której człowiek bardzo chciał utknąć, ponieważ niczego w gruncie rzeczy nie poświęcając, mógł mieć złudzenie, że dokonuje przełomu w swoim życiu albo wykorzystuje je w pełni i w dodatku żyje dla innych.

„Musimy stąd iść" – powiedziała Lhamo kilka tygodni później. Odkąd zobaczyła zdjęcia Amritapuri z lotu ptaka, czuła niepokój i dawne życie w aśramie, dotąd przynoszące pociechę i radość, ukazało jej się nagle w innym świetle. Nie miała już poczucia, że znaleźli z Lhamo swoje miejsce na ziemi i mogą zostać w domu na zawsze. Przeciwnie. Miejsce wydało jej się niebezpieczne, oferujące zbyt wiele wygód i wywołujące zbyt wiele pragnień. Ulgę przynosiły jej tylko wieczorne *darshan* Ammy, kiedy patrzyła na setki, tysiące ludzi stojących co wieczór w kolejce po uścisk świętej. Widząc, jak Amma przytula na kilka sekund każdego, kto do niej podchodzi, i każdemu oddaje cząstkę siebie, kawałek tej miłości, którą czuła do ludzi, Kamal znów ogarniał spokój i wrażenie, że dociera do sedna, jakiegoś miejsca w sobie, gdzie wszystko jest napisane. Miało to posmak wielkiego przełomu, czuła, że lada chwila zmieni się jej sposób postrzegania, zacznie widzieć do wewnątrz, jeszcze tylko jeden *darshan* albo dwa.

Rozpoczęły się przygotowania do sześćdziesiątych urodzin Sri Maty, cztery dni przed zasadniczym świętem. W holu ustawiono portret Ammy z baldachimem, jakim zwykle osłania się przed słońcem i deszczem wizerunki bogów. Bramini roznosili święty ogień pośród tysięcy wiernych, pod portretem składano ofiary. Amma mówiła o miłości i pięknie, jakie dostrzega w każdym człowieku, o tym, że miłość ocali świat i trzeba wprowadzać kulturę serca. Mówiła to samo, co ojciec Lhamo, więc Kamal uwierzyła jej od razu, podczas pierwszego nabożeństwa, zdumiona ponownie prostotą tej prawdy, że miłość jest jedynym sensem istnienia. Amma była nie tylko wyznawcą, ale również źródłem tej prawdy i potrafiła przekazać swoją miłość dotykiem, tysiąc dwieście razy w ciągu każdego dnia. Kamal nie potrafiła zrezygnować z żadnego *darshan*, lecz po tym, jak zobaczyła Amritapuri z lotu ptaka, słowa brzmiały pusto. Jednak odejść zdecydowała się dopiero, gdy Lhamo przyszedł z sali komputerowej i powiedział, że jest lepszy od Krisa z Alabamy, a to on uchodził dotąd za najlepszego, bo miał informatykę w szkole w Ameryce. Fajnie, prawda?

„Chodzisz na zajęcia z informatyki? – zapytała. – Myślałam, że tylko grasz i oglądasz filmy… Przecież zajęcia są płatne".

Płaciła tylko za mieszkanie.

„Prowadzący powiedział, że jestem tak dobry, że mogę się starać o stypendium. To znaczy, że będę to miał za darmo, podczas gdy inni muszą płacić, super, nie? Mam ci to powiedzieć, żebyś poszła wypełnić jakieś papiery".

„Będzie lepiej przystosowany do świata zewnętrznego" – powiedział guru, zastępca Ammy do spraw kulturowych. W aśramie mieszkali ludzie z różnych krajów, o różnych obyczajach i wymagało to pewnej koordynacji. „To mu nie zaszkodzi – dodał z pobłażaniem, jakby zgłaszała irracjonalne zastrzeżenia. – Będzie miał większe szanse i poczucie własnej wartości. Lepszy start w dorosłe życie. Chcesz mu przecież zapewnić wszelkie szanse?" Wróciła ze spotkania z guru kulturalnym i powiedziała Lhamo, że muszą odejść z Amritapuri.

„Robimy się zachodni?" – stwierdził na wpół pytającym tonem. Już to przerabiali w innych wielkich aśramach, nie był więc zaskoczony. Matka wynajdowała te miejsca, o których dowiadywała się od ludzi, mówiła o nich „alternatywne miasta", spędzali w nich kilka miesięcy, po czym okazywało się, że nie są tym, czym miały być, sprawiają, że robią się „zachodni", i trzeba iść gdzieś dalej. Lhamo nie do końca rozumiał, co to znaczy, że staje się „zachodni", nie dostrzegał żadnych złych oznak ani w sobie, ani w matce. Przeciwnie, wydawała się odprężona i szczęśliwa. Chodziła na jogę i dużo medytowała, nawiązywała znajomości z ludźmi takimi jak oni. W takich miejscach miał więcej swobody niż wtedy, gdy byli tylko we dwoje.

„Alternatywne, to znaczy jakie?" Słyszał od niej to słowo wiele razy, ale dopiero w Amritapuri zapragnął dowiedzieć się, co ono naprawdę znaczy. „Takie, w których nikt nas nie ocenia. Sam wiesz, jaki jesteś, nie potrzebujesz do tego innych. I jeszcze takie, gdzie nikt nam nie mówi, co jest dla nas ważne".

Powiedziała, że nie jest jeszcze pewna, ale chyba nie chcą zostać tu na zawsze. Nie wiadomo, kim są ludzie, którzy tu mieszkają latami. „Sądzę, że to nie jest dla nas dobre miejsce. Może będzie lepiej, jak pojedziemy dalej?" Słyszała o miejscu, które naprawdę jest alternatywne. Nazywa się Auroville.

– To wrócimy do Amritapuri czy nie? – zapytał Lhamo.

Lhamo wiedział, że nie pojadą do Delhi już w chwili, gdy opuszczali pokój w bombajskim hotelu. Tego ranka mało się do siebie odzywali, zajęci pakowaniem toreb w marnym hoteliku przy

Dworcu Wiktorii. Lhamo sam wybrał miejsce noclegu, dormitorium przy dworcu kolejowym, i przyniosło mu to ulgę, jakby bliskość dworca gwarantowała, że następnego dnia opuszczą miasto i pojadą we właściwym kierunku. Matka pozwoliła mu zarezerwować pokój za pomocą smartfonu, co dopiero rano wydało mu się złym znakiem. Dotąd zawsze wynajdywała preteksty, by nie korzystać z internetu, twierdziła, że powinni podróżować bez pomocy z zewnątrz, są samowystarczalni po staremu. Rano zaniepokoiło go to ustępstwo – nasunęło myśl, że albo Kamal chce mu coś wynagrodzić, albo odwrócić jego uwagę od ataku, który dopiero nadejdzie. Kiedy poprosiła, by przez telefon zapłacił za pokój, zupełnie upadł na duchu. Mimo jego najgorszych przeczuć Kamal zachowywała się tak, jakby nie zamierzała zmienić planów: wyszli z hotelu, przeszli ulicę, weszli do budynku dworca, minęli kasy… Tu Kamal odwróciła się do niego i już niemal słyszał, co zamierza powiedzieć, ale spytała jedynie, czy ma ten biletowy wydruk. Nie wierzyła w bilety, które drukował z internetu. Powiedział, że nie musi mieć, ponieważ bilety są w telefonie. Kamal skinęła głową na znak, że godzi się z tym nowym elektronicznym udogodnieniem, i ruszyła w stronę wyjścia na perony. Ustawili się w sektorze wagonów sypialnych drugiej klasy, jakby naprawdę zamierzali wsiąść do pociągu – Lhamo już wcale w to nie wierzył, zwłaszcza że matka wyciągnęła z torby swoją starą, odrapaną komórkę. Do przyjazdu delhijskiego ekspresu zostało dziesięć minut i ludzie zaczęli się już zbierać w grupy, kiedy powiedziała, że jednak wolałaby pojechać do Benares. Nie była tam trzynaście lat, więc już najwyższy czas. Tak, zanim pojadą na północ, chce wykąpać się w Gandze, zbyt długo tego nie robiła, czuje w sobie tyle osadów. Zaczęła obracać komórkę w dłoni. Lhamo wiedział, że nie zamierza donikąd dzwonić – prawdopodobnie znów miała rozładowany telefon – po prostu chce sprawiać wrażenie kogoś, kto jest w kontakcie ze światem, być może stamtąd pochodzi decyzja o zmianie kierunku podróży. Przyzwyczaił się, że bawi się komórką w chwilach rozterki albo kiedy potrzebuje wsparcia. Zastanawiał się czasem, kogo ma wtedy po drugiej stronie linii.

– Nie wiem, dlaczego tak to zaniedbałam – mówiła Kamal, nadal wpatrując się w telefon.

Pocierała go kciukiem, jakby w ten sposób mogła przywołać te jakieś sprawy, które mogliby mieć w świętym mieście. Zwykle je omijali w swoich wędrówkach i Lhamo nie odczuwał tego braku, ponieważ bywali w tylu świętych miejscach, właściwie jeździli od jednego do drugiego. Wiedział, że matka była tam, zanim poznała jego ojca, niedługo po przyjeździe do Indii. Zadowalał się tym, co mówiła o Benares, że nie leży na linii ich corocznych wędrówek, a oni są ludźmi, którzy wędrują z południa na północ. I tak właśnie mówił, zapytany o to, kim jest.

Kiedyś zaciekawiło go, dlaczego nie pojadą gdzieś dalej, na przykład dalej na wschód, do Tajlandii albo Kambodży. Spędzili kiedyś całą zimę z ludźmi, którzy jeździli do Kambodży zamiast tak jak oni na północ, w Himalaje. Kamal powiedziała, że w Indiach jest najlepiej, ponieważ nie trzeba się z niczego tłumaczyć, a nie wiadomo, jak jest w Kambodży.

Zapytał, z czego trzeba by się tłumaczyć.

„Z tego, jacy jesteśmy – powiedziała. – Że jesteśmy ludźmi, którzy jeżdżą z południa na północ". „Gdzie indziej nie wolno tego robić?" „Wolno, ale trzeba się z tego tłumaczyć, ponieważ gdzie indziej ludzie są podzieleni na grupy i żadna nie jeździ z południa na północ. Nie należelibyśmy do żadnej grupy". „Tutaj też nie należymy". „Ale nikogo to nie dziwi, prawda?"

Więc tylko te zhierarchizowane, kastowe, zrytualizowane Indie pozwalały na to, by człowiek mógł być w pełni sobą. Można tu było iść wąską ścieżką wytyczoną przez innych albo ją porzucić i iść własną, nawet zupełnie niezrozumiałą dla innych. Tutaj każdy mógł wybrać własny sposób na osiągnięcie oświecenia i nikogo by nie zdziwiło, nawet gdyby przebyła całą trasę z Gokarny do Dharamsali, skacząc na jednej nodze. Ludzie uznaliby, że to właśnie jest jej potrzebne, i wyrażali szacunek i podziw, że znalazła własny sposób samorealizacji. Część z nich chciałaby sprawdzić, czy sposób jest dobry również dla nich.

Lhamo zwykle nie miał nic przeciwko włóczęgostwu, jakie uprawiali, uważał to za coś zupełnie naturalnego. Jeździli bez planu, uregulowani według pór roku i ograniczeni jedynie rozkładem jazdy pociągów, a i to nie bardzo. Ale teraz po raz pierwszy ktoś na nich czekał, byli umówieni, i to budziło w nim ekscytację połączoną z niecierpliwością, a także lękiem. Równie silnie pragnął już być na miejscu, jak odwlec to spotkanie, mieć je nadal w granicach jakichś niesprecyzowanych możliwości.

Matka nie była przygotowana do spotkania w Delhi. Nie było sensu łudzić się, że pamięta coś z czasów, o które pytał dziennikarz. Raz po raz Lhamo przebiegał w myślach listę pytań, jaką przysłał ten człowiek. Napisał, że nie może się skontaktować z jego matką, Kamilą, ale może on mógłby przekazać jej wiadomość i te kilka pytań? Gdyby nie powołał się na babkę, Lhamo uznałby ten SMS za pomyłkową wiadomość – nie wiedział, że matka ma na imię Kamila, nie znał takiego słowa. Pokazał jej SMS, a ona tylko wzruszyła ramionami i uśmiechnęła się po swojemu, do jakichś innych swoich myśli, tych właściwych. Powiedziała, że ma na imię Kamal, nie można jej obarczać dawnym imieniem. Nie potrafiła odpowiedzieć na żadne z pytań, w ogóle jej to nie interesowało, jakby chodziło nie o nią, lecz o obcą osobę, którą słabo znała. Lhamo nie wiedział, co to dla nich oznacza, to nieprzygotowanie Kamal, czuł jedynie dręczący przymus działania, walki o jakąś szansę, której nawet nie potrafił nazwać. Potrafiłby tylko powiedzieć, że jeżeli tego nie zrobią, nie odpowiedzą na pytania tamtego człowieka, on odejdzie, a oni zostaną.

– Mamy jakąś rodzinę? – zapytał, kiedy siedzieli na innym peronie, między ludźmi czekającymi na pociąg osobowy do Benares.

Nie udało im się kupić biletów na ekspres i czekała ich czterdziestogodzinna podróż w przedziale ogólnym. Zdarzało się to coraz częściej. Ludzie kupowali bilety drogą elektroniczną, a kiedy oni przychodzili do kasy, musieli zadowolić się najwolniejszymi środkami lokomocji nieobjętymi rezerwacją internetową. Czasem udawało mu się jeszcze znaleźć kawiarenkę internetową, zwłaszcza w mniejszych miejscowościach, ale w dużych miastach wszyscy mieli smartfony i kawiarenki straciły rację bytu. Długo trwało, właściwie kilka lat, zanim pojęli, na czym polega ta zmiana i dlaczego podróżuje im się coraz trudniej. Pieniądze wybierali ze ściany, większe kwoty musieli wybierać przez parę dni. Odkąd pamiętał, matka miała telefon komórkowy, ale go nie lubiła, a chyba nawet nie do końca wiedziała, jak z niego korzystać. Był to stary, wielki aparat, dwa razy taki jak Nokia kupiona w Maduraj, noszący liczne ślady po urazach i zaniedbaniach. Kamal nigdy nie wiedziała, gdzie jest, i albo miała zaległości w opłatach, albo zapominała go naładować. Mówiła, że kupiła go, kiedy Lhamo się urodził, ale nigdy nie zrozumiał po co, skoro do nikogo nie dzwoniła. Wiedział, że nie umie pisać SMS-ów i w tych rzadkich przypadkach, kiedy to było konieczne, prosiła, by robił to za nią. Czasem wchodził w listę kontaktów i przyglądał się numerom, które były tam zapisane. Mówiła, że nie wie, czyje są, są tam od dawna. Może nawet już były, kiedy go kupiła.

Check Out Receipt

Jefferson Park

Friday, June 18, 2021 3:29:50 PM

Item: R0710049443
Title: Sto żywotów Nemesia Vitiego
Due: 7/9/2021

Item: R0606057344
Title: Na wschód od zachodu
Due: 7/9/2021

Total items: 2

Thank you for using your public library!

1368

„A ten?”– pytał. Spoglądała z uwagą na ekran, który jej podsuwał, marszczyła brwi i długo się zastanawiała. W końcu mówiła, że to po prostu numer. Nie ma dołączonego nazwiska, ani w ogóle nic. Takie numery chyba nic nie znaczą. Wtedy się denerwował. A jeżeli pod tym numerem znajduje się ktoś, z kim warto porozmawiać?

„Ale o czym?”, pytała. Tego nie wiedział, więc podsuwał jej następny numer. „A ten?”. Przyglądała mu się uważnie, z zainteresowaniem. „Nie powinnaś sprawdzić, do kogo należą?” – pytał. „Ale, żeby co?” Tego też nie wiedział, nie potrafił również ująć w słowa nadziei połączonej z irytacją, którą wzbudzały w nim te cyferki. Dlaczego nie zapisała przy nich nazwisk? A jeżeli pod którymś z nich dzieje się coś ważnego dla nich?

Kręciła głową z uśmiechem. Uważała, że ważne jest to, co się dzieje obecnie, między nimi albo tuż obok. Lhamo miał jednak niejasne poczucie jakiegoś zaniedbania i irytował go spokój i oddalenie matki. Przeglądając skrzynkę kontaktową, pełną jakichś potencjalnie ważnych osób, czuł to samo, co podczas katastrofy kolejowej w Kerali, w której uczestniczyli, kiedy matka wydawała się oddalona i nieobecna, jakby to wszystko wokół nich, śmierć i krzyki rannych, działo się w równoległym świecie, który nie miał tak naprawdę żadnego wpływu na ich rzeczywistość. Numery w jej telefonie fascynowały go i jednocześnie budziły uczucie utraty i nieokreślonej nadziei.

– To mamy tę rodzinę czy nie?

– Oczywiście – przyznała chętnie, zadowolona, że przestał pytać o sprawy, o których nic nie wie. – Masz babkę.

O babce wiedział. Sądził, że może jest ktoś jeszcze. Czasem dowiadywał się od matki rzeczy przez zupełny przypadek, niechcący udzielała mu fascynujących informacji. Jak wtedy gdy dowiedział się, że Kamal ma brata. Zabijali czas w pociągu, grając w imiona. Trzeba było podać imię zaczynające się na ostatnią literę imienia, jakie podał przeciwnik, i on powiedział „Andriej", bo tak miał na imię chłopak, z którym kolegował się w Amritapuri, a matka powiedziała: „Julian". Zaprotestował, że nie ma takiego imienia, a matka powiedziała, że jest, jego wujek ma tak na imię.

– No dobra – zgodził się z rezygnacją. – To co z tą babką? Przyjechała do ciebie, kiedy mieszkałaś w Gangotri, czy było coś wcześniej? – Przewrócił oczami.

– Wcześniej? – powtórzyła tonem zastanowienia. – Przed Gangotri był aśram Pilota Baby – przyznała z niechęcią.

Do Gangotri przyjechały obie, matka i bratowa. Nie była zadowolona z tej wizyty i próbowała im wyjaśnić, że jest w trakcie przeprowadzki, oporządza pieczarę na zimę, więc może umówią się na przyszły rok? Zejdzie w dolinę i spotkają się w jakimś fajnym miejscu, może w Riszikeszu? Matka powiedziała, że szukała jej dwa miesiące, nie rozumie, co się z nią stało... Chyba się nie spodziewa, że pozwoli, by w ten niezrozumiały sposób zmarnowała sobie życie. Była zawsze takim ambitnym dzieckiem, podejmowała zawsze takie rozsądne decyzje, pamięta chyba, jakie dobre decyzje podejmowała i jak się zawsze dobrze dogadywały, dwie strony tego samego medalu... Obie wiedziały, czego chcą od życia i jak to osiągnąć. Wszystko już się tak dobrze układało; tego nie rozumie najbardziej: dwa języki obce, dwa fakultety, staż za granicą, pamięta chyba, że ma dwa fakultety i staż za granicą? Ilu ludzi wchodzi w dorosłe życie, mając takie perspektywy? Takich perspektyw po prostu się nie marnuje...

Pieczarę znalazła bardzo łatwo, idąc na północ, ku źródłom rzeki – miejscowi mówili, że dla poszukujących to najlepszy kierunek, mało kto wraca. Mieszkała w tym okresie w pokoju w schronisku dla pielgrzymów, aż pewnego dnia poczuła, że już czas. Wyszła o świcie, kiedy nad wioską wisiała jeszcze mgła, z przeświadczeniem, że znajdzie sobie mieszkanie o wiele bezpieczniejsze niż dom pielgrzyma. Nie potrafiłaby określić, na czym to bezpieczeństwo ma polegać, może na większym oddaleniu od ludzi, a może na poczuciu, że znajdzie się tak daleko od dawnej siebie, jak to możliwe. Niepokoiło ją, że tak zwleka; zbliżała się zima, od dawna powinna być pod ziemią – tam ciągnęło ją najbardziej. Poprzedniego dnia wywieziono posąg ze świątyni Gangi, by przezimował w Mamekszi, część sklepów w wiosce pozamykano. Wszystko wskazywało na to, że na nią też już pora.

Większość pieczar miała drzwi zbite z desek na znak, że ktoś w nich mieszka, i musiała podejść bliżej rzeki, żeby znaleźć wolne lokale. Nie rozumiała, dlaczego stoją puste, dopóki nie weszła do środka. Nieustanny huk rozpędzonej rzeki, dobiegający gdzieś z dołu, wypełniał jaskinię. Wybrała taką z szerokim wejściem, która zwężała się w środku i opadała wyraźnie w głąb ziemi, ze śladami bytności poprzednich mieszkańców: rodzajem podestu do spania i paleniskiem. Zaciągnęła do niej skórzaną płachtę, który kupiła we wsi od łupacza kamieni na głównej ulicy, palnik i zapas paliwa. Umówiła się z dostawcą opału, ale nie mogła się go doczekać i co kilka dni schodziła do wsi, żeby spytać, kiedy przyjdzie. Zaczęła się obawiać, że ją oszuka, zapłaciła mu z góry. Powiedział, że powinna zamówić dwa metry drewna, tyle zamawiają inni, to minimalna ilość na zimę. Nie wiedziała, ile to jest dwa metry drewna. Zrobił obrażoną minę i powiedział, że jeśli mu nie wierzy, powinna się dowiedzieć u innych pustelników. Zamawiają dwa albo trzy, w zależności od tego w jakim stadium oderwania od świata się znajdują; ci, którzy kończą, prawie w ogóle nic nie zamawiają, nie czują zimna ani głodu. Kamal wydawało się, że raczej znoszą opał z lasu. Najbliższy sąsiad, z dredami do pasa, miał pieczarę kilkadziesiąt metrów dalej, nie wiedziała jednak, czy jest prawdziwy, a wolała unikać fałszywych świętych. Wyglądał na prawdziwego, ale Pilot Baba również. Czasem spotykała go na ścieżce prowadzącej na brzeg, umazanego popiołem, z ciałem zniszczonym głodówką. Uspokoiło ją to, że jest właściwie w pół drogi do śmierci głodowej, i to, że zdaje się jej nie zauważać. Fałszywi *sadhu* wabili do siebie ludzi, a ten zdawał się już bardzo zamknięty w sobie. Widywała, jak schodzi o świcie nad rzekę i kąpie się w lodowatej wodzie albo medytuje nad brzegiem ubrany jedynie w przepaskę na biodrach, tak nieobecny i bliski skontaktowania się z bogiem, że było to niemal widać przez umazaną popiołem skórę. Często też siedział godzinami na skałkach, wrzucając coś do wody. Ona wytrzymywała na skałkach kilkadziesiąt minut; zimno przeszkadzało jej w skontaktowaniu się z sobą, nie mówiąc o bogu. Trzęsła się ubrana we wszystko, co przywiozła z Afganistanu. Wiedziała jednak, że osiągnięcie takiego kontaktu wymaga czasu i ciężkiej pracy i była na to gotowa. W ogóle była pełna nadziei, a odludność okolicy uspokoiła ją tak bardzo, że któregoś dnia sama go zagadnęła. Zapytała, dlaczego wrzuca jedzenie do rzeki. Jakiś czas patrzył na nią bezmyślnie, jakby jej słowa musiały przebyć dłuższą drogę, wszystkie dzielące ich etapy tego odrywania się, o których wspomniał dostawca drewna, albo czekały na jakieś wewnętrzne tłumaczenie. Potem uśmiechnął się i powiedział, że daje jedzenie posłańcom boga śmierci, składa ofiarę posłańcom.

W sklepie dowiedziała się, że do przezimowania potrzebuje jeszcze innych rzeczy, części nazw nie rozumiała. Ludzie mówili, że jeżeli nigdy nie zimowała w górach, będzie lepiej, jak zamieszka w aśramie albo w domu pielgrzyma; nie pamiętano, żeby jakiś biały, nawet hipis, zimował w górach. Gdy spadnie śnieg, nie będzie łączności z miastem. Nikt nie dojedzie do Gangotri, a pieczary będą całkiem odcięte od świata; niebezpiecznie jest chodzić zimą nad urwiskiem. Z drugiej strony ta całkowita izolacja sprawia, że najwięcej przypadków oświecenia zdarza się właśnie zimą, już jesienią trudno znaleźć wolną pieczarę, bo ściągają tu sannjasini z całego kraju. Wiosną ludzie ze wsi przyjdą z pielgrzymką, zobaczyć tych, którzy przeżyli lub przeszli na drugą stronę.

Próbowała obliczyć, ile jedzenia musi przynieść ze wsi, pod tym względem też nie mogła polegać na sąsiedzie. Nie gromadził drewna i nie wyglądał na kogoś, kto zamierzał jeść przez zimę, a z jego pieczary nigdy nie wydobywał się dym wskazujący na to, że gotuje. Zaczynała podejrzewać, że jest prawdziwy. Robiła więc zapasy, kierując się instynktem i tym, co pamiętała z książek o polarnikach. Miejscowi handlarze próbowali wcisnąć jej rozmaite rzeczy: skóry węży, maść z tygrysa, amulety przeciwko wilkom, wieżę stereo... Blaszany okopcony czajnik znalazła na skalnej półce nad paleniskiem. Dokupiła wiadro, bardziej z przeświadczenia, że powinna je mieć, niż z faktycznej potrzeby. Właściwie była całkowicie pewna, że nie jest jej potrzebne. Wrażenie zbędności wszystkiego, co ją otacza, które miewała często, a którego dotąd nie potrafiła nazwać, teraz towarzyszyło jej prawie nieustannie. Graniczyło z uniesieniem, jakby wyczuła obecność zupełnie nowego świata tuż obok, odgrodzonego już tylko rzeczami materialnymi: plastikowym wiadrem albo baniakiem na wodę. Bywały dni kiedy czuła, że nie potrzebuje nawet odzieży, tak jak ludzie wchodzący do świętej rzeki podczas wielkiego święta Kumbhameli. Wtedy w Allahabadzie w ogóle tego nie rozumiała. Musiałam jednak przejść daleką drogę – myślała – nawet jeżeli nie potrafię jeszcze wyrzucić telefonu komórkowego. W Allahabadzie patrzyła na nagich ludzi jak na obcych. Boże – myślała teraz dziękczynnie, niemal z czułością – dziękuję, że pozwoliłeś mi zajść tak daleko. Mały plecak, w którym miała telefon, dokumenty, notatnik z adresami i środek na biegunkę, schowała za załomem skały i nakryła szmatą po poprzednich lokatorach, żeby nie mogła go widzieć z żadnego miejsca. Czuła, że już nie powinna potrzebować tych rzeczy, ich obecność kłóciła się z potrzebą nieposiadania i wyzwolenia i wywoływała uczucie zbliżone do zawstydzenia.

Matka usiadła na skalnej półce z czajnikiem. Tego dnia spadł pierwszy śnieg. Rozglądała się po jaskini raz po raz, jakby się spodziewała, że za którymś razem zobaczy coś innego albo widok się poprawi, po kolejnej odsłonie będzie lepiej. Kamal powiedziała, że niedługo przyjdzie dostawca z drewnem na opał, spodziewa się go lada dzień. Dwa metry to niestety konieczność, chociaż wygląda na to, że z czasem da się to ograniczyć. Sąsiad na przykład, jak się zdaje, w ogóle go nie potrzebuje. Takie wyzwolenie od potrzeb to tylko kwestia czasu. „Aha – powiedziała matka. – Ktoś miły?" „Chyba tak – przyznała Kamal, nadal z pewną rezerwą. Pilot Baba nadal tkwił w jej pamięci. – Dużo przebywa nad wodą, karmi posłańców". Zapytała, co tam w domu, zdaje się, że długo jej nie było... Rok? „Dwa lata i trzy miesiące – powiedziała matka. – Zmarła ciotka Justyna – dodała z wysiłkiem, omijając wzrokiem podest do spania i półkę z tym, co pozostało po poprzednich lokatorach. Trochę szmat, ogarki świec i dwa krzywe garnki. – Nie wiedziałam, jak cię zawiadomić. A ta twoja przyjaciółka, z którą byłaś w Maroku, dostała stypendium z Brukseli. Nigdy nie miała takich perspektyw jak ty, ale dobrze sobie... W zeszłym miesiącu... – Rozejrzała się po jaskini. – Przyjechałam..."

Przesunęła dłońmi po twarzy, po czym wsparła je na kolanach, jak ktoś, kto wie, że jest niełatwo, ale postanowił sobie radzić. „No dobrze" – powiedziała, przybierając swój zawodowy ton, który

Kamal tyle razy słyszała płynący z telewizora albo z radia, dziennikarski ton kogoś, kto zawodowo styka się z czymś niepojętym, co musi w jakiś sposób opisać. „Zrezygnowałaś z wszystkiego, co ma wartość i determinuje człowieka, z kariery dziennikarskiej, dobrobytu i szczęścia, i mieszkasz tutaj, w pieczarze w Gangotri. Akurat tutaj, ponieważ...?" „Jestem pod ziemią, daleko od wszystkiego – odparła bez namysłu, choć nigdy dotąd nie ujęła tego, co czuje w słowa. Po prostu w niej były. Zaletą Indii było to, że nie trzeba było nic wyjaśniać, nawet samemu sobie. – Pod ziemią człowiek jest naprawdę sam. Czujesz to, prawda?"

Matka wolno skinęła głową. „Tak, to dobra odpowiedź. Niespodziewana, ale dobra. Chce być naprawdę sam, ponieważ...?" „To rodzaj narodzin. Wyjdzie na zewnątrz, jak będzie wiedział, kim jest. Siedzi pod ziemią tak długo, aż się tego dowie". Nie wyobrażała sobie, by ktoś miał jej przy tym towarzyszyć, jak podczas medytacji albo snu. „Potem można wyjść albo zostać – powiedziała – w zależności od tego, czego się człowiek dowiedział. Niektórzy dowiadują się, że nie muszą już nigdzie dalej iść, dotarli do samych siebie. To święte miejsce, w którym osiąga się harmonię i spójność duchową". Ona już czuje się lepiej. Prawie niczego się jeszcze nie dowiedziała, na to jeszcze za wcześnie, ciągle ma jakieś potrzeby, ale przynajmniej się uspokoiła. Wie, że jest we właściwym miejscu.

„Wyobrażasz sobie, jak to jest, kiedy docierasz do prawdy? – zapytała z jakimś przyczajonym zachwytem, który przeraził matkę jeszcze bardziej niż to, że najwyraźniej nie oczekuje odpowiedzi. – Świat zewnętrzny już cię nie określa". Matka znów skinęła głową, jakby właśnie czegoś takiego się spodziewała. Ruchem głowy wskazała podest, na którym leżało kilka koców. „To jest do spania?"

Kamal powiedziała, że od razu wyczuła, że jest to bardzo dobre miejsce. Ktoś je wykuł specjalnie, a może zawsze tu było, być może ukształtowane przez wodę, tego niestety nie wie. Ale wystarczy się położyć, żeby poczuć, jak człowieka coś wypełnia, a zaraz potem znika uczucie pustki i braku przynależności, robi się ciepło. Tam najsilniej czuje, że jest powiązana z ziemią czymś żywym. Może to energia z ziemi, prawdziwy pokarm. Pewnie dlatego sąsiad nie gromadzi zapasów na zimę... Ta okolica w ogóle ma działanie oczyszczające.

Matka płakała na półce z czajnikiem. Potem przestała i przez chwilę siedziały w milczeniu; dzień się kończył i w jaskini zrobiło się prawie zupełnie ciemno. Mrok zdawał się wzmagać huk rzeki i zmieniać jej kierunek, była teraz bardzo blisko jaskini. Kamal zapytała, czy może matka wie, ile to jest dwa metry drewna, chciałaby to wiedzieć, zanim przyjdzie dostawca. „Nie rozumiem, skąd ci się to wszystko wzięło – powiedziała matka. Jej gniew minął i była teraz po prostu smutna. – Mogłaś mieć takie udane życie..."

W pociągu do Benares Lhamo jeszcze raz pokazał Kamal numery, które miała w telefonie, pytając, który z nich należy do babki, a który do wuja Juliana. Kamal wybrała trzy, które wydały się jej najbardziej prawdopodobne, ale w gruncie rzeczy mógł to być każdy numer z listy. Kupiła komórkę i zadzwoniła do matki, kiedy urodził się Lhamo. Nie było to wołanie o pomoc – nie czuła się ani bezradna, ani zagubiona – raczej potrzeba stworzenia dodatkowego kręgu bezpieczeństwa wokół siebie i Lhamo. Powiedziała matce, żeby tym razem nie przyjeżdżała, nie mieszka już w Gangotri. Lawina zasypała pieczarę dwa tygodnie po jej wyjeździe, zanim dostawca zdążył przywieźć drewno na zimę. Teraz nie ma stałego miejsca zamieszkania. Chciała tylko powiedzieć, że urodziła dziecko i będą szukać dobrego miejsca dla siebie. Słyszała o dobrym miejscu. Nazywa się Amritapuri. Potrzeba kontaktu z matką pojawiła się i minęła, i już nigdy się nie powtórzyła. Kamal czekała na nią jeszcze jakiś czas, jak czeka się na powrót miłości, i ona wraca, ale wraca coraz rzadziej, aż w końcu nawet czekanie traci sens i się o niej zapomina, a może ona po prostu przestaje wracać, tego się nie wie na pewno. Było to trzynaście lat temu i znajomy numer zwietrzał w jej pamięci. Trochę się z niego zachowało, trochę nie, i chyba było w nim kilka dwójek. Więc kiedy Lhamo prosił o numery telefonów do rodziny, wybierała te, które miały najwięcej dwójek. Mówiła wtedy, że coś takiego było, chwile, kiedy zamiast słów jej myśli zaczynały się od cyfr, w momentach niebezpieczeństwa albo głębokiego smutku przychodziły jej na myśl zamiast słów „O Boże!" albo „Pomocy!". Lhamo nie bardzo wierzył w te dwójki i na wszelki wypadek przepisał wszystkie numery do swojej komórki, i zrobił to natychmiast po tym, jak mu ją kupiła. Sprzedawca w salonie Netii chciał mu pokazać różne funkcje, najwyraźniej widać było kim są, ludźmi z pustelni, ale Lhamo odwrócił się do niego bokiem wraz z telefonem, już wciskając przyciski, i sprzedawca powiedział, że dzieci mają to dzisiaj we krwi, nawet te, które nawet telewizora nie widziały.

Była to kolejna zmiana, jaka zaszła w Lhamo, to wyraźne zainteresowanie światem, z którego odeszła. Zaczęła się niepokoić tym, że nie bardzo go pamięta. Był jak szkolna wiedza, którą wyrzuca się z pamięci, by odciążyć umysł i zrobić miejsce na coś, co jest naprawdę ważne. Nie mogła wiedzieć, że jej się jeszcze kiedyś przyda, że pewnego dnia wstaną rano, będzie poranek wczesną wiosną, na tydzień przed świętem plonów nad brzegiem świątynnego stawu zobaczy rysy matki w twarzy Lhamo, więc wyruszą na północ, żeby mógł urodzić się jeszcze raz, tym razem lepiej. I przychodziło jej czasem do głowy, że Lhamo musi być w kontakcie z babką, ale myśl była przelotna i zawsze pozwalała jej odejść.

Odkąd Lhamo zaczął się zmieniać, straciła panowanie nad biegiem spraw i pozwalała, by toczyły się zgodnie z jakimś innym porządkiem. Gdyby ktoś zadał jej pytanie, dlaczego wywozi Lhamo na północ, powiedziałaby, że Północ była dla niego najlepszym miejscem urodzenia i tam powinien rozpocząć życie, jeżeli nie trzynaście lat temu, to teraz, jeszcze raz, to na pewno pomoże na te zmiany, które w nim zachodzą. Dużo w tym czasie myślała o jego ojcu, zwłaszcza o pewnym dniu na plaży w Puri, kiedy Murti grał na gitarze przy ognisku, które rozpalili nad samym brzegiem, tak żeby fale lizały im stopy, a wokół nich gromadziło się coraz więcej ludzi. Murtiemu to przeszkadzało, czego wtedy nie mogła zrozumieć. Kiedy wieczorem tego dnia wyrzucała mu, że lekceważy ludzi, dla których gra, tylko się roześmiał. Potem powiedział, że jest sam i jest piękny niezależnie od tego, jak widzą go inni. Świat zewnętrzny go nie określa.

Dotarli do rzeki ostatkiem sił. Nie jedli od dwudziestu kilku godzin, ponieważ nie przewidziała tak długiej podróży i nie wybrała dość gotówki z bankomatu. Rodzina, z którą dzielili ławkę w przedziale, kilka razy poczęstowała Lhamo pakorami, ale ci ludzie jechali tylko do Kanpuru i potem nie dosiadł się już nikt, kto miałby przy sobie jedzenie.

Wysiedli na dworcu w Benares na długo przed świtem, osłabieni, z oznakami odwodnienia. Lhamo pił surową wodę, ona bała się – mimo tylu lat spędzonych w Indiach. Lhamo chciał zostać na dworcu, co kilka kroków przysiadał między leżącymi na podłodze w głównej hali, ale mu nie pozwoliła. Powiedziała, że nad rzeką będzie wszystko, jedzenie i picie – rzeka zaspokaja wszystkie potrzeby, a jeżeli zrobili coś złego, to wiatr wiejący od rzeki wszystko to zabierze. Łagodzi też ból i leczy rany, jednak na wszelki wypadek postarają się o opium. Po dwóch dobach w wagonie bez szyb w oknach Lhamo bolało ucho, a nie mieli już ani kropli.

Do rzeki z dworca było pięć kilometrów, wiedziała, że to dla nich za daleko. Mimo to ruszyli przed siebie. Nie pokazała Lhamo wydruku z dworcowego bankomatu, który miała w kieszeni, z informacją o braku środków na koncie; nie rozumiała, co to znaczy. Doszli aż do głównego ronda, dalej, niż mogła się spodziewać, i rozłożyli się na ulicy w miejscu, gdzie kończył się ruch samochodowy i zaczynało stare miasto. Centrum wyglądało inaczej, niż zapamiętała, przez chwilę miała nawet wątpliwości, czy idą w dobrą stronę. Uspokoiła ją obecność żebraków i chorych na jezdni – świadczyła o bliskości rzeki. Zajmowali środkową część ulicy, żeby zbierać jałmużnę od pieszych idących w stronę głównego ghatu i wracających z nabrzeża. Było tak wcześnie, że nie rozłożono jeszcze straganów, nigdzie nie widziała również handlarzy z narkotykami. Powiedziała Lhamo, że tu poczekają, aż ktoś ich znajdzie, handlarze łatwo rozpoznają ludzi, którzy czegoś potrzebują. Wymieni na opium coś, co mają, i pójdą dalej. Lhamo czuł się tak źle, że nie zapytał, dlaczego go nie kupią, zawsze kupują.

Rozłożyła skórzaną matę tam gdzie inni, na środku ulicy, między betonowymi słupami blokującymi wjazd od strony centrum. Było chłodno i ludzie dopiero wygrzebywali się spod gazetowych płacht i szmat, rozpalano ogień w jadłodajniach obsługujących pielgrzymów, dawało to złudzenie ciepła.

Załatwią opium i pójdą dalej, pocieszyła się. Znajdą schronisko, w którym mieszkała przed laty, i odpoczną. Jest tam łazienka na końcu korytarza, ciepła woda w kubłach i patio z drzewem bananowca. Patio ma kopulasty dach z pleksiglasu, na który rano skaczą małpy. Przychodzą codziennie o szóstej, skaczą z dachu sąsiedniego domu na kopułę i zjeżdżają po stromiźnie do szóstej trzydzieści, a potem odchodzą. Zawsze się zastanawiała, skąd wiedzą, która jest godzina. A pod bananowcem stoją wyplatane łóżka i huśtawka. Można na niej przesiadywać godzinami, czytać albo przyglądać się niebu.

– Nie masz już pieniędzy – domyślił się Lhamo i nie mogła pojąć, skąd to wie.

Czy dlatego, że zaczęła opowiadać o miejscu, na które teraz nie było ich stać?

– Mam – odparła natychmiast. Spodziewała się, że to pytanie kiedyś padnie, i nieustannie była na nie przygotowana.

Miasto rozbudzało się szybko i tak jak zawsze jego żywotność brała się nie wiadomo z czego, z jakiegoś zapóźnionego ziarnka z poprzedniego dnia. Zorientowała się, że leżą niedaleko alejki prowadzącej do świątyni Wiszwanathy, tam najpierw zaczął się ruch i z każdą chwilą się potęgował. Pamiętała, że świątynia znajduje się w środku starego miasta, a więc do rzeki musiało być naprawdę niedaleko. Czuła niemal jej zapach, urojony, tak jak wygłodniały człowiek czuje zapach jedzenia. Lhamo nadal nie był w stanie iść dalej – zwykle przesypiał choroby, jak zwierzątko zakopywał się w legowisku, które mu robiła – więc leżała spokojnie, patrząc, jak nieodwracalnie mija świt, najlepsza pora, by zanurzyć się w Gandze, a w myślach wchodziła do rzeki. „Oto nadchodzi światło dnia, najcenniejsze ze wszystkich... – modliła się bezwiednie. – Boska Gango, która przybyłaś na ziemię, usłysz moją... Matko wszystkich wód, która gładzisz..."

Na rondo znoszono gałęzie – przygotowywano stosy na święto Holi. Główny stos stawał się coraz wyższy, ktoś podparł go żerdziami, żeby się nie zawalił.

– Są procesje i wszystko robi się kolorowe – zaczęła opowiadać. Lhamo miał gorączkę. – Nawet rzeka. A potem jest wielka pudża nad brzegiem. Jest siedmiu kapłanów i mnóstwo ogników na rzece, setki, tysiące światełek, które pędzą w ciemności, i piękna muzyka, i kwiaty, a ludzie siedzą na stopniach wielkiego ghatu i patrzą na to wszystko z góry albo podpływają na łodziach do ołtarzy, a potem wszystkim wydają ciepłe jedzenie, ryż i warzywa...

Zapytał, jak sądzi, dlaczego bankomat im nic nie wypłacił.

– Nie wiem – powiedziała. – Ale to nie szkodzi.

Leżeli jakiś czas w milczeniu. Asfalt zaczynał się nagrzewać, żebracy obok rozkładali powoli swoje gospodarstwa. Na stosie gałęzi ktoś umieścił dwie figurki do spalenia. Były ubrane kolorowo, w odświętne stroje.

Kamal dokuczało pragnienie, a rozpalone ciało Lhamo, przytulone do niej ciasno, zdawało się je podsycać.

Zapytała, czy ma jeszcze te pieniądze, które zarobił, sprzedając pierożki momo.

– Są na bilety do Delhi – powiedział surowym tonem, jakby się bał, że będzie próbowała wyłudzić je na coś innego, jedzenie, albo nocleg w tym hotelu z bananowcem.

Nocleg mogli znaleźć wszędzie, nocami wędrowcy i żebracy trzymali się razem, mieli swoje miejsca, nieoznakowane, ale cieszące się renomą, jak hotele i restauracje, nie trzeba było niczego szukać na własną rękę. A kiedyś, w Amritsarze, przeżyli miesiąc na tym, co wydawano do jedzenia bezdomnym w Złotej Świątyni. Wiedzieli, że da się przeżyć na jednym świątynnym posiłku dziennie.

Doczekali na głównej ulicy do zmroku, a kiedy znad rzeki doleciał odgłos trąb wzywających Gangę na wieczorne nabożeństwo, Lhamo powiedział, że chce iść dalej. Czuł się lepiej po tym, jak podała mu opium, które wytargowała w zamian za wodę z Gangotri. Woda była o wiele cenniejsza niż to, co za nią dostała, czuli się jednak zmęczeni tłumem pieszych, kurzem i nieustannym rykiem motocykli jeżdżących im nad głową. Miejsce bardziej nadawało się na noc niż na dzień.

Rzeki nie było już widać, kiedy doszli do głównego ghatu, jej obecność zdradzały jedynie światełka ofiarne kołyszące się na falach. Długo czekali na posiłek wydawany na tyłach świątyni Kali, wciśnięci w kolejkę, do której dołączyli jeszcze w trakcie nabożeństwa. Jak inni, dla których świątynny posiłek był jedynym tego dnia, instynktownie wiedzieli, kiedy dołączyć do takiej kolejki, by stać się częścią tego oddzielnego, zwartego bytu tak skutecznie zdobywającego pożywienie. Dostali sporą porcję ryżu z warzywami na bananowym liściu i zjedli ją tak jak inni, na schodach prowadzących do rzeki. Nie wrócili na noc na pasaż żebraków, wybrali nocleg na tyłach świątyni Kali. Stała przy głównym ghacie, ale na tyłach było spokojnie i cieplej niż na głównej ulicy. Kiedy nocleg wypadał im pod gołym niebem, dołączali do innych nocujących, miasto i rzeka tchnęły jednak otuchą i stanowiły ochronę same w sobie. Wiele zresztą osób zdawało się uważać podobnie, bo widać było samotne postacie rozrzucone na nabrzeżu. W Benares ludzie zdawali się raczej trzymać blisko zwierząt niż innych ludzi – od rzeki ciągnął chłód, a krowy i bawoły wydzielały ciepło.

Rano Lhamo poszedł się kąpać wraz z pierwszymi pielgrzymami, wiedziała, że rzeka pomoże mu na ucho bardziej niż opium. Usuwała wszelkie choroby, nawet trąd i słoniowatość nóg, wirusy, których obawiała się najbardziej, a których pełno było w mieście. Lhamo zanurzył się wraz z głową, trzy razy, jak inni, a potem napił się wody ze skulonej dłoni i stał zanurzony do pasa, czekając, aż ona również wejdzie do wody. Obmyli sobie wzajemnie głowy, drżąc z zimna. Nie mieli pieniędzy na poranną ofiarę, więc postali tylko na nabrzeżu twarzą do rzeki, starając się zlać z nią jak najbardziej. Czekała, aż przestanie odczuwać zimno; w rzece zawsze najłatwiej osiągała ten stan, kiedy zapomina się o istnieniu świata zewnętrznego, a potem traci się świadomość własnego ciała. Jak to dobrze, że to się stało tutaj – zdążyła jeszcze pomyśleć. Infekcje Lhamo potrafiły ciągnąć się tygodniami, jeżeli nie mieli dostępu do właściwych ziół, a w drodze było o nie trudno. Wielka Matko, oddaję ci tę choro...chorobę...

Nie chciała iść dalej. Powinni doczekać do wieczornego posiłku tu, gdzie są, powiedziała. Lhamo przypomniał sobie jednak, że była w mieście przed jego urodzeniem, poza tą granicą czasu, jaka była mu znana, i gdzieś w tym mieście utopiła telefon komórkowy, myśl o tym fascynowała go i w jakiś sposób drażniła. Chciał zobaczyć to miejsce, umiejscowić matkę w tym czasie, którego nie znał. Instynktownie czuł, że jest to jedno z tych zdarzeń z życia Kamal, które może mieć znaczenie również dla niego.

– Zrobiłaś to tutaj? – zapytał.

Odchyliła głowę i przymknęła oczy, próbując sobie przypomnieć.

– Może...

Rozejrzał się.

– Gdzieś tutaj?

– Możliwe. – Też się rozejrzała. – Nie, dalej... Ale nie musimy tam iść.

On jednak upierał się przy swoim. Skoro nie pojechali do Delhi, mogą przynajmniej pójść zobaczyć to miejsce, zorientować się. Może to nawet lepiej, że nie pojechali prosto do Delhi. Zanim pojadą, powinni coś wiedzieć. Na przykład, dlaczego utopiła komórkę, to chyba ważne?

– Przy schronisku nad ghatem Assi – przypomniała sobie. Nazywało się chyba Pod Drzewem Pipal. Dzień był pogodny i pokazała Lhamo, dokąd musieliby dojść. Z głównego ghatu, gdzie spędzili noc, widać było wyraźnie południowy skraj miasta. Ganges był o połowę węższy niż wtedy, gdy przyjechała tu z Gangotri, po tym, jak lawina zatarasowała wejście do pieczary. Nie zasypało jej, ponieważ wyszła do wioski po ostatnie zakupy – woda z rzeki miała słonawy smak, więc postanowiła wybrać się z baniakiem po większy zapas. Kiedy wróciła, okolica wyglądała inaczej, nie mogła już odnaleźć swojej pieczary. Wszędzie błąkali się półprzytomni, nadzy pustelnicy, niektórzy próbowali wejść do rzeki, wyrwani ze stanu zimowej, niemal permanentnej medytacji. Większość pozostała w zasypanych pieczarach i nie próbowano ich odkopywać. Ludzie w wiosce wiedzieli, że wiosną wyjdą sami, bez świadomości tego, co się stało. Odwróciła się i odeszła, ciągle niosąc baniak z wodą, nie wiedziała, dokąd pójdzie z Gangotri. Właściciel Domu Pielgrzyma oddał jej plecak, mimo że zostawiając go, powiedziała, że zawartość już nie będzie jej potrzebna – zdziwiła się, że jest w nim tyle rzeczy, zapomniała, co w nim jest, jakby nie było jej całe lata. Właściciel Domu Pielgrzyma nie okazał rozczarowania, przyznał, że zawsze wiedział, że po niego wróci.

A więc mam jeszcze prawie pełen plecak – było w tej myśli coś bardzo przygnębiającego, ponieważ uświadomiła jej, że osiągnęła mniej, niż sądziła. Sądziła, że odchodząc od Pilota Baby, zostawiła o wiele więcej. Pamiętała, że zostawiła puchowy śpiwór i buty martensy – nagle wydały się jej niepotrzebne. W Domu Pielgrzyma otworzyła plecak i wyjęła klapki pod prysznic i suszarkę do włosów. Trzymała ją w ręku i nie mogła rozpoznać jej przeznaczenia, przez chwilę nie wiedziała, do czego służy – dziwne uczucie. Zostawiła ją przed drzwiami dormitorium, nie dlatego że jej zdaniem mogłaby się komuś przydać, to wydawało się absurdalne, ale ponieważ nie wiedziała, co innego mogłaby z nią zrobić.

Odwróciła się i szybko odeszła, jak ktoś, kto robi coś dziwnego i boi się, że zostanie na tym przyłapany.

Wszyscy mówili, że po tej przerwanej samorealizacji w Gangotri powinna zakończyć ją w jakimś miejscu o dobrej energii. Nie jest dobrze, gdy coś takiego się przerywa, to jakby utknąć w połowie drogi albo w połowie leczenia – człowiek może nie wiedzieć potem, kim jest. Potem trzeba jeszcze potężniejszego uzdrowiciela niż na początku. Trzymała się więc Gangi, aż pewnego dnia o świcie wysiadła z taksówki przy ghacie Assi przed schroniskiem Pod Drzewem Pipal, nie miała już sił dojść tam pieszo z dworca, ciążył jej plecak.

Teraz nie rozumiała, dlaczego muszą iść dalej, skoro są już nad rzeką – wszędzie jest równie dobra, prawda? I powinni oszczędzać siły, nie przejdą bez jedzenia sześciu kilometrów, a do wieczornego posiłku jeszcze daleko. Powiedział, że rzeka wcale nie jest wszędzie równie dobra, są miejsca lepsze i gorsze, a te najstarsze są tak święte jak najcenniejsze relikwie, dzięki nim można się spotkać z bogiem, bramin Rao mu powiedział. W tych miejscach rzeka po prostu przepływa przez człowieka. Wymywa wszystkie osady, jakie zebrały się w głowie, sama medytacja przecież nie wystarcza, by się całkiem oczyścić, i chyba mogą przejść te kilka kilometrów do miejsca, w którym kiedyś mieszkała, czegoś się dowiedzieć? Wtedy Ganges wchodził na mury, a całe betonowe nabrzeże znajdowało się pod wodą. Teraz można przejść suchą nogą od wschodniego do południowego *ghatu*, nawet nie wiedziała, że istnieje takie przejście, całe miasto jest otwarte na rzekę. Wtedy było zamknięte, a rzeka nie przyjmowała nikogo, to musiał być jakiś zły czas.

– Pod Drzewem Pipal, hotel nie może się tak nazywać – powiedział Lhamo przekornie.

Źle znosi głód – pomyślała – mimo że jest stąd. Miała na myśli, że jest z Indii, więc powinien być bardziej odporny na cierpienie.

– Założę się, że go w ogóle nie ma. – Przechylił głowę na ramię. – Ucho mnie boli.

– Musisz trochę wytrzymać. Wykąpiemy się jeszcze raz i przejdzie – dodała pojednawczo.

– Drzewo pipal to babska sprawa – powiedział z lekceważeniem. – Nie będę tam mieszkał. Tylko baby się z nim przyjaźnią. Gadają z nim i w ogóle. Mój pamiętniczku, mój pamiętniczku!

– Co ty mówisz! – zaśmiała się. – Lubią drzewo pipal, ale to święte drzewo dla wszystkich i ty dobrze o tym wiesz.

– Ten człowiek pyta, dlaczego zostałaś wędrującą. – Lhamo nagle zrezygnował z kłótni. – Myśli, że zostałaś sannjasinem. Dlatego że utopiłaś komórkę? Sama to zrobiłaś?

Właściwie nigdy nie była tego pewna. Na platformie medytacyjnej siedział z nią ten człowiek, który przyszedł z Gudżaratu...

Siedział tam już, kiedy przyszła po raz pierwszy, ubrany w szafranowe szaty, na znak celibatu i że jest wędrujący. Był wczesny ranek i robił poranną toaletę. Obserwowała go chwilę, siedząc na obmurowaniu drzewa pipal, niemal pod swoim hotelowym oknem. Wyprał skarpetki i rozłożył je do wyschnięcia na schodach ghatu.

– Miał taką samą torbę. – Przyjrzała się ich starej torbie, z którą wędrowali od wielu lat, zawsze jej kogoś przypominała. – Też była w kratę, ale chyba trochę inną. I była chyba na zamek błyskawiczny, z taką klapką...

– Mamo!

Z tej torby wyjął grzebień i zaczął czesać długie do ramion włosy. W tym okresie obawiała się świętych mężów, a poza tym jadąc do Benares, nie widziała wokół siebie innych ludzi. Widziała siebie siedzącą samotnie nad brzegiem ogromnej rzeki, która przez nią przepływa, a wokół nie ma nikogo, samotnie kończy to, co się w niej kiedyś zaczęło. Niestety, w okolicy nie było ani jednej wolnej platformy, poobserwowała więc chwilę Wędrującego i uznawszy, że jest zajęty własnymi sprawami, rozłożyła się obok niego. „Do niczego nie jestem gotowy – powiedział, wyjmując z torby lusterko i sprawdzając, czy przedziałek jest równy. Rozejrzała się, nie rozumiejąc, do kogo się zwraca, na platformie prócz nich nie było nikogo. Nie wiedziała też, o jakiej gotowości mówi. „A powinienem – dodał samokrytycznie, nadal nie patrząc na nią. – Zakończyłem całą drogę i do niczego nie jestem gotowy. Do niej mówię". Wskazał Kamal grzebieniem.

Zamknęła oczy, próbując się odgrodzić od wszelkich dźwięków poza głosem rzeki. Na platformie obok pięcioosobowa grupa wyznawców Wisznu recytowała fragmenty świętej księgi; rozmawiała z nimi o świcie i wiedziała, że zamierzają siedzieć na platformie, dopóki nie przeczytają całości. Nie wiedzieli, ile im to zajmie, może pięć dni, może tydzień. Nie mogła liczyć na to, że coś tam się zwolni.

„Sądziłem, że jestem gotowy, wychodząc z domu, ale najwyraźniej nie byłem" – oznajmił Wędrujący. Tacy ludzie jak on, ciągnął, po prostu kładą się na łóżku twarzą do ściany i umierają. W jego wypadku na platformie medytacyjnej, twarzą do rzeki. I umierają. Jest dowodem na to, że jak się nie wie, co się chce, to się siedzi w domu. „Co się wtedy robi?" – dodał tonem zastanowienia. Zdawało mu się nie przeszkadzać, że Kamal patrzy przed siebie, może nie rozumie, w jakim języku on mówi, albo liczy na to, że zmęczony brakiem uwagi przestanie. „Wstaje się rano, idzie do pracy, na przykład jest się nauczycielem akademickim w jakimś dużym mieście. – Uśmiechnął się trochę kpiarsko, trochę porozumiewawczo i pogroził jej grzebieniem. – Sama widzi. Na tym etapie już nie powinienem tego wiedzieć, a wiem! Gdybym był naprawdę wędrujący, już bym nie pamiętał nazwy tego miasta".

Kamal spojrzała w górę rzeki, w stronę starego miasta, ale tam nabrzeże było jeszcze bardziej przepełnione. Zarządzająca schroniskiem uprzedziła ją, że rzeka zabrała wyjątkowo dużą część miasta i może w ogóle nie znaleźć miejsca na platformach medytacyjnych. Z każdym dniem będzie gorzej, ponieważ zbliża się wielkie święto, a rzeka jest wyjątkowo pełna. O świcie jest tyle ludzi, że korkują alejki w mieście i zrobią wszystko, żeby zdobyć dobry dostęp do wody. Poprzedniego dnia zepchnęli z platformy świętego z Assamu. „I tak mu niewiele brakowało do śmierci, ale jednak". Wyglądało na to, że Kamal ma szczęście, dzieląc platformę jedynie z Wędrującym.

Położył się na platformie twarzą do miasta, podkładając sobie pod głowę plastikową torbę na żebraczym kiju.

„Uważam, że ghat obok jest lepszym miejscem – powiedział. – Poszedłbym tam, ale mi się nie chce. Będę próbował umrzeć tutaj".

Wędrówkę do rzeki już zakończył, szedł z Gudżaratu siedem lat, a umieranie zaczął tydzień temu. Ma nadzieję, że potrwa krócej niż wędrówka, bo ma zupełnie dość. W czasie podróży niczego nie zapomniał ani od niczego się nie oderwał i do niczego nie zbliżył, kompletnie zmarnowany czas. Lepiej było pojechać do Europy, zobaczyć Krzywą Wieżę w Pizie.

Zapytała, czy wobec tego nie może wrócić do domu albo pojechać do tej Europy. Niecierpliwiło ją, że chce rozmawiać; wolała pomilczeć na platformie, w końcu od tego były, ale patrzył na nią z wyraźnym oczekiwaniem, jakby spodziewał się, że podsunie mu jakąś odpowiedź, którą przeoczył.

Miałby wrócić tą samą drogą czy wsiąść w autobus? Nie pamięta, którędy szedł. I jakby to wyglądało, gdyby wysiadł z autobusu przed domem. Ulica Nehru, numer siedemnasty. Duży biały dom z garażem. Chyba powinien wrócić tą samą drogą, w łacinie to się nazywa „wyjść z honorem". W świętych księgach nie jest napisane, jak się wraca, nie ma instrukcji rezygnacji. Może jest pierwszym rezygnującym. Zawsze to jakieś osiągnięcie. „Nieznośna lekkość bytu – powiedział. – Na zachodzie bez zmian"... Nie zwracał już na nią uwagi, kiedy wyjęła z torby notatnik z adresami i numerami telefonów wszystkich ludzi, których znała. Może właśnie wtedy narodziła się naprawdę, wcale nie wtedy, gdy Pilot Baba nadał jej imię. Stało się to w chwili, gdy wrzuciła do wody komórkę, a potem jeszcze środek antymalaryczny i tabletki do uzdatniania wody. Wahała się jeszcze, czy to zrobić, kiedy Wędrujący zapytał ją, skąd jest, a kiedy się nie odezwała, powiedział, że sądząc z akcentu, ze środkowej Europy. Jest finansistą? Teraz każdy Europejczyk jest albo finansistą, albo specem od reklamy. Nie, zdecydował, kiedy nie odpowiedziała. Coś bardziej twórczego i wymagającego. Dziennikarka? Chyba to do niej najbardziej pasuje. „Nie jesteście tak dobrzy jak Amerykanie, ale też nieźle piszecie. Będziecie mieli Nobla w tym roku? Warto się męczyć przez całe życie, żeby na koniec dostać coś takiego". Zgadywał dalej, kim będzie po powrocie do Europy, układał sobie jej przyszłość, zmieniał to czy tamto, raz po raz dorzucał coś jeszcze lepszego. Nadal się nie odzywała, walcząc z pierwszymi, mdlącymi falami lęku. Praca, piękny dom, rodzina, biuro w wielkim wieżowcu, mówił, albo jeszcze lepiej wielkie zdobycze dziennikarskie. Giełda? Każdy dzień to nowe wyzwanie i nowe zwycięstwa. Znał wielu Europejczyków i wie, że lubią się sprawdzać. Jest do czego wracać, powiedział. A teraz piękna podróż przed wielką walką. Mówił jeszcze, kiedy wymiotowała do rzeki. Zaraz potem zasnął albo zapadł w trans, a ona oddała Gandze telefon komórkowy. Położyła dłoń na wodzie i rzeka natychmiast wyjęła go jej z ręki. Poziom wody był wyższy niż poprzedniego dnia, Ganga wchodziła momentami na platformę medytacyjną.

Trzeciego dnia przyniosła mu jedzenie z ulicznego straganu. Obserwowała platformę z okna pokoju, czatując, aż będzie wolna, i wiedziała, że się z niej nie ruszył, nie wystawił również miski żebraczej. O świcie zsuwał się jedynie do rzeki, która pędziła coraz szybciej, i siedział w niej dobrą chwilę, trzymając się platformy, z każdym dniem słabszy. Nie jadł tego, co mu przynosiła ze straganu, więc kilka dni później po raz pierwszy ustawiła się w kolejce po świątynny posiłek. Pomyślała, że może Wędrujący nie chce przyjąć jedzenia z jej rąk, bramini nie brali jedzenia od ludzi z niższych klas, a ona była nie wiadomo czym. Przyniosła mu pakory na bananowym liściu, zupełnie zimne po tym, jak niosła je kilka kilometrów przez miasto, starając się niczego nie dotykać…

– Chyba nie myślisz, że go tam znajdziesz? – parsknął Lhamo. – Dawno umarł, od razu to widać. Umarł zaraz po tym, jak odeszłaś.

A tak w ogóle, to nie rozumie, o co chodzi z tymi narodzinami.

– U zachodnich są z tym jakieś komplikacje… – powiedział z niesmakiem. – Wschodni rodzą się raz, i już. Zachodni muszą po raz drugi? Ja się urodziłem w Gokarnie. Wędrowałaś cztery miesiące, żeby znaleźć dobre miejsce.

– Nie wolałbyś w górach na północy?

Zastanowił się.

– Może być.

Przez jakiś czas szli w milczeniu, Lhamo nadal nieco z tyłu, by zaznaczyć swoją niechęć i odrębność wobec matki. Minęli ghat dżinistów, który pamiętała z poprzedniego pobytu; na tyłach była tania jadłodajnia. Słońce paliło i obojgu zrobiło się słabo z głodu. Przystanęli na chwilę w zacienionym miejscu pod murem i obserwowali, jak stado bawołów powoli zanurza się w rzece. Do hotelu Pod Drzewem zostały jeszcze dwa kilometry.

– W dzieciństwie miałam psa – odezwała się. – Obcięłam mu wąsy, ale dlaczego?

Co jeszcze pamiętała? Lalki w dziecinnym pokoju, niania mówi: trzeba to trzymać w cieple. W wielkim lustrze dziewczyna w balowej sukni, matka mówi: maturę na piątkę. Dwie, trzy koleżanki... na bal tylko suknia z tafty, krój francuski... Lhamo zapytał, jak miał na imię ten pies.

– Be... – Zmarszczyła boleśnie brwi. – Ba...

Przewrócił oczami jak zawsze, gdy nie mogła sobie przypomnieć faktów ze swojej przeszłości, i jeszcze bardziej zwolnił. Wyszli już ze starego miasta i nadbrzeże robiło się coraz mniej interesujące. Przeszli pod gigantycznymi rurami ściekowymi, których w ogóle nie pamiętała. Nie zdawała sobie również sprawy, że Pod Drzewem Pipal leży tak daleko poza murami starego miasta. Ciągle było do niego daleko.

– Astrolog powiedział, że na północy będziesz miał psa. – Dotąd nie stać ich było na psa. Z psem nie mogliby podróżować. Ale skoro idą osiąść na północy na stałe... – Będzie czarny. Nie żółty, jak te indyjskie, ale czarny. Nie wiem, skąd takiego weźmiemy. Mój był brązowy.

Cholera, pomyślała, kiedy dotarli do Assi i usiedli na platformie medytacyjnej, którą zajmował kiedyś Wędrujący, schroniska już nie było. Nie pamiętam imienia tego cholernego psa. Brązowy na be. Ba... Może nie trzeba było wyrzucać tego notatnika.

Ale rzeka sama wyjęła go z jej ręki, jakby to była niebezpieczna zabawka, którą ktoś dorosły odbiera dziecku w samą porę. Rzeka wiedziała lepiej, wzięła również środek antybakteryjny i klucze do mieszkania. Oddałam wszystko, Matko Gango. Dziękuję Ci za to. Siedziała w tym samym miejscu, co przed trzynastu laty, i nadal odczuwała ten sam strach przed tym, od czego uciekła, jakby tu na nią cały czas czekał. Rama, Rama – pomyślała co prędzej, bo ręce jej spotniały, a oddech się spłycił. – Jezus Maria… Matko Gango – modliła się bezładnie – Matko Boska…

– Będziesz wymiotować? – zapytał Lhamo.

Otarła wilgotne dłonie o szal, a potem owinęła nim głowę jak kobiety indyjskie, płytkim, oszczędnym gestem, niemal zakrywając sobie oczy. Czuła się jak człowiek, który cudem uszedł z katastrofy, przez jakiś cudowny zbieg okoliczności, który zdarza się raz na milion, uniknął strasznego losu.

Do Dharamsali dojechali za pieniądze z wypieku pierożków momo.

Był mglisty, deszczowy poranek i miasteczko zdawało się zawieszone w próżni między niebem a ziemią. Gór wcale nie było widać, kiedy szli szosą do Bhagsu, tam miał być ich stały, prawdziwy dom. Wynajęła go przez internet. Nie było w nim kanalizacji ani butli gazowej, ale miał dwie oddzielne izby, z których jedną Kamal postanowiła przerobić na prawdziwą kuchnię. Miał również prawdziwe okna z szybami, a w komórce był ustęp. Po poprzednich lokatorach zostały sienniki, drewniana ławka, która mogła służyć za stół, i kilka kolorowych wiader. W ogłoszeniu napisano, że mieszkanie jest umeblowane, i ucieszyli się, że wyposażenie zgadza się z opisem, Lhamo uprzedził ją, że w internecie jest wielu oszustów sprzedających rzeczy, których w ogóle nie ma. Było to więcej, niż kiedykolwiek posiadali.

– Dwa pomieszczenia – powtarzał Lhamo z nabożnym podziwem, w którym pobrzmiewała jednak lekka nuta kpiny, jakby bawił go własny zachwyt.

Przez cały dzień przechodził z jednego pokoju do drugiego, zafascynowany niezwykłością sytuacji. Nigdy dotąd nie mieszkali w dwóch pomieszczeniach naraz.

– Co będzie w jednym, kiedy my będziemy w tym drugim? – zapytał. – Będzie nieużywane? Po co nam nieużywane pomieszczenie? „W jednym będziemy jeść, w drugim spać" – powtarzał raz po raz, próbując to sobie wyjaśnić.

– Przecież wiesz – odparła. – W Delhi mieszkałeś już w takim mieszkaniu. Kiedy wyjeżdżałam po wizy. Dawali ci do jedzenia płatki z mlekiem.

Kredą przyniesioną z miasta obrysował miejsce w rogu pierwszego pokoju, gdzie miał stanąć piec. Raz po raz zerkał na kartkę, którą też przyniósł z miasta, i mamrotał w hindi: „Półtora na dziewięćdziesiąt, razy dwa, trzydzieści po bokach…".

– Kim byli ci ludzie w Delhi? – zapytał.

Poruszyła niepewnie ramionami.

– Mieli duże mieszkanie w bloku – powiedziała. – Właściwie nie wiem. Chyba nie lubili, jak cię tam zostawiałam. Tak mi się wydaje.

– Jedli mięso – powiedział. – Nie wiem, czy mnie też nie dali… Czasem mi się zdaje, że dali.

Piętro domu w Bhagsu zajmowali Hindusi z dwójką dzieci w wieku Lhamo. Przyszli zaraz pierwszego dnia, żeby przynieść im to, co mogło być potrzebne przy organizowaniu gospodarstwa: trochę żywności, koce i jeszcze jedno wiadro. Hindus powiedział, że Kamal może jeszcze dołączyć do projektu podciągnięcia prądu, który jest w drodze i wystarczy zbudować przyłącze do domu. Chciałaby mieć prąd w domu, prawda?

Przez chwilę miała wrażenie, że przyszedł jedynie po to, by jej to zaproponować, a z powodu wiadra i koców nie wiedziała, jak odmówić wprost. Przestraszył ją, nagle poczuła się do czegoś zobowiązana, więc powiedziała, że tak, tak, prąd w domu, ale miała wrażenie, że mówi to jakaś inna osoba, stojąca gdzieś obok, ktoś, kto wcale nie chce mieć elektryczności w domu, próbuje jednak spełnić oczekiwania innych z powodu tego wiadra i koców. Poza tym nie bardzo wiedziała, o co sąsiad ją pyta. Miała mieć prąd na własność? Z taką koniecznością nie zetknęła się nigdy dotąd.

Sąsiadka zapytała, czy Lhamo będzie chodził do szkoły, jest tu bardzo dobra szkoła, a część zajęć odbywa się w klasztorze przy drodze do Bhagsu. Dobrze, że nie w samym mieście, bo z roku na rok robi się tłoczniej i przyjeżdża coraz więcej ludzi ze świata. Mówią, że chcą być blisko Dalajlamy, prowadzą jakieś poszukiwania... Bardzo to pięknie, ale dla dzieci lepiej, jakby ich nie było. Trudno wychować dzieci w takiej atmosferze nie wiadomo czego, tych jakichś poszukiwań, ona ma z tym trudności. Dzieci chowają się najlepiej, gdy nikt niczego nie szuka, tylko wszystko jest na swoim miejscu. Jej chłopcy cieszą się, że Lhamo będzie chodził do szkoły; jest ich czworo w klasie, Lhamo będzie piąty. Wychowawca jest Tybetańczykiem, a angielskiego uczy doktorantka z Europy. Też prowadzi jakieś badania, ale tylko trzy godziny w tygodniu, trudno to wszystko zrozumieć.

– Nie pamiętam, z jakiego jest kraju – ciągnęła sąsiadka. – Chyba jakiegoś zimnego na północy, bo mówiła, że jest przyzwyczajona do zimna i deszcz jej nie przeszkadza. Ale w klasztorze dzieci uczą się w opalanej sali... Mnisi wstawili piec na drewno...

Kiedy sąsiedzi odeszli, Kamal usiadła na sienniku i zaczęła rozmyślać o tej elektryczności. Sąsiad powiedział, że roboty zaczną się za trzy tygodnie, licznik już jest w płocie, trzeba tylko zbudować przyłącze. Nie zauważyła nic podobnego i ta myśl uformowała się jako zarzut do osoby, która wynajęła im mieszkanie. Jednak powinna ją uprzedzić o istnieniu takiego zagrożenia jak licznik w płocie. Zastanawiała się, jak może wyglądać takie przyłącze, czy oznacza, że będzie musiała tu zostać z nim razem? Zostanie do czegoś przyłączona? Będzie otrzymywała co miesiąc pismo z jakiegoś miejsca zarządzającego prądem jako ktoś, kto się przyłączył? Zapytała Lhamo, co myśli o takich przyłączeniach, o tym, że staną się częścią czegoś obcego i być może nie będą mogli się od tego uwolnić. Planują tu pozostać, ale czy to oznacza, że nie będą mogli odejść?

Lhamo wrócił właśnie z Dharamsali. Powiedział, że prąd to dobry pomysł, większość domów to ma, a ludzie mimo to stąd wyjeżdżają, jest pełno pustych chałup. Piec trzeba zbudować tak czy inaczej, był w miasteczku i już wie, jak to się robi. Ludzie mu pokazali. Mówią, że nie można zostać na zimę bez pieca, palnik to za mało. Zresztą piec będzie mu potrzebny do czego innego. W miasteczku jest pełno białych, nigdy dotąd nie zauważył, żeby było ich aż tylu, o wiele więcej niż w innych miejscach, nawet w Amritapuri. Taka gromada ludzi musi gdzieś jeść, a w ulicznych jadłodajniach można kupić jedynie *momo*. W restauracjach jest wszystko, dania chińskie, zachodnie, co się chce, ale jest drogo, więc większość białych je na ulicy.

– Ten interes z *momo* był dobry na początek, ale teraz widzę, że nie chodzi o to, żeby robić to, co inni. Radżu i Lalita robili to samo i mnóstwo innych osób. A żeby naprawdę zarobić, trzeba dawać ludziom to, czego nie mogą dostać nigdzie indziej. To się jakoś nazywa, ale teraz nie pamiętam jak. Sprawdzę w internecie. Co najchętniej jedzą biali?

Powiedziała, że to zależy od tego, z jakiego kraju pochodzą. Każdy kraj ma swoje narodowe potrawy. Tak jak w Indiach. Na południu jedzą co innego niż na północy. Ale musi być coś, co lubią wszyscy niezależnie od narodowości, upierał się. Czego jej najbardziej brakuje? Jest biała, prawda? Jakoś nigdy dotąd o tym nie myślał, ale jest biała, prawda?

Już dawno o tym nie myślała. W ogóle nie myślała w ten sposób o ludziach. Wśród wędrowców nie było podziałów tego rodzaju. Rozpoznawało się ich według tego, jak daleko zaszli.

Lhamo zaczął wyrabiać pralinki czekoladowe tydzień po tym, jak osiedli w Bhagsu. Pierwszą partię czekolady kupił za pieniądze, które Hindus dał mu za naprawę komputera. Komputer stał u niego w sklepie, stary Dell z rozwaloną klawiaturą i przestarzałym oprogramowaniem. Lhamo mówił potem, że to było banalnie proste, po prostu wiedział, co się stało, jak tylko dotknął starego grata, w środku był brudny jak święta ziemia. Hindus był zdziwiony, że klawiaturę się czyści. Zapłacił pięćdziesiąt rupii za dwie godziny pracy. Zajmie się takimi rzeczami na stałe, ale wpierw musi mieć większy kapitał, który zdobędzie na sprzedaży pralin. Popytał i okazuje się, że wszyscy biali jedzą cukierki czekoladowe. Nie ma sensu zaczynać czegoś większego bez gotówki. Obleciał całe miasteczko i nie znalazł żadnego punktu naprawy komputerów, a większość zachodnich ma z sobą laptopy. Miejscowi zawożą sprzęt do punktu napraw w dolnej Dharamsali, kawał drogi. A co do białych, to wiadomo, jak wygląda ich sprzęt po miesiącach tułaczki w Indiach. W tym dellu było wszystko, jogurt i kawałki masali dosy.

Czekoladę roztapiał w garnku, rozlewał do foremek, do każdej dodawał orzech, kawałek imbiru albo suszony owoc, studził i zawijał w sreberko. Kiedy do Bhagsu przyjechał dziennikarz, zarabiał już kilkadziesiąt rupii dziennie, co wystarczało na ich utrzymanie. Nie miał dla białego tak dużo czasu, jak to sobie kiedyś wyobrażał, nie wzbudzał w nim również takiej nadziei i takiego niepokoju. Rozkręcał interes z pralinami i budował kuchenny piec. Tak jak przypuszczał, matka nie była przygotowana na spotkanie z dziennikarzem, nie znała odpowiedzi na większość pytań, ale nie przejmował się już tym tak bardzo. Dziennikarz przychodził codziennie, przesiadywał w kuchni na zydlu od Hindusów albo zabierał Kamal na spacer drogą do lasu. Wychodziła jeszcze kawałek za Bhagsu i kończyła się w lesie. Matka nie lubiła chodzić w stronę Dharamsali, starała się to jednak ukryć, może z obawy, że dziennikarz spyta dlaczego. Szli drogą aż do jej końca i zawracali, matka nie bardzo wiedziała, czego dziennikarz od niej chce. Trzymał się tych pytań, które przysłał pocztą elektroniczną, mimo że nie potrafiła na nie odpowiedzieć. Części pytań Lhamo też nie rozumiał. Na przykład tych o bogu. A dziennikarz pytał o to prawie codziennie. Dlaczego matka przeszła na wiarę hinduską. Nie mógł zrozumieć, że na nic nie przechodzili. „Mamo, bóg się w człowieku objawia, no nie? Nie można do niego przejść. Przejść skąd?" Wieczorami dziennikarz wracał do hotelu w Dharamsali i mogli zastanowić się nad tym, jakich odpowiedzi mu udzielić, kiedy znowu zapyta o to samo.

Najczęściej pytał o to, dlaczego wybrała takie życie.

– O jakie życie mu chodzi? – Siedzieli na siennikach. Dziennikarz wyszedł przed kolacją i byli sami.

Kamal zapatrzyła się w okno, przygryzając z namysłem wargę.

– Myślę, że o to, które miałam na Zachodzie – powiedziała z wahaniem. – Chyba uważa, że coś wybierałam.

– Po co? Przecież życia nie można samemu wybrać. Byłoby śmiesznie. Ja wybieram życie świętego słonia. Albo wojownika. Takiego z filmu. Albo króla z tej gry *Gra o tron*. Niedługo ją sobie kupię, jest w supermarkecie na Głównej.

„Obrazoburcze pytanie", powiedział któregoś dnia dziennikarz. „Czy nie dostrzega pani jałowości takiej egzystencji? W końcu żyje pani sobie a muzom. Nikomu nic nie przyjdzie z tego doskonalenia się duchowego, z tego, że kiedyś dotrze pani do końca drogi. Dotrze i co?"

– Chodzi o to, co mówi guru? Że jednoczymy się z bogiem? I jesteśmy wszyscy jednością?...

– Albo że odnajdujemy prawdę w sobie. Może chodzi o rozwój duchowości?

Potem były pytania o szczęście. Przypomniała sobie, że zachodni często rozgraniczają tak ludzi, dzielą ich na szczęśliwych i nieszczęśliwych, ale nie pamiętała, według jakich kategorii. Nie wiedzieli, że wszyscy są jednością, więc nie ma sensu ich dzielić?

– A jak byłaś zachodnia, to byłaś szczęśliwa czy nieszczęśliwa?

W ogóle tego nie pamiętała.

Lhamo przewrócił oczami.

– Byłaś szczęśliwa, jak dostałaś psa?

– Nie, to jest radość. Kiedy spotyka cię coś przyjemnego. Cieszysz się z czegoś. Szczęście to coś, co trwa niezależnie od wszystkiego. Na przykład to, że przechodzimy z południa na północ.

„Więc nie zadaje sobie pani pytania: skąd się tu wzięłam? Jak to się stało, że bez cienia wątpliwości przyjęłam system baśniowych bogiń, bogów, pogańskich proroków? Tu ogólniejsze pytanie: dlaczego religie prostsze, ograniczone w swoich wymaganiach wobec swoich wyznawców, skutecznie konkurują z chrześcijaństwem? Może są nie tak proste, jak się wydaje? Może mają bogatszą ofertę?"

Dziennikarz pytał również, dlaczego zmieniła imię. To przecież wyzbycie się tożsamości. I czy nie bała się utraty tego, co stanowiło zasadniczy element tej tożsamości. „Imię to przecież coś, co identyfikuje nas od początku, nawet we własnym postrzeganiu".

– Zmieniałaś coś? – zdziwił się Lhamo. – Prawda! – przypomniał sobie. – Babka inaczej na ciebie mówi i ten człowiek też. To w końcu zmieniłaś czy nie?

Nic nie zmieniała, po prostu w pewnym momencie zaczęła się inaczej nazywać. Swoje imię nosiła zawsze, po prostu zobaczyła je po raz pierwszy u Pilota Baby. Natomiast z wyzbyciem się tożsamości zupełnie nie potrafili sobie poradzić.

– U zachodnich można się jej wyzbyć? – zastanawiał się Lhamo. – Czyli że co? Przestaje się być?

– Może chodzi o śmierć? Że bałam się umrzeć? Dlaczego miałabym bać się umrzeć?

To, że w pewnym momencie zaczęła się inaczej nazywać, nie było zasługą Pilota Baby. Trafiła do niego przypadkiem, poznawszy ludzi w pociągu, zaraz po tym, jak odeszła od delhijskich przyjaciół rodziców...

– Mieli fajnego psa – powiedział Lhamo.

– Kiedy tam byłeś, mieli psa? – zainteresowała się.

Ze swojego pobytu u zachodnich nie pamiętała psa, ale nie była u nich kilkanaście lat. Kiedy przywoziła tam Lhamo, nie wchodziła na górę, czekała z nim w eleganckiej recepcji.

Lhamo zastanawiał się nad odpowiedzią, przechylając głowę. Robił to od niedawna i wtedy widziała, jak jej matka stoi w tłumie na peronie... Nie, na lotnisku...

– No nie wiem – przyznał. – Tak o nim mówili, ale zawsze miałem wątpliwości, co to jest. Niskie, długie, uszy do podłogi...

Po odejściu od znajomych rodziców, ruszyła w Indie na oślep, w północną stronę. W Haridwarze dołączyła do ludzi, o których sądziła, że wiedzą, dokąd idą. Mówili, że znają guru, który jest najlepszym przewodnikiem, kimś, kto najlepiej dokonuje wielkiej przemiany, potrafi wydobyć z człowieka jego prawdę i udoskonalić jego duchowość. Sprawi, że poczuje jedność i kosmiczną harmonię. Były to słowa, które od dawna nosiła w sobie, tak jak swoje nienarodzone imię. Pilot Baba niewiele jej pomógł, prócz tego, że wprowadził ją do Gangesu w czasie wielkiej Kumbhmeli. To rzeka zapoczątkowała jej przemianę, nawet jeśli to *baba* szedł przodem, prowadząc grupkę swoich wyznawców. Nie był prawdziwy, ale poprowadził ją do miejsca, które było prawdziwe, i być może nic więcej nie mógł zrobić dla tych, którzy do niego przychodzili. Liczył prawdopodobnie na to, że rzeka zrobi resztę, i miał wiele racji. Razem z milionem osób weszła do Gangesu, czując, że zaraz spełni się to, na co czekała tyle lat, dotarła do celu, do miejsca, gdzie życie ma sens, a ona już nie czeka w próżni, lecz wypełnia ją tym, co Indie mają do zaoferowania. Jednak uciekłam – myślała z niedowierzaniem i dumą. – Jednak uciekłam. Tak naprawdę donikąd jeszcze wtedy nie uciekła i nie dokonało się nic prócz tego, że poczuła się częścią wspólnoty, której celem jest coś więcej niż indywidualne dobro. Była tym samym, co ludzie wchodzący do rzeki obok niej, kobiety, nadzy *sadhu* umazani popiołem, kapłani, rikszarze... i czuła to samo, co oni. „Rama, Rama..." – powiedziała po raz pierwszy, ponieważ powtarzał to ktoś obok niej.

– To było tuż po Kumbhmeli, nie opowiadałam ci? – Lhamo natychmiast rozpoznał nutę przymusu w jej głosie i aż się skrzywił, jakby coś go zabolało.

Nie lubiła wspominać Pilota Baby ani dnia swoich narodzin. Poranek był mglisty i chłodny jak na początek września. Siedziała na wewnętrznym dziedzińcu aśramu, drżąc z zimna, i nie mogła zebrać myśli. Pilot Baba zapytał, czy już wie, kim jest. Siedzieli po turecku naprzeciwko siebie, *baba* na podwyższeniu z ukwieconym portretem młodego tańczącego Sziwy, trzymał jej dłonie w obu swoich. Powiedziała, że potrafi to powiedzieć od niedawna i że ma na imię Kamal. Skinął głową z aprobatą, jakby to mu się jakoś wyjątkowo spodobało, i mocniej przytrzymał jej dłonie. Powiedział, że dobrze wybrała. Pewnie wie, że jej nowe imię oznacza Kwiat Lotosu. Na twarzy miał wyraz niepewności i oczekiwania, które jej się udzieliło. To oczekiwanie nie było jednak związane ani z nią, ani z tym, co działo się przed portretem młodego Sziwy w ten wrześniowy poranek. Chyba oboje pragnęli zakończyć jak najszybciej ceremonię jej narodzin i pójść do domu, Pilot Baba wyglądał jak ktoś, kto próbuje się skupić, a tak naprawdę zastanawia się, czy zakręcił wodę w kranie. Poczuła rozczarowanie, ponieważ spodziewała się jakichś zmian, może nawet fizycznych oznak przemiany, jaka się w niej dokonywała od wielu miesięcy. Poza tym chciała mu powiedzieć, że nie wybrała swojego imienia, samo się w niej objawiło, ale on chyba powinien to wiedzieć? Ocknął się z zamyślenia i dość niespodziewanie oznajmił, że jest nowo narodzona i może już złożyć datek. Powinna również wiedzieć, czym jest ta duchowość, z którą ostatnio miała tyle kłopotu, rozmawiali o tym, prawda? Odruchowo spojrzała na swoje dłonie spoczywające na kolanach, szukając w nich czegoś nowego, jakiegoś znaku. Znała procedurę i miała przygotowany koszyk z jedzeniem, samymi zachodnimi produktami, które zamówił. Kawa Jacobs, herbatniki i zachodnie papierosy. Po kawę musiała pojechać rikszą do innej części miasta, bo na miejscu była tylko Nescafé. Popatrzył na nią i dostrzegła zmęczenie w jego oczach i coś na kształt poczucia winy. Przez chwilę czuć było, że naprawdę chce jej powiedzieć coś wartościowego, z czym mogłaby pójść dalej. Może sprawił to widok kawy Jacobs, w każdym razie Pilot Baba był na krawędzi powiedzenia czegoś mądrego, ale ta chwila szybko minęła. „Ogień jest pośrednikiem między człowiekiem a bogiem" – wyrecytował.

A po namyśle dodał jeszcze: „Zagarniając ku sobie energię ognia, skraca sobie drogę do boga".

Zawsze uważała, że to nie były dobre narodziny, i nigdy nie opowiedziała o nich Lhamo. Przychodziło jej nawet na myśl, że może się nie zakończyły, kto wie, czy nie utknęła w jakimś kanale rodnym, ponieważ Pilot Baba poszedł do domu. Pozostawiły w niej nie tylko niedosyt, ale poczucie absurdalności i strasznego nieporozumienia. Z czasem naprawdę zaczęła podejrzewać, że wyszła z ceremonii, uznawszy, że jest po wszystkim, a *baba* nie zatrzymał jej przez roztargnienie. Błąkała się później między ludźmi i między miejscami, nie do końca pewna, w którym ze światów obecnie przebywa. Ten okres niepewności i zamieszania, kiedy nie potrafiła podać swojego imienia i nazwiska, zakończył się wraz z narodzinami Lhamo, jakby dopiero wtedy dokonało się ostatecznie to, co Pilot Baba zapoczątkował.

Lhamo zastanawiał się nad czymś, marszcząc brwi.

– Więc kim są ci ludzie w Delhi?

– Susan i Ralph? – przypomniała sobie.

Patrząc, jak jej syn przechyla głowę, gestem jej matki zadającej ważne pytanie, zobaczyła dawną scenę – matka stoi w tłumie i jest niepokojąco nagle krucha, widać to wyraźnie na tle innych ludzi w hali dworca, bardziej niż zwykle zorganizowanych i zebranych w sobie, ponieważ okoliczności wymagają wzmożonej koncentracji i ogarnięcia. Matka nie jest ogarnięta, rozpada się na jej oczach i przez chwilę Kamila ma wątpliwości, czy matce uda się wrócić do domu, czy nie zostanie na dworcowym peronie, z którego ona, Kamila, za chwilę odjedzie. Przez chwilę ma wrażenie, że matka poczeka na peronie, aż ona wróci. „Z adresem moich przyjaciół w Delhi – mówi matka. – Zadzwoń od razu, jak dojedziesz, nawet w nocy, dasz im znać, kiedy przyjeżdżasz, to po ciebie wyjdą, przyjedziesz do Delhi pociągiem?"

Przyjechała autobusem z Amritsaru. Było jeszcze ciemno, kiedy autobus wjechał na przedmieścia Delhi. Czekała, aż się rozwidni, ze ściśniętym gardłem. Nareszcie była na miejscu i za chwilę zobaczy miasto, do którego jechała tak długo, jednak udało jej się tu dotrzeć. Przez głowę przelatywały czyjeś słowa jak migawki życia tuż przed śmiercią: tylko ubierz się ciepło, mówi niania, dwa lata stażu za granicą, pięć, może dziesięć lat, trzeba mieć dobry plan, mówi matka. Krój francuski, włosy w kok.

Mijając przedmieścia Delhi, nie potrafiła powiedzieć dokładnie, przed czym udało jej się uciec, wiedziała jedynie, że było to groźne i nieuniknione, straszna pułapka, z której wymknęła się w ostatniej chwili, zanim drzwi zatrzasnęły się na zawsze. Jestem bezpieczna – pomyślała i była to ostatnia myśl przed świtem.

Znajomi matki przyjechali po nią samochodem. Wóz wszedł miękko w uliczny chaos, odgradzając ją natychmiast od wszelkiej prawdy i przyjmując do klimatyzowanego, czystego świata, w którym miała spędzić następne tygodnie. Przyjaciele matki mieli na imię Susan i Ralph i zajmowali się kulturą. Susan zadawała dużo pytań; była przyjacielska i zainteresowana innymi ludźmi. Pytała o matkę Kamili i o to, dlaczego tak długo Kamila zabawiła w Afganistanie, to chyba niebezpieczne? Trzeba było przyjechać prosto do Indii, to przecież mekka podróżników i źródło wszelkiej wiedzy. Muszą od razu ustalić, co zamierza zrobić w Indiach, żeby nie marnować czasu. Od razu ruszyć ostro, w Indiach łatwo się zbałamucić, zaśmiała się. Oczywiście zaopiekują się nią i wszystko jej ułatwią, jakby była ich własną córką. Pomogli wielu ludziom z Europy urządzić się w Indiach, a jej matkę znają przecież od dwudziestu lat.

Wjechali do dzielnicy dyplomatycznej, pełnej eleganckich budynków i Susan mówiła, gdzie mieszczą się ambasady. Wraz z mężem dziennikarzem bywała na wielu przyjęciach dyplomatycznych i potrafiła opowiadać interesująco o życiu indyjskich klas wyższych. W przyszłym tygodniu idą na przyjęcie do hotelu Imperial, powiedziała, będzie na co popatrzeć, bo to najpiękniejszy hotel w mieście, a mowa przecież o Wschodzie! Będą tam wszyscy, którzy coś znaczą w mieście, zbiór chodzących tematów – Susan była pisarką. Pisała właśnie zbiór reportaży o wpływie starożytnej kultury indyjskiej na życie współczesnych Hindusów. „Głównie rodzinne historie – powiedziała, kiedy zjechali z obwodnicy w stronę dzielnicy mieszkalnej, a potem zaczęli kluczyć wśród białych pałacyków. – A tu – zatoczyła ręką, obejmując tym gestem ogrody i białe rozległe domy – jestem u źródła".

Znajomi matki mieszkali w apartamentowcu w Nowym Delhi. W lobby był portier i stały skórzane fotele, a w windzie z niewidocznych głośników płynęła muzyka. Z pokoju Kamili, na dwunastym piętrze, rozciągał się widok na ogrody i wille dzielnicy, którą założyli Brytyjczycy. Susan mówiła, że dzielnica jest dowodem na to, jak ładnie wkomponowali się w kulturę indyjską, dodając jej jedynie odrobinę wiktoriańskiej wstrzemięźliwości, prawie niczego nie psując.

Susan pasjonowała się Delhi i często odkrywała nowe miejsca, które koniecznie trzeba zobaczyć w mieście. Ogrody Lodi, ludzie zwykle lekceważą tę atrakcję, a o tej porze roku jest tam wyjątkowo, czuć na skórze oddech królów. Agra i Tadż Mahal koniecznie o świcie, ale najpierw Dżajpur, gdzie odbywa się wielki festiwal literacki. Zjechała się tam elita literacka z całego świata i od tygodnia piszą o tym w gazetach. Mąż Susan Ralph miał prowadzić debatę pod tytułem „Pisarstwo a obcowanie z innym", Susan była wśród zaproszonych pisarzy i cieszyła się, że dzięki nim Kamila zobaczy coś wyjątkowo ciekawego. W końcu ile osób przyjeżdża do Indii i może spotkać się z największymi pisarzami ze wszystkich kontynentów w miejscu, gdzie formułują się poglądy i prądy literatury? Z hotelu festiwalowego rozciągał się widok na Pałac Wiatrów, najcenniejszy zabytek miasta, i mówiono, że jest to miejsce tylko dla znanych i wtajemniczonych. Trzeba mieć rekomendacje, żeby dostać pokój. Oni zajmowali dwa pokoje od frontu. Zaproszenie do udziału w festiwalu było dowodem, że Susan osiągnęła sukces i jest rozpoznawana na poziomie międzynarodowym, ale mówiła, że pokój od frontu ma swoje złe strony – podobnie jak prestiżowe nagrody zobowiązuje do dalszych osiągnięć. Nie da się zaplanować osiągnięć, powiedziała, są niezależnym bytem, ale mówiła to z czułym uśmiechem. „To jednocześnie mobilizuje i przeraża, prawda? Strach jest zwykle dobrym mobilizatorem, strach przed porażką lub przed tym, że się jej w ogóle nie zaryzykuje".

Siedzieli przy śniadaniu w hotelowej jadalni. Susan rozglądała się dyskretnie i co jakiś czas wyjaśniała, kto siedzi przy sąsiednich stolikach. Różni wielcy ludzie. Tego dnia miała dwa spotkania autorskie i czekała na swojego prowadzącego – dziennikarkę z India Today.

Kamila musi jej powiedzieć, co miałaby ochotę robić w Indiach, zostało jeszcze trochę czasu do końca wakacji. Powinny go dobrze wykorzystać, zanim obie zaangażują się na dobre w pracę. Kiedy zaczyna pisać na dobre, powiedziała, jest stracona dla świata, Kamila pewnie też. Więc, może Radżasthan, pustynie i tajemnice radżów. Albo jakieś święte miasto... Puszkar? Poszukiwanie mieszkania mogą odłożyć na później.

„Dobrze by było znaleźć coś w pobliżu uniwersytetu – powiedział Ralph. – Dojazdy mogą wykończyć, bo Delhi robi się zakorkowanym miastem". „Jeździ do pracy półtorej godziny – potwierdziła Susan. – Dla ciebie poszukamy czegoś wygodniejszego, znam kilka miejsc bliżej uniwersytetu. Wolisz jakieś sympatyczne studio, czy weźmiesz współlokatorów?"

Trzeba jednak sprawdzić, czy przyszły jej papiery, bo Hindusi potrafią zapodziać całą dokumentację. To właśnie przytrafiło się synowi znajomych, który przyjechał do Delhi na stypendium. Chłopak czekał dwa miesiące, zanim wszystko się wyjaśniło. „Nie są jeszcze do końca skomputeryzowani. Aż trudno uwierzyć w te góry teczek..."

Wyglądali na skonsternowanych, kiedy powiedziała, że nie przyjechała się doktoryzować, nigdy nie miała doktoratu w swoich planach. Nie zamierzała również kontynuować przerwanych studiów na indologii. „Nie? – zdziwiła się Susan. – Prawie wszyscy młodzi przyjeżdżają pisać prace doktorskie. Dałabym głowę, że twoja matka wspominała o studiach... Wolisz dziennikarstwo, jak Ralph. Tradycja rodzinna" – dodała domyślnym tonem. To prawda, że daje lepsze perspektywy niż praca naukowa. Można w niej utknąć i człowiek ani się obejrzy a odsyłają go na emeryturę, życie minęło bez śladu. „A przecież chodzi nam właśnie o to, by pozostawić po sobie ślad – uśmiechnęła się. – Najlepiej jeszcze za życia. To tylko tęsknota za nieśmiertelnością" – dodała, mrużąc żartobliwie oko.

Przy kawie dyskutowali, czy lepiej zajmować się Indiami od strony praktycznej czy naukowej, bo prasa codzienna daje o wiele lepszy start, i czy na pewno Kamila nie chce kontynuować studiów indologicznych. Potem można robić wszystko, nawet przejść do BBC. Albo zostać korespondentem zagranicznym jakiegoś amerykańskiego tytułu – Amerykanie wolą teraz zatrudniać miejscowych dziennikarzy niż wysyłać swoich. Susan rozejrzała się po jadalni, szukając kobiety z India Today, jakby chciała załatwić tę sprawę od razu.

Zapytali, czy woli tematy obyczajowe czy polityczne? Kultura?

„Z pełną świadomością decyduje się pani na odejście, ale dlaczego? Czy istnieje moment iluminacji, pełnego zrozumienia? Ciekawe, że najpierw odrzuca się rodzinę. Czy pani nie tęskni? Jaki jest mechanizm odcinania się od rodziny? Poczucie winy? Obciążanie winą rodziców? Nieautentyczność stosunków wewnątrzrodzinnych? Klęska poniesiona na jakimś etapie młodego życia? Pogarda dla sukcesu odniesionego zbyt łatwo?"

Któregoś dnia dziennikarz przyprowadził hipisa Swamiego. Swami był trochę podobny do innych hipisów, jakich Lhamo pamiętał z wędrówek z matką, ale nie bardzo. Miał takie same włosy i ubranie, nie wyglądał jednak tak spokojnie jak tamci. Sprawiał wrażenie kogoś, kto ma mało czasu, nie potrafi ruszyć się z miejsca i to go jeszcze bardziej niepokoi. Przez chwilę Lhamo obawiał się, że on też będzie im zadawał pytania, jak dziennikarz. Miał taki wyraz twarzy, jakby po coś przyszedł i nie mógł ująć tego w słowa, jednak potem to wrażenie minęło. Zaczął mówić o Amerykance, z którą kiedyś mieszkał, i czy jej nie znają, szczupła kobieta o ciemnych włosach, jak Indianka. Mieszkał z nią jakiś czas w domku nad urwiskiem, a teraz nie może rozpoznać tego domu.

Przynieśli z dziennikarzem jedzenie z wegetariańskiej restauracji, żeby uczcić nowy piec, który Lhamo wybudował z sąsiadem Hindusem. Jedzenie wyglądało dobrze, ale smakowało tak wstrętnie, że Lhamo nie zdołał się opanować i zaczął pluć, próbując się go pozbyć z ust. Wstrętny smak przylgnął mu do języka i wycierał go dłońmi, mimo że matka podniosła głos, czego nigdy nie robiła, i powiedziała ostro, że ma natychmiast przestać, co wyprawia? Kiedy się rozpłakał, spróbowała potrawy i powiedziała, że jest w niej masło ghi, a Lhamo nie jada tłuszczu.

Poszli do Dalajlamy przed wyjazdem do sklepu z artykułami gospodarstwa domowego; zwłaszcza Kamal potrzebowała wsparcia przed pójściem do centrum handlowego. W klasztorze panował spokój, było jeszcze za wcześnie na modły. Pranie, które wywiesili zakonnicy, łopotało na wietrze niby flagi modlitewne, w jakiś sposób dodało jej to otuchy. Obeszli świątynie zgodnie z ruchem wskazówek zegara, a ona okręciła wszystkie młynki, czekając na pomoc ze strony świętych tekstów, może jakąś podpowiedź w sprawie elektryczności. Nic się nie wydarzyło, wyszła na główną ulicę równie niepewna swojej decyzji.

Zjechali w dolinę i stanęli przed wystawą sklepu w domu handlowym w centrum miasta.

– Ta czarna. – Lhamo zdecydował natychmiast. – Z palnikiem na wok. Ma automatyczny zapalnik. Nie potrzeba zapałek, naciskasz, przekręcasz i już. Teraz w ogóle robią takie, że płomienie są w środku płyty, nie wychodzą na zewnątrz. Chciałbym taką bez płomieni. Widziałem taką reklamę w internecie. Widać płomień, ale nie można go dotknąć. Super. Myślisz, że mają taką?

Nie wiedziała. Nie podobała jej się czarna płyta gazowa.

– Co się z tym robi?

– Ma z tyłu rurki, które podłącza się do butli na stałe.

Tego się właśnie obawiała.

– Wolisz płytę z piecykiem elektrycznym? – zapytał Lhamo. Przeszedł w drugi koniec wystawy, gdzie stały kuchenki. – Można piec ciasta w środku. Ma funkcje grilla i samoczyszczącą, i w ogóle. Rozgrzewa się do pięciuset stopni i sama czyści.

Piecyk miał jeszcze więcej przewodów niż płyta elektryczna.

– A zobacz to! Termoobieg i teleskopowe prowadnice. Do tego funkcja szybkiego rozmrażania.

Powiedziała, że nie mają lodówki, więc nie potrzeba im funkcji rozmrażania. Bała się coraz bardziej.

Lhamo już wcześniej znalazł miejsce, gdzie skupowano złoto i teraz mogli tam od razu pójść, zapowiedział właścicielowi, że przyjdą, mają do sprzedania łyżkę od dobrego urodzenia. Powiedział nawet, ile za nią muszą dostać, żeby kupić kuchenkę elektryczną. Byli już prawie na miejscu, kiedy Kamal przyznała, że nie chce mieć żadnego stałego przyłącza, bardzo niepokoi ją licznik w płocie. Łyżkę zostawią na czarną godzinę, kiedy będzie już wiedziała na pewno, że bankomat nie wypłaca im gotówki.

Wrócili do domu w milczeniu, prawie jak obcy ludzie, i dopiero w Bhagsu zapytał ją, skąd brała pieniądze i dlaczego się skończyły, a ona przyznała, że z wynajmu mieszkania na Zachodzie. Wydawało się jej, że nie ma sensu dłużej ukrywać tego przed Lhamo, po tym, jak próbowali kupić kuchenkę elektryczną. Rodzice kupili jej mieszkanie, kiedy skończyła osiemnaście lat, mieszkała tam przez kilka lat, coś studiując... A potem wynajęła mieszkanie, kiedy wyruszyła w świat, dawno temu. Nie wie, dlaczego pieniądze się skończyły, możliwe że wygasła umowa najmu, nie pamięta, na jak długo ją zawarła. Teraz bardziej niepokoi ją kwestia prądu i tego, do czego zostaną podłączeni. Sąsiad z góry przychodzi prawie codziennie, przynosi jakieś papiery i projekty do podpisu. Wczoraj przyniósł umowę z elektrownią. Nie sądzi, żeby naprawdę chcieli umawiać się z elektrownią.

Tego samego dnia zaproponowała Lhamo, że przeprowadzą się dalej od Bhagsu, w góry.

– Do tych porzuconych domów na obrzeżach? – spytał domyślnie, jakby od dawna spodziewał się, że będzie szukać starych rozwiązań, zamiast iść naprzód. – Zostały tylko dwa, resztę zajęli już biali dziwacy.

Powiedziała, żeby tak ich nie nazywał, to obraźliwe.

– Sami tak o sobie mówią – zaprotestował. – Wszyscy najpierw mieszkali w Bhagsu, a potem się wynieśli dalej, wiadomo. Lubią być w kupie.

Biali zajęli domy opuszczone przez miejscowych, którzy wyjechali albo wyprowadzili się do dolnej Dharamsali, powiedział. Wieś prawie w połowie zamieszkana jest przez tych no… Jest też sporo mieszańców. Tak nazywał pary z różnych kultur.

Zapytała, skąd to wie.

– Przecież zawsze tak jest. – Wydawał się zaskoczony tym, że pyta o takie oczywiste sprawy. – Mieszkamy tam, gdzie są ci no… – Skrzywił się, szukając innego określenia na ludzi, z którymi zwykle mieszkali w aśramach. – Tacy, co uciekli z Zachodu…. Biali albo mieszańcy. Tu jest Australijczyk z Sydney, dwaj Anglicy, ale dziwnie mówią, prawie nie rozumiem. Dziewczyna z Izraela z Holendrem. Siedzą tu już trzy lata, mówią, że ich znasz. Ja ich nie pamiętam. Podobno byli z nami w Gokarnie, a potem w Amritapuri… Ta kobieta, o którą pytał dziennikarz, wtedy kiedy przynieśli to paskudne jedzenie i się zrzygałem. Ta, z którą się kiedyś przyjaźnił ten Swami…. Znamy ją. Kiedyś powiedziała ci, jak się zapisać do lekarza Dalajlamy, wtedy gdy chorowałaś na to dziwne…

– Niska, czarna?

– Nie, to Christine – zniecierpliwił się Lhamo. – Tamta ma na imię Nancy. Taka chuda, czesze się w kok… Dziennikarz pytał mnie o nią już ze dwa razy. Nie ma jej teraz, pojechała do Delhi, ale mieszka tam gdzie kiedyś, przy drodze do nas. Czesze się w kok, jak ja kiedyś. Teraz chyba ogolę głowę. Prawie wszyscy zachodni tak chodzą, widziałem w Dharamsali… Zupełnie łysi albo tylko ze szczeciną na głowie.

Zapytał, który dom chce, bo trzeba by się zorientować, od kogo wynająć, zanim przyjadą inni. Idzie lato, za parę tygodni zjedzie kupa ludzi. Ten na południowym zboczu jest w lepszym stanie, ten drugi ma tylko klepisko, zimą może przemarzać… Zapytał, jak długo zamierzają tu siedzieć. Bo jeżeli dłużej, to trzeba by jednak wziąć ten dom na południowym zboczu…

Ucieszył się z mieszkania na Zachodzie. Nie znał nazwy tego miasta, ale sprawdził w internecie, ile kosztuje wynajem takiego mieszkania. To otwierało przed nimi zupełnie nowe możliwości i Lhamo miał zupełnie nowy plan.

SPIS TREŚCI

ZA MURAMI DŻAJSALMERU 9
ŚWIĘTY NIKT 36
KAMAL 225

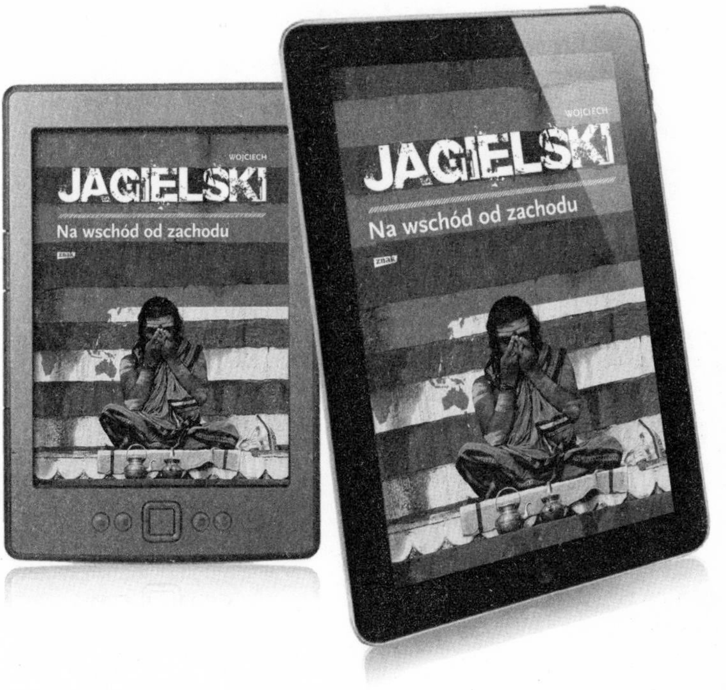
WOJCIECH
JAGIELSKI
Na wschód od zachodu
znak
WOJCIECH
JAGIELSKI
Na wschód od zachodu
znak